Franz-Josef Krumenacker (Hrsg.)

Liebe und Haß in der Pädagogik

Zur Aktualität Bruno Bettelheims

D1699279

Franz-Josef Krumenacker (Hrsg.)

Liebe und Haß in der Pädagogik

Zur Aktualität Bruno Bettelheims

Lambertus

Die Deutsche Bibliothek - CIP Einheitsaufnahme

Liebe und Haß in der Pädagogik : zur Aktualität Bruno Bettel-
heims / Franz-Josef Krumenacker (Hrsg.). - Freiburg im Breisgau :
Lambertus, 1997
   ISBN 3-7841-0965-9

© 1997, Lambertus Verlag, Freiburg im Breisgau
Umschlaggestaltung: Grafikdesign Christa Berger, Solingen
Umschlagfoto: Uwe Stratmann, Wuppertal
Satz: Martin Fischer, Tübingen
Herstellung: Druckerei F. X. Stückle, Ettenheim
ISBN 3-7841-0965-9

Inhalt

Geleitwort

Dieser Band greift ein Thema auf, das mit Bruno Bettelheim auf besondere Weise verbunden ist. Bettelheim hat klar gemacht, welcher konkreten, fachlichen Anstrengungen das Thema der Liebe in der Pädagogik – nicht nur in Grenzbereichen menschlicher Beziehungsmöglichkeiten – bedarf. Auf der anderen Seite hat er eine Pädagogik entwickelt, deren eine Quelle sicherlich die Erfahrung des Hasses am eigenen Leib war. Schließlich wurde nach und mit seinem Suizid eine Welle des Hasses entfacht, die seine gesamte Arbeit ins Zwielicht rückte und von der – auch nach den Recherchen von Nina Sutton – noch nicht klar ist, inwieweit sie nicht doch mit seiner Person und seinem Werk zusammenhängt.

Auch wenn seit seinem Tod Stimmen laut wurden, die die Grenzen der Bettelheimschen Pädagogik hervorheben, so scheinen mir doch wenigstens zwei Aspekte seines Werkes geeignet, über solche Kritik hinaus Bestand zu haben:
– das Bemühen um die Bewältigung eines der schwierigsten Themen in der Pädagogik, der menschlichen Destruktion;
– die konsequente Verbindung des eigenen pädagogischen Tuns mit dem Bemühen um Selbsterkenntnis;

In beiden Bereichen ein ungebrochenes Gelingen zu erwarten, hieße, sich einen pädagogischen Heiligen zurechtzudenken. Was die Beschäftigung mit Bettelheim pädagogisch lohnend macht, ist gerade, diese Gratwanderung mit- und nachzuvollziehen, die unvermeidlich ist, wenn man an Grenzen in den mitmenschlichen Beziehungen gelangt. Diese Gratwanderung schließt Schwanken und Abstürzen nicht aus. So scheinen auch bei Bettelheim äußerste, liebende Zuwendung und Destruktion bis zum Haß nahe beisammen zu liegen. Man würde es sich jedoch zu leicht machen, dieses Schwanken nur mit einem Hinweis auf Persönlichkeitsstruktur und Schicksal Bettelheims für abgeschlossen zu halten. Darüber hinaus muß in Betracht gezogen werden, daß er sich diesem inneren und äußeren Schicksal stellte und versuchte, ihm Einsichten abzuringen, die über seine Person hinausreichen.

Dies ist der Punkt, an dem ich ihn als eine unverzichtbare Person für die Entwicklung pädagogischen Denkens und Handelns ansehe: In seiner Persönlichkeit und seinem Schicksal kommt – wohl gerade dadurch, daß sie in bestimmter Hinsicht extrem erscheinen – etwas ans Tageslicht, was wir gerne übergehen, weil es in einem eingefahrenen

pädagogischen Alltag nicht mehr erfahrbar wird: Pädagogisches Handeln ist immer auch eine Grenzerfahrung zwischen wenigstens zwei Personen. Pädagogen reagieren darauf, wie auch anderswo auf Grenzen reagiert wird:
– Man kann sie leugnen und einfach übertreten. Das entspräche einer Eroberung. Ihr vergleichbar wäre ein pädagogischer Impetus, der den Willen des anderen nicht wahrnimmt und ihn als Adressaten der eigenen (pädagogischen?) Intentionen behandelt;
– man kann die Grenze als Tourist überqueren; das wäre eine Form, den anderen für eigene Zwecke zu gebrauchen;
– man kann die Grenze öffnen und mit einer Grenzstation versehen; dann ergeben sich die vielfältigsten Möglichkeiten, das Hin und Her über die Grenze institutionell zu regulieren und zu kontrollieren;
– man kann aber auch die Grenze offen halten für die freie Bewegung von Menschen. Dann sind allerdings auch Zufällen Tür und Tor geöffnet. Man kann nicht sicher sein, wem man begegnet und man wird damit rechnen müssen, daß man bisher unbekannte Erfahrungen macht.
Ich will nun diesen Vergleich nicht in allen seinen Facetten weiterführen, bleibe nur kurz bei der letzten Möglichkeit. Überall dort, wo man sich in den pädagogischen Beziehungen für eine solche, durch institutionelle Vorgaben kaum geschützte, Begegnung an einer geöffneten Grenze zur Verfügung hält, stößt man auf den Bereich, um den sich Bettelheim ein Leben lang bemüht hat: das Verstehen des Fremden durch ein Verstehen und ein Erweitern des eigenen Selbst. Vor allem in der Entdeckung des Neuen im anderen stellt sich die Frage des Gelingens oder Mißlingens. Einer Pädagogik, die sich lediglich dem vorauseilendem Bescheidwissen und der Verbesserung erfolgreicher Methoden widmet, werden solche Grenzerfahrungen erspart bleiben. Wo man diese Begegnung an den Grenzen jedoch als pädagogische Möglichkeit in Betracht zieht, begegnen wir alle vergleichbaren Schwierigkeiten wie Bettelheim. An manchen Stellen werden wir leichten Erfolg haben, an anderen auf unsere Schwächen zurückgestoßen werden. Hier wird Scheitern nur dann zu einem Versagen, wenn man nicht bereit ist, daraus zu lernen. Bettelheim hat diese Aufgabe in ihrem Glanz, aber auch in ihrem Mißlingen im Spiegel seines persönlichen Schicksals offen gelegt. Mit ihm ist jede pädagogische Existenz in Teilen auch eine tragische, ausgespannt zwischen guten Absichten und unvermeidlichem Scheitern. Daraus gilt es, für die Pädagogik zu lernen.
Aus dieser Sicht sind wir aber auch verpflichtet, mit Engagement, sensiblem Wahrnehmen und kritischer Wägung das zu prüfen, was uns Bettelheim hinterlassen hat. Wir können nicht der öffentlichen

Diskussion nach seinem Tod folgen, die keine Zwischentöne zugelassen hat, die nur noch – wie es Sutton zusammenfaßt – ein Für oder Wider zu akzeptieren bereit war, mit allen Folgen des Jubels und der Verdammnis. Wir müssen herausbekommen, wo das Werk Bettelheims weiterträgt und wo es in Sackgassen gerät. Dabei ist es nicht unsere Aufgabe, Schuld oder Unschuld zu ermitteln. Ich denke, als psychoanalytische Pädagogen sind wir Bettelheim gegenüber zu genau der gleichen Offenheit verpflichtet, um die wir uns auch bei jedem Kind bemühen: Erst mit aller Ernsthaftigkeit nach der möglichen Bedeutung eines Denkens und Handelns zu fragen, bevor wir es bewerten. Wenn uns das ein Stück weit gelingt, dann haben wir mehr als nur hektische und auf vordergründige Ziele gerichtete Aktivität entfacht, um einem Zeit- und Medienthema – dem der erzieherischen Gewalt, sowie der Gewalt am Kind überhaupt – pädagogischen Ertrag abzugewinnen.

Dem Band liegen Referate zugrunde, die auf der Herbsttagung 1996 der Kommission „Psychoanalytische Pädagogik" in der Deutschen Gesellschaft für Erziehungswissenschaft gehalten wurden. Viele Personen haben zum Gelingen dieser Tagung beigetragen: Da sie zum gemeinsamen Bemühen um die pädagogische Einschätzung des Bettelheimschen Lebenswerkes ihre eigenen Erfahrungen einbrachten, danke ich den Referent(in)en und Autor(in)en, die der Person Bettelheim näher gekommen sind als wir: Lesley Cleaver, die von 1969 bis 1976 als Betreuerin an der Orthogenic School gearbeitet hat und ihr bis heute verbunden geblieben ist. Frau Cleaver, deren souveräne Stellungnahme zu Bettelheim uns bereits durch Nina Sutton berichtet worden war, sprang in letzter Minute für Prof. Bertram Cohler ein. Ihm, D. Patrik Zimmerman und Jim Crowe danke ich, daß sie die schriftliche Fassung ihres Vortrages zur Verfügung gestellt haben. Besonders freue ich mich, daß in diesem Band nicht nur diejenigen zu finden sind, die Bettelheim und seine Institution aus erster Hand kennen, sondern daß auch die Autorin, die mit ihrer gründlichen Recherche zu Bettelheims Leben und Werk eine solide Grundlage für weiterreichende Überlegungen und Forschungen geschaffen hat, mit einem Beitrag vertreten ist: Nina Sutton.

Für das Zustandekommen der Tagung und ihre Durchführung habe ich weiteren Personen zu danken. Die Universität Bremen hat bereitwillig ihre Räume zur Verfügung gestellt. Durch die Bereitstellung von Mitteln haben der Fachbereich 11 der Universität Bremen und der Studiengang Sozialpädagogik die Planung und Durchführung der Tagung wesentlich erleichtert. Mein besonderer Dank gilt in diesem Zusammenhang Frau Prof. Annelie Keil und Herrn Prof. Jürgen Blandow.

Susanne Jarczok hat den englisch sprechenden Gästen als Dolmetscherin geholfen, an unseren Diskussionen teilzunehmen. Die Mitglieder der Vorbereitungskommission, Herr Dr. Franz-Josef Krumenacker und Prof. Dr. Burkard Müller samt ihren studentischen Helfern – Frau Katja Taxius und Herr Michael Walter – haben das anspruchsvolle Tagungsprogramm zusammengetragen und die gesamte Organisation hervorragend bewältigt. Schließlich darf ich nicht unerwähnt lassen, daß die Anregung zu dieser Tagung auf eine Initiative von Herrn Wolfgang Schmidt (Konstanz) zurückgeht, der auch die Kontakte mit Chicago geführt hat.

Daß nun aus dieser Tagung auch ein Band hervorgeht, der eine erste, breitere und kritische Diskussion zu Leben und Werk Bettelheims nach dessen Tod führt, ist zum einen den Referenten der Tagung zu verdanken, die bereitwillig auch an der Publikation mitwirkten; zum anderen hätte dieses Buch ohne den fachlichen, redaktionellen und organisatorischen Einsatz von Dr. Franz-Josef Krumenacker, der diesen Band nun im Auftrag der Kommission „Psychoanalytische Pädagogik" herausgibt, nicht zustande kommen können.

Prof. Dr. Gerd E. Schäfer   Würzburg im Juli 1997
Vorsitzender der Kommission
Psychoanalytische Pädagogik
in der Deutschen Gesellschaft
für Erziehungswissenschaft

Einleitung

Franz-Josef Krumenacker

„Ich finde [Bettelheim] schwierig zu lesen, einfach weil er alles sagt und nichts gesagt werden kann, von dem man sicher sein kann, daß es nicht schon von ihm gesagt wurde. Aber man muß ihn lesen, weil er genau richtig oder richtiger als andere Autoren liegen kann. Dies trifft besonders auf die ersten Kapitel von *Die Geburt des Selbst* zu" (D.W. Winnicott (1969, S. 246).

Der Pädagoge und Kinderpsychologe Bruno Bettelheim war eher wissenschaftlich ambitionierter Praktiker als Wissenschaftler im traditionellen Sinne. Stärker als jeden theoretischen Beitrag betrachtete er den Aufbau und die Etablierung der Sonia Shankman Orthogenic School, des stationären Behandlungszentrums für emotional gestörte Kinder und Jugendliche an der Universität von Chicago, als sein eigentliches professionelles Verdienst (vgl. Frattaroli 1994, S. 385). Von 1944–1973 leitete er diese Einrichtung und entwickelte in einem engen Theorie-Praxis-Verhältnis seinen pädagogisch-therapeutischen Ansatz, den er psychoanalytisch orientierte Milieutherapie nannte.

Bettelheims Stärke lag in der Durchdringung konkreter alltäglicher Probleme und der vermeintlich theoriefreien Entwicklung ihrer Implikationen. Mit Hilfe einer ungewöhnlichen empathischen Kompetenz gelang es ihm, noch so bizarre Verhaltensweisen gestörter Kinder als aus ihrer Perspektive sinnvolle Reaktionen auf eine als überwältigend erlebte Umwelt zu deuten und konstruktive pädagogisch-therapeutische Umgangsweisen damit aufzuzeigen. Seinen Ausgangspunkt bilden in der Regel unauffällige Details, aus denen Bettelheim die Gesamtsituation oder Gesamtproblematik herleitet. Nicht ohne Untertreibung sprach er in seinen späten Jahren häufig von „der Kunst des Offensichtlichen" (vgl. Bettelheim/Rosenfeld 1993).

Psychoanalyse und Pädagogik betrachtete der Wiener Emigrant eher als Kunst denn als Wissenschaft. Dieser Überzeugung trug er bis in seine Darstellungsweise hinein Rechnung, die sich durch eine allgemeinverständliche, die eigenen Erfahrungen ungebrochen widerspiegelnde Sprache, den fast vollständigen Verzicht auf Fachterminologie sowie durch eine erzählende Diktion auszeichnet. Dadurch gleichen seine Schriften oftmals eher literarisch inspirierten reflexionsreichen Beschreibungen als wissenschaftlichen Diskursen.

11

Die hier nur ansatzweise skizzierte besondere Gestalt seines Werkes, inhaltlich eigenwillige Positionen, die oftmals im Zusammenhang mit seinen extremen Lebenserfahrungen standen, sowie die häufig provokativ-polemische Art, mit der er seine Überzeugungen verteidigte, ließen Bettelheim schon zu Lebzeiten zu einem Außenseiter der Psychoanalyse und des Wissenschaftsbetriebes werden. Aus wissenschaftlicher Perspektive wurde seinem Werk ein Mangel an (Meta)Theorie, fehlender Respekt für die Standards wissenschaftlicher Methodologie und die anekdotenhafte Dokumentation seiner Behandlungsgeschichten vorgehalten (vgl. Craig 1992, S. 280; Zimmerman 1991). Ein anderer Kritiker bemängelte, daß es Bettelheim von seiner humanistischen Überzeugung her praktisch unmöglich war, ein Set therapeutischer Prozeduren zu benennen, denen andere folgen könnten (Merritt 1968). Der etablierten Psychoanalyse erschien Bettelheim als feindseliger Abtrünniger (Eissler 1965, S. 243) oder als großer Popularisierer psychoanalytischen Gedankengutes (Coen 1988). Nicht selten wurde und wird auf eine Auseinandersetzung mit seiner Theorie und Praxis ganz verzichtet. So schloß beispielsweise R. Peter Hobson noch 1990 Bettelheims Ansatz aus seiner Diskussion psychoanalytischer Erklärungsversuche des frühkindlichen Autismus aus, weil dessen Präsentation der Dynamik des infantilen Autismus „eine solch komplexe Mischung aus gedankenreicher aber oftmals freischwebender Reflexion und extravaganter Spekulation" darstelle, daß es ihm unmöglich sei, ihn adäquat zu behandeln (Hobson 1990, S. 325). So berechtigt die Kritik an Bettelheims Ansatz im einzelnen auch sein mag, sie läuft zugleich Gefahr, das theoretische Potential seiner Ideen zu verfehlen. Was beispielsweise seinen Kritikern unter methodischen Gesichtspunkten als Defizit erscheint, enthüllt sich bei eingehender Betrachtung zugleich als eine bewußte Distanzierung von einer die Subjektivität aller Beteiligten systematisch ausschließenden Wissenschaftsform (vgl. Krumenacker 1996, S. 102ff.).
Eine entscheidende Qualität von Bettelheims Schriften liegt in der Genauigkeit ihrer klinischen Beobachtungen und der Originalität der diesbezüglich formulierten inhaltlichen Positionen. Auch wenn man sie nur als reflexionsreiche Praxisberichte liest, enthalten Monographien wie „Liebe allein genügt nicht" ([1950] 1970) oder „Der Weg aus dem Labyrinth" ([1974] 1990) auch heute noch ein beträchtliches Anregungspotential. Sie aber allein als Zeugnisse eines reflektierten Praktikers zu lesen, hieße, den theoretischen Bedeutungsüberschuß zu verfehlen, den sie enthalten. Heute wird zunehmend erkannt, daß in Bettelheims Werk Ideen angelegt sind, die gegenwärtig von bekannten psychoanalytischen Theoretikern benutzt werden, gewöhnlich al-

lerdings ohne seinen Einfluß zu würdigen (Marcus/Rosenberg 1994, S. 373). Frattaroli (1994, S. 404) und Zimmerman (1994, S. 447) verweisen in diesem Zusammenhang beispielsweise darauf, daß Bettelheim seine Überzeugungen bezüglich der überragenden Bedeutung einer empathischen Grundhaltung in Therapie und Pädagogik zur gleichen Zeit formulierte wie Heinz Kohut – und das lange bevor dieser sie zu einem Eckpunkt seiner Selbstpsychologie machte. Als zweites Beispiel führen sie die auffälligen Parallelen zwischen Bettelheims psychoanalytischen Spekulationen über das aktive Wesen des menschlichen Säuglings in „Die Geburt des Selbst" ([1967] 1989) und den Befunden der modernen Säuglingsforschung an.

Von einem Bedeutungsüberschuß in Bettelheims Schriften kann aber auch in dem Sinne gesprochen werden, daß die detaillierten Darstellungen seiner oftmals zunächst ausdrücklich intuitiven Praxis vielfach mehr enthalten als er in den zugehörigen Erläuterungen theoretisch einholte oder aufgrund seiner mitunter theoriekritischen Position einholen wollte. So bietet beispielsweise sein Diskurs über das therapeutische Milieu – wie Michael Winkler in seinem Beitrag aufzeigt – wichtige Grundlagen und Bezugspunkte für eine Theorie des pädagogischen Ortes.

Sieben Jahre nach Bettelheims Freitod kann zumindest punktuell von einem erneut erwachenden Interesse an einer differenzierten Auseinandersetzung mit seinem Werk gesprochen werden. Wichtige Etappen auf dem Weg dorthin markieren die Veröffentlichungen von Fischer (1991), Frattaroli (1992, 1994) Zimmerman (1991, 1994), Szajnberg (1992), Roazen (1992), Kaufhold (1993, 1994), Marcus/Rosenberg (1994) und Sutton (1996). Exemplarisch für das „neuerwachte" Interesse an Bettelheim sollen hier die Herausgeber des mehr als zweihundert Seiten starken Bettelheim-Sonderbandes des Psychoanalytic Review (Herbst 1994) zitiert werden: „Wir sind fest davon überzeugt, daß Bettelheims Beitrag zur Psychoanalyse durch die Psychoanalytische Gemeinschaft neu bewertet werden muß. Die Psychoanalyse kann nur bereichert werden, wenn die gegenwärtig unterbewerteten aber hoch originellen und inspirierenden Beiträge Bettelheims zur klinischen und angewandten Psychoanalyse sowie zur allgemeinen psychologischen Theorie thematisiert, kritisch evaluiert und integriert werden" (Marcus/Rosenberg 1994, S. 373).

Im Vergleich mit den Rezeptionsbemühungen der frühen 90er Jahre zeichnet sich der heutige Diskussionsstand u.a. dadurch aus, daß der faktische Gehalt der nach Bettelheims Tod entbrannten Kontroverse differenziert aufgenommen wird. Beispielhaft für einen konstruktiven Umgang mit den nach Bettelheims Tod von ehemaligen Patienten und

Mitarbeitern erhobenen Vorwürfen, der langjährige Leiter der Orthogenic School habe dort eklatant gegen die von ihm propagierten Prinzipien verstoßen und Kinder und Jugendliche nicht nur verbal ernied-
rigt, sondern auch geschlagen, stehen die Arbeiten von Sutton (1996)
und Pauker (1994).

Das Anliegen dieses Bandes ist es, unter einem psychoanalytisch-
pädagogischem Blickwinkel zur wissenschaftlichen Aufarbeitung
von Bettelheims Werk beizutragen. Der Sammelband dokumentiert
Vorträge, die auf der Tagung „Liebe und Haß in der Pädagogik. Zur
Aktualität Bettelheims" im Herbst 1996 in Bremen gehalten wurden.
Diese von der Sektion Psychoanalyse und Pädagogik in der Deutschen Gesellschaft für Erziehungswissenschaft ausgerichtete wissen-
schafliche Arbeitstagung setzte eine Reihe von Veranstaltungen fort,
in denen versucht wurde, die Rückbesinnung auf klassische Gestalten
der Psychoanalytischen Pädagogik mit aktuellen Fragen zu ihrer
Theorie und Praxis zu verbinden. Ausgehend von der posthumen
Kontroverse, unter Mitwirkung ehemaliger MitarbeiterInnen Bettelheims sowie Repräsentanten der heutigen Orthogenic School bilde-
ten „Liebe und Haß" als Bezugspunkte psychoanalytisch-pädagogi-
scher Arbeit auf drei Ebenen das Leitthema der Tagung:
(a) im engen Zusammenhang von Lebensschicksal, Persönlichkeit
und Werk Bruno Bettelheims;
(b) in der Untersuchung von praktischen Fragen psychoanalytischer
Pädagogik, die sich in einer von Bettelheim inspirierten pädagogisch,
milieutherapeutischen Arbeit stellen;
(c) in Versuchen, Bettelheims Anregungspotential für theoretische
Standortbestimmungen im Dialog von Psychoanalyse und Pädagogik
zu nutzen.

Den Band eröffnet die differenzierte Stellungnahme einer ehemaligen
Mitarbeiterin Bettelheims. Vor dem Hintergrund ihrer Arbeit an der
Orthogenic School in den Jahren 1969–1976 reflektiert Leslie Cleaver
sehr persönlich über die Person Bettelheims und die Aktualität der
von ihm vertretenen Theorie und Praxis. Zugleich schlägt sie einen
Bogen zur Arbeit der Orthogenic School in den neunziger Jahren. Ihre
Überlegungen zu Bettelheims Funktion als „öffentlicher Feind" innerhalb des Sozialsystems der Orthogenic School eröffnen eine ganz
eigene Perspektive auf die posthumen Vorwürfe und leiten zugleich
die nachfolgenden Reflexionen zu „Liebe und Haß in der Pädagogik"
ein.

In einem grundlegenden historisch ausgerichteten Diskurs entfaltet
Volker Fröhlich das Leitthema des Bandes. Er rekonstruiert und interpretiert die Diskussion um Liebe und Haß in der Tradition der psycho-

analytischen Pädagogik, zeichnet die Positionen Bettelheims nach und fragt, wie in der psychoanalytisch-pädagogischen Praxis mit diesen widerstreitenden Emotionen umgegangen wird.

Gerd E. Schäfer nähert sich dem Bettelheimschen Werk und dem Thema „Liebe und Haß" vor dem Hintergrund der Arbeiten der französischen Psychoanalytikerin Maud Mannoni. Mannoni, die in ihrer Versuchsschule Bonneuil bei Paris mit einem der Orthogenic School sehr ähnlichen Personenkreis gearbeitet hat, formuliert von Bettelheims Überzeugungen deutlich abweichende Positionen. Dadurch entsteht ein produktives Spannungsverhältnis, aus dem heraus Schäfer seine Argumentation entwickelt. Kritisch nimmt Schäfer zu der Grundannahme von Bettelheims Milieutherapie Stellung, derzufolge die zerstörerische „totale Extremsituation" des Konzentrationslagers in eine konstruktiv wirkende „totale Lebenssituation" umgekehrt werden könne.

Ein eher praxisorientierter Zugang liegt dem Aufsatz „Liebe und Haß im Umgang mit schwer behinderten jungen Erwachsenen" von Karl Ernst Ackermann zugrunde. Er konstatiert die bislang vorwiegend einseitige Thematisierung von Aggression in der Erziehungswissenschaft und ihren Subdisziplinen. Diese Betrachtungsweise nimmt allein die Aggression bzw. Autoaggression der Zöglinge in den Blick. In dieser Situation ist es Ackermann darum zu tun, mit Bezug auf Bettelheims Theorie und Praxis einerseits und der Auseinandersetzung mit einem daran orientierten Praxisprojekt andererseits einen umfassenden Problemhorizont zu entwickeln, vor dem das in der Geistigbehindertenpädagogik manifeste Problem „Gewalt" differenziert sichtbar und dadurch theoretisch wie praktisch bearbeitbar wird.

Der Beitrag zweier Praktiker beschließt den ersten Teil. Wolfgang Schmidt und Daniel Jacobs präsentieren einen Versuch, Bettelheims Ansatz für die Arbeit mit jugendlichen Mördern fruchtbar zu machen. Sie schildern die Arbeit mit einem Jugendlichen, der sich eines gemeinschaftlich begangenen Raubmordes schuldig gemacht hatte und stellen das zugehörige geschlossene institutionelle Setting vor.

Unter der Überschrift „Psychoanalyse, Pädagogik und Extremsituation" versammelt der Band im zweiten Teil Beiträge, die um die Frage kreisen, wie sich die Erfahrung der deutschen Konzentrationslager Dachau und Buchenwald in Bettelheims pädagogischem und psychoanalytischem Denken niedergeschlagen hat. Während Schäfer im ersten Teil des Bandes die Grenzen von Bettelheims milieutherapeutischem Axiom auslotete, steht der positive pädagogisch-therapeutische Ertrag von Bettelheims KZ-Erfahrung bei Sutton, Schulte und Wunsch im Vordergrund. Nina Sutton stellt hier die vielleicht provozierendste These ihrer Bettelheim-Biographie vor, derzufolge sich im Konzentrationslager Bettelheims eigene psychoanalytischen Erfahrungen mit den im Lager gemachten Erfahrungen verschränkten und derart eine ungewöhnliche therapeutische Kompetenz entstehen ließen.

In „Das Trauma der Deportation in Bruno Bettelheims Pädagogik" untersucht Annette Schulte detailliert, wie Bettelheim die Erfahrung der Konzentrationslager in ein pädagogisch-therapeutisches Konzept überführte. Zu diesem Zweck analysiert sie zentrale Elemente der Deportationserfahrung Bettelheims und setzt sie zu Szenen in der Orthogenic School in Verbindung.

Robert Wunschs Beitrag vergewissert sich zunächst der unterschiedlichen Bedeutungen, die der Begriff „Extremsituation" im Laufe von fast 40 Jahren in Bettelheims Werk annahm. Sodann analysiert und interpretiert er Bettelheims ‚Konzept' der „Extremsituation" aus pädagogischer und psychoanalytischer Perspektive. Der ganze Ertrag von Bettelheims ‚Konzept' erschließt sich nach Wunsch nur einem integrierten psychoanalytisch-pädagogischen Zugang.

Der dritte Teil des Bandes ist mit „Milieutherapie in historischen und theoretischen Kontexten" überschrieben. Die AutorInnen nehmen aus unterschiedlichen Perspektiven die Entstehungsbedingungen von Bettelheims Werk in den Blick, verorten es theoretisch und befragen es aus dieser Perspektive auf seine unentfaltete Aktualität. Cohler, Zimmerman und Crowe zeichnen in ihrem Beitrag „Bettelheim, Milieu und Krisenintervention mit Kindern der Gewalt" die Entstehung des Konzeptes therapeutisches Milieu bei Redl und Bettelheim nach und leiten die unterschiedlichen Schwerpunkte beider Konzepte ab. Als bedeutsamen theoretischen Hintergrund identifizieren sie die Feldtheorie Kurt Lewins. Überdies zeigen sie auf, wie an der Orthogenic School der neunziger Jahre (und in anderen nordamerikanischen Institutionen) Elemente des Redlschen und Bettelheimschen Ansatzes heute zur Krisenintervention eingesetzt werden.

Krumenacker führt einen für das Verständnis von Bettelheims Werk weiteren bedeutenden amerikanischen Denker, den Philosophen und Pädagogen John Dewey, ein. Der Aufsatz vergleicht ausgewählte Elemente der pädagogischen Theorien Deweys und Bettelheims und charakterisiert vor diesem Hintergrund Milieutherapie als Synthese modifizierter psychoanalytischer und modifizierter Positionen der Progressive Education John Deweys. Mit seinem eher theoriegeschichtlichen Zugang versteht sich der Beitrag komplementär zu den Stellungnahmen im zweiten Teil des Bandes, die einen Zugang zu Bettelheims Werk primär über das ‚Konzept' der Extremsituation suchen.

In „Rehabilitation als Wiederaneignung von Lebensgeschichte und Lebensperspektive" entwickelt Annelie Keil eine stark von der anthropologischen Medizin Victor v. Weizsäckers beeinflußte Sichtweise von Rehabilitation. Wie Bettelheims so war auch Weizsäckers Wissenschaftsverständnis durch die Psychoanalyse Freuds einerseits und die Auseinandersetzung mit den nationalsozialistischen „Verbrechen an der Menschlichkeit" (Mitscherlich) andererseits beeinflußt. Den negativen Fluchtpunkt Bettelheims und Weizsäckers bildet gleichermaßen eine wissenschaftliche Gefühlskälte von Professionellen im Umgang mit ihren Klienten. Bettelheim setzt ihr seine Orientierung am „gemeinsamen Menschsein", Weizsäcker die Prinzipien „Gegenseitigkeit", „Umgang" und „Solidarität" entgegen. Die sich daraus für den Prozeß der Rehabilitation ergebenden vielfältigen Konsequenzen stellt Keil in Umrissen vor.

Der Band schließt mit Michael Winklers Beitrag „Die Matrix des Lebens. Bruno Bettelheim und die Konstitution des pädagogischen Ortes." Winkler würdigt Bettelheim als „Entdecker des pädagogischen Ortes" und vergewissert sich in einem ebenso inspirierenden wie komplexen philosophisch-pädagogischen Diskurs zunächst der besonderen Situation, die dem Wiener Intellektuellen Bettelheim diese Entdeckung ermöglichte. Anschließend entwickelt er den Problemzusammenhang, auf den Bettelheims pädagogische Theorie und Praxis reagierte. In einem dritten Schritt rekonstruiert und interpretiert Winkler Bettelheims Pädagogik als eine Theorie des pädagogischen Ortes und hält deren Umrisse in zehn Prinzipien fest. Winkler schlägt damit eine Brücke zwischen den Entstehungsbedingungen von Bettelheims Ansatz, seinen spezifischen Konturen und einer aktuellen pädagogischen Diskussion. Indem er derart Bettelheims pädagogische Reflexionen gleichsam in eine aktuelle pädagogische Diskussion „einliest", zeigt er anschaulich ihr Aktualisierungspotential und daraus resultierende theoretische Perspektiven auf.

Abschließend möchte ich allen AutorInnen für die konstruktive Zusammenarbeit danken. Zur Organisation der Tagung und der Publikation dieses Bandes haben darüber hinaus zahlreiche Personen beigetragen, denen ich ebenfalls zu Dank verpflichtet bin. Wolfgang Schmidt, der die Idee einer „Bettelheim-Tagung" an die Komission herantrug, hat unter hohem persönlichen Einsatz zu ihrem Gelingen beigetragen. Prof. Dr. Burkhard K. Müller hat die inhaltlichen und organisatorischen Vorbereitungen maßgeblich geprägt, den Kontakt zum Lambertus-Verlag vermittelt und zusammen mit Prof. Dr. Gerd E. Schäfer die Moderationen während der Tagung übernommen. Katja Taxius und Michael Walter danke ich für ihr Engagement bei der Organisation und der Betreuung der TeilnehmerInnen. Meine Frau, Martina Boller, hat dankenswerter Weise die Arbeit auf sich genommen, die Beiträge von Nina Sutton und Leslie Cleaver zu übersetzen. Der Fachbereich 11 Gesellschafts- und Humanwissenschaften der Universität Bremen sowie der Studiengang Sozialpädagogik haben die Ausichtung der Tagung durch ihre finanzielle Unterstützung wesentlich erleichtert. Mein besonderer Dank gilt in diesem Zusammenhang Frau Prof. Dr. Annelie Keil und Prof. Dr. Jürgen Blandow. Dr. Andreas Hanses danke ich für die Unterstützung in Sachen EDV.

Zur Aktualität Bruno Bettelheims –
Ein persönlicher Bericht

Leslie Cleaver

„Die Motivation der Menschen, die sich [...] der Aufgabe widmen, eine bessere Welt für die Kinder zu schaffen, liegt meist in ihrer eigenen unglücklichen Kindheit. Was sie erlitten haben, hinterläßt in ihrem Leben einen bleibenden Eindruck; folglich streben sie nach Veränderungen, damit andere Kinder nicht ein ähnliches Schicksal erleiden müssen" (Bettelheim 1990, S. 213).

Als mich Ihre Einladung erreichte, kam mir der Name Bremen vertraut vor, obgleich ich nie zuvor in Deutschland, nicht einmal in Europa, gewesen bin. Ich erinnerte mich, daß 1896, genau vor hundert Jahren, mein Großvater väterlicherseits achtjährig mit seiner Mutter und drei Brüdern den Bremer Hafen in Richtung England und New York verließ. Da ich bis zu meinem achten Lebensjahr Tür an Tür mit meinen Großeltern lebte, hörte ich die Geschichte der verzweifelten Emigration und des letztendlich triumphalen Erfolges meines Großvaters in der Neuen Welt viele Male. Er war ein sehr guter Geschichtenerzähler, genau wie Bruno Bettelheim, ein anderer Emigrant, von dem ich sehr viel lernte. Da uns die Psychoanalyse lehrt, daß wir im Leben mit Hilfe unserer Vorstellungskraft Erfahrungen produzieren und nutzen, und da diese Vorstellungskraft im Gedächtnis wurzelt, der Bilanz vieler Erfahrungen und ihrer Interpretationen, möchte ich Ihnen etwas von mir, meinem Großvater und sodann von „meinem" Bruno Bettelheim erzählen. Ich möchte Ihnen auch von Dr. Bettelheims Orthogenic School der Jahre 1969–1976 berichten und darüber, wie wir dort heute mit den Kindern der Gewalt arbeiten, die Dr. Cohler u.a. in seinem Beitrag vorstellt.

Mein Großvater war ein Kind der Gewalt. Als er fünf Jahre alt war, wurde sein Vater, ein Wollhändler in Westrußland, aus politischen Gründen interniert. Er entkam seinen Häschern und mit Hilfe der deutschen Familie meiner Urgroßmutter floh er über Bremen nach New York, wo er die Ankunft seiner Familie vorbereitete. In der Zwischenzeit versteckten sich meine Großmutter und ihre vier Jungen in verschiedenen Kellern, ernährten sich ausschließlich von Kartoffeln und mußten ständig um ihr Leben fürchten. Der jüngste Sohn starb an Unterernährung. Um sein Leben zu retten, wurde mein Großvater zu

Verwandten in eine andere Stadt gegeben, wo er zur Schule ging und arbeitete. Er erzählte mir eines Tages vom Herbst 1895, als der Gouverneur eine Amnestie ausrief und alle politischen Gefangenen freigelassen wurden. Sie sollten sich auf dem Marktplatz versammeln, um ihre Loyalität durch das Absingen der russischen Nationalhymne unter Beweis zu stellen. Als mein, zu diesem Zeitpunkt acht Jahre alter, Großvater angelockt von der Musik, den Hügel oberhalb des Platzes hinaufkletterte, sah er vier Soldatenregimenter sich aus den Seitenstraßen nähern. In seiner Begeisterung nahm er an, daß sie Teil der Festlichkeit seien, bis ein Hornsignal erklang und die Soldaten in die Menge feuerten und alle 30 versammelten Menschen töteten, einschließlich fünf seiner Cousins und einer Reihe von Freunden der Familie. Wäre sein Vater nicht vorher geflohen, so wäre sicher auch er vor seinen Augen erschossen worden. Kurz darauf reiste meine Großmutter mit ihren Kindern über Berlin, Bremen und London nach New York ab.

Sie fanden ihren Vater von der Erfahrung der Emigration gebrochen. So arbeitete mein Großvater, nicht der älteste, aber der zäheste der Söhne, in drei Jobs um seinen drei überlebenden Brüdern und später sich selbst den Collegebesuch zu ermöglichen. Sie alle wurden zu wohlhabenden und mächtigen Männern in New York, mein Großvater in Recht und Politik, seine Brüder in der Medizin, der Musik und im Geschäftsleben. Seine drei Brüder galten als nette Männer. Von meinem Großvater, obgleich gut erzogen und erfolgreich, konnte man das nicht behaupten. Er stand im Ruf, in rechtlichen und politischen Angelegenheiten rücksichtslos vorzugehen und sich mit den Starken gegen die Schwachen zu verbünden. In der Beziehung zu Frau und Sohn verhielt er sich abwechselnd distanziert, jähzornig oder geistesabwesend. Heute würden wir natürlich erkennen, daß er unter einem posttraumatischen Syndrom litt: die beschriebenen Stärken, die emotionale Heftigkeit, die Unfähigkeit liebevoll oder väterlich zu sein, die Alpträume, die ihn nachts wachhielten oder aufschreien ließen, all dies weist darauf hin. Die Symptome meines Großvaters und die Art und Weise, wie meine Großmutter damit umging – nämlich fortwährend in Europa herumzureisen und meinen Vater der Obhut ständig wechselnder Kinderfrauen zu überlassen – führten bei ihrem einzigen Kind zu furchtbarer Einsamkeit, Trauer und schwerer Depression. Ich nahm diese Gefühle in mich auf und benötigte viele Jahre der Arbeit an der Orthogenic School und der Psychoanalyse, um sie zu überwinden. Aber darüber will ich jetzt nicht sprechen. […]

Wie Sie wissen, sehen sich die Kinder unglücklicher Eltern selbst nicht als Kinder. Sie werden zu kleinen Erwachsenen. Meine erste

Erinnerung ist, wie ich in einem Bach nach indianischen Pfeilspitzen grub und mit Lehm matschte. Den Sonnenuntergang betrachtend kam mir – fünfjährig – der Gedanke, daß ich niemals genügend Zeit zum Spielen haben würde. Mit sieben Jahren war ich schon sehr erwachsen, mit neun sorgte ich in emotionaler und alltagspraktischer Hinsicht für meine beiden Eltern, meinen jüngeren Bruder und meine jüngere Schwester. So wiederholt sich die Geschichte. Seit meinem achten Lebensjahr hatte ich einen wiederkehrenden Traum: ich saß am Fuße eines Hügels und hielt eine schwerverwundete Person in meinen Armen. Leute gingen auf den Bürgersteigen vorbei, Autos fuhren vorüber und ich rief um Hilfe, aber niemand hielt an. Es war ein Alptraum, der sich immer wiederholte, bis ich in die Orthogenic School kam, einen Ort, den Bruno Bettelheim für die unglücklichen Kinder unglücklicher Eltern geschaffen hatte. An der Orthogenic School hörte der Traum auf, denn dort war ich in meiner Sorge um verletzte Menschen niemals allein. Dr. B., wie wir ihn nannten, damals Mitte 60, war an der Schule und für Mitarbeiter und Kinder von 10 oder 11 Uhr vormittags bis mindestens 2 Uhr nachts erreichbar. So stellte er in gewisser Weise die Antwort auf die Träume dieser jungen Frau dar, und darüber möchte ich Ihnen etwas erzählen. Obwohl er sehr freundlich und zugewandt sein konnte, war er nicht „nett"; er war ein heftiger und sehr komplizierter Mensch, der einen Ort schuf, der Menschen wie ihm, Menschen wie mir, Menschen wie den Kindern eine zweite Chance im Leben bot – für ein Leben, das nicht auf dem Vergessen der Vergangenheit und ihrer Folgen beruhte, sondern auf dem Versprechen der *Erlösung* durch Erinnern und mühsamen Wiederaufbau – um den englischen Dichter William Blake zu zitieren: „anstatt der Hölle einen Himmel zu errichten".

Ich wurde nach Bremen eingeladen, um eine Rede zu halten, die ich ursprünglich Dr. Bettelheim selbst und einer großen Gruppe ehemaliger Kollegen und Studenten der Universität von Chicago, sowie früherer Betreuer und Schüler der Orthogenic School gewidmet hatte. Die Tagung, auf der ich diese Rede hielt, wurde anläßlich des Erscheinens einer Festschrift zu Ehren von Bettelheims Lebenswerk veranstaltet. Sie kam auch in dem Bewußtsein zustande, daß er nach dem Tod seiner Frau Trude sehr deprimiert war. Seine Freunde wollten ihn aufmuntern, indem sie die guten alten Zeiten der Zusammenarbeit wieder aufleben ließen. Es gelang. Dr. Bettelheim ging sparsam mit Komplimenten um. Nie lobte er mich für meine Arbeit, und doch erzählte er anderen Leuten, daß ich eine der besten Betreuerinnen sei, die jemals für ihn an der Orthogenic School gearbeitet hätten. Dennoch genoß er die Rede, die ich gleich vortragen werde, er umarmte mich, dankte mir zweimal und bat mich sogar um das Manuskript. Damit Sie den Zusammenhang der Rede verstehen, die ich Ihnen gleich vorlesen werde, so als ob Sie Dr. B wären, will ich Ihnen vorab einige Geschichten von ihm und mir erzählen.

Erste Geschichte

Wenn man sich als junge Betreuerin an der Orthogenic School bewarb, mußte man *Liebe allein genügt nicht* gelesen haben und einen detaillierten Lebenslauf vorlegen. Nach der Lektüre stellte ich mir Bettelheim als großen, ungeheuer engagierten Mann vor und schrieb ihm von all meinen Sorgen. Als meine Stärke bezeichnete ich, daß ich auch in Situationen funktionieren könne, in denen der Stress mich zu überschwemmen droht.

Der kleine, steife Mann, den ich hinter der berühmten gelben Tür der Orthogenic School antraf, fragte mich ohne Umschweife, warum mein Vater so unglücklich gewesen sei. Ich teilte ihm meine Vermutungen mit. Als nächstes verlangte er zu erfahren, ob ich in der Nacht vor dem Vorstellungsgespräch geträumt habe. Ich erzählte ihm, daß ich von der Orthogenic School als einem großen leeren Raum geträumt habe, in dem ich mit vielen nackten Kindern konfrontiert gewesen sei, die vor Schmerz schrien. Er fragte, was ich mit dem Schmerz getan habe. Ich antwortete, daß ich sie lediglich festhalten konnte. Ob auch er in dem Traum vorgekommen sei, wollte er wissen. Ich erzählte ihm, daß ich ihn als die groteske Gestalt des Glöckners von Notre Dame gesehen habe. Ich nahm an, daß ich das getan habe, weil ich aus den Büchern ein so idealisiertes Bild von ihm hatte, welches ich überkorrigieren und ihn menschlichere Größe annehmen lassen mußte. Ohne ein Lächeln teilte er mir mit, daß ich eingestellt sei und im Juni nach meiner Graduierung anfangen könne. Lächelnd bedankte ich mich und rutschte nervös auf meinem Stuhl hin und her. Spröde schlug ich die Beine abwechselnd übereinander. Er sah mich böse an und sagte laut und mit Betonung: „Vielleicht werden Sie sich wohler fühlen, wenn Sie mit jemandem in ihrem Alter, mit ihren Interessen und, wichtiger noch, ihres Geschlechtes reden!" Erschrocken und in großer Verlegenheit flüchtete ich aus dem Raum und sprach mit einer freundlichen Betreuerin darüber, wie mein neues Leben aussehen werde.

Als ich einige Monate später zur Arbeit erschien, bekam ich ein Zimmer über dem wunderschönen Wohnraum der Schule. Ich hoffe, sie haben Abbildungen davon in Dr. Bettelheims Büchern gesehen. Es war sein Lieblingszimmer in der Schule, das er mit wertvollen Antiquitäten und ansprechenden alten Gemälden dekoriert hatte. Genau unter meinem Zimmer befand sich eine Regalwand voller Bücher über Psychoanalyse und Kindererziehung, die er außerordentlich schätzte. Ich ging sofort in mein Zimmer, packte aus, ließ mir ein Bad ein und verließ die Schule, um einen Spaziergang zu machen. Als ich einige Stunden später zurückkehrte, stand der gesamte Boden des Wohnzimmers unter Wasser. Techniker der Universität retteten Bücher, legten sie zum Trocknen aus und reparierten Löcher in der Wand, durch die sich das Wasser aus meinem Badezimmer seinen Weg gebahnt hatte. Dr. B stand da und dirigierte die Rettungsaktion. Unbewußt hatte ich das Omen meiner Biographie realisiert – ich hatte seine geliebten Bücher mit meinen Sorgen überschwemmt. „Es tut mir so leid, Dr. Bettelheim, es tut mir so leid. Ich kann nicht glauben, daß ich das getan habe." Er antwortete sehr fürsorglich und leichthin: „Macht nichts, Leslie. Geh nur. Wir regeln das schon." Symbolisch teilte er mir mit, daß, welch überströmenden Gefühle ich auch immer mit an die Orthogenic School gebracht habe und wie destruktiv sie mir auch vorkämen, er und die Schule sie doch aufnehmen, akzeptieren und letztendlich wieder gut machen könnten. Meine Gefühle zählten mehr als selbst seine Bücher.

ZWEITE GESCHICHTE

Nach jeder Schicht, einem 8 oder 9 Stunden Tag mit den Kindern, bot Dr. Bettelheim eine Teestunde an, in der er jeden Betreuer fragte, wie der Tag verlaufen sei. Die Betreuer erzählten von Schwierigkeiten mit den Kindern oder von Fehlern, die sie glaubten begangen zu haben. Wie in meinen beiden Erfahrungen aus der ersten Geschichte war Dr. Bettelheim entweder kühl, kritisch und aufgebracht oder ein brillianter und freundlicher Lehrer. Ich beschloß, das Wagnis einzugehen und eine interessante Diskussion einzubringen, welche ich mit einem aufgeweckten und belesenen Jungen über den Amerikanischen Bürgerkrieg geführt hatte. Der Junge hatte mich gefragt, was ich während meiner Collegezeit über die Südstaaten und die Nordstaaten gelesen habe. Ich hatte ihm erklärt, daß ich mich besonders für den Mythos des Südstaaten – Gentleman interessiert hatte, des höflich ungezwungenen Herrn mit feinen Manieren, der nichtsdestotrotz ein exzellenter Kämpfer gewesen sei und dafür, wie diesem Mythos in einigen interessanten Büchern der Nimbus genommen worden sei. Dr. B. explodierte: „Hätte ich mitbekommen, daß die Identität dieses Jungen auf die Identifikation mit diesem sogenannten Mythos gestützt sei und hätte ich gemerkt, daß ich, indem ich ihn über diese historische Unkorrektheit informierte, in meiner extremen Arroganz und psychologischen Plumheit das Risiko einging, ihn in eine selbstmörderische Depression zu stürzen, wie die, die zu seinem Aufenthalt an der Schule geführt hatte? Würde ich jemals begreifen, daß ich als Betreuerin vor einer Antwort immer überlegen müsse, warum ein Kind diese oder jene Frage gestellt habe? Wüßte ich nicht, daß es allein darauf ankomme, die Fragen sorgsam umzuwenden und einzig und allein in der Absicht zu handeln, die Kinder kennenzulernen und ihnen von Nutzen zu sein und sie nicht als kleine Erwachsene zu behandeln, wie es meine Eltern mit mir getan hatten? Der Schlafraum war keine Spielwiese auf der ich meine Kindheitsdramen von Idealisierung und Entidealisierung aufführen könnte! Hätte ich das jetzt verstanden!"

Nach dieser Tirade lehnte er sich zurück, fragte höflich nach einer weiteren Tasse Tee und redete über Belanglosigkeiten. Dann wünschte er jedem eine gute Nacht und zog sich in sein Büro zurück. Die Tür ließ er offen. Ich war natürlich in Tränen ausgebrochen. Alles, was er mir gesagt hatte, was ich getan hatte und warum, war absolut richtig. Ich fürchtete, daß er auch bezüglich des zerstörerischen Einflusses Recht behalten könne, den ich auf den jungen Mann ausgeübt haben sollte. Aber dieser Teil und sein harscher Ton blieben mir unbegreiflich. Wie konnte eine völlig neue Betreuerin, die zufällig einen Schlafsaal voller Jungen betrat, die sie nicht kannten und die ihnen nichts bedeuteten, eine suizidale Depression auslösen? Ich dachte, er habe übertrieben, um mir eine Lektion zu erteilen. Ich sprach mit einer der leitenden Betreuerinnen darüber. Sie sagte: „Geh und sprich mit ihm. Seine Tür ist offen. Er ist der wundervollste Mensch der Welt."

Ich näherte mich der Bürotür, und er winkte mich herein. Ich lehnte das Angebot, mich zu setzen ab, und sagte ihm, daß ich alles richtig fände und verstehen könne, was mir vorgeworfen habe, aber daß ich die Art und den Ton unfair fände und nicht von ihm in dieser Art und Weise behandelt werden wolle. Ich wies darauf hin, daß ich selbst bereits zu streng mit mir umgehe und daß es mir in meiner Arbeit nicht hilfreich sei. Ich würde sehr offen und ausführlich über meine Fehler berichten, aber ich erwarte, respektvoll behandelt zu werden, denn ich würde hart darum kämpfen, meine Arbeit zu tun, obwohl ich so sei, wie ich sei. Ich bat ihn, mich in Zukunft nicht mehr anzuschreien. Er sah mich ausdruckslos an und sagte laut und emphatisch: *Es ist wesentlich einfacher, auf mich böse zu sein, als auf sich selbst zu sehen!* Ich erwiderte, daß davon nicht die Rede sein könne. Ohne Antwort winkte er mich hinaus. Er hörte in der Tat auf, mich anzuschreien. In all den Jahren, die ich ihn kannte, sah ich ihn niemals sich entschuldigen. Ich kehrte nie wieder in sein Büro zurück, um mit ihm zu reden. Ich nutzte die Mitarbeiterbesprechungen für unsere Gespräche – und wir hatten zahlreiche.

DRITTE GESCHICHTE

Dr. B. präsentierte sowohl den Kindern als auch den Mitarbeitern ein Janusgesicht. Er konnte tiefe Anteilnahme für ein Kind zeigen, das sich in Schwierigkeiten befand, aber wenn ein Kind verbal oder physisch andere Kinder oder Mitarbeiter angriff, kam Dr. B.'s zweites Gesicht zum Vorschein. Mehrmals täglich machte er eine Runde durch die Schule und fragte in seinem unverwechselbaren Ton und Akzent die Mitarbeiter, wie die Dinge stünden: „How are sings?" Wenn er erfuhr, daß jemand versucht hatte, einen anderen zu verletzen, wurde er zum Gottvater des alten Testaments: denn sein war die Rache. Mit dramatischer Geste, das Gesicht auf der dem Kind zugewandten Seite in kontrolliertem Zorn verzerrt, rief er aus: *Möchtest du geschlagen werden? Wenn du schlägst, wirst du geschlagen werden! Verstehst du mich?* Während die Augen des Kindes auf Dr. B.'s zornige Hälfte des Gesichtes starrten, trommelte er mit der Faust auf den Oberarm direkt unterhalb der Schulter. Es war eine brillante Vorstellung. Er hinterließ niemals eine Schramme. Ich glaube nicht, daß ich jemals gesehen habe, daß er ein Kind verletzte, aber ich glaube, daß er wie alle guten Schauspieler, die Angst, die er erzeugte und so geschickt zur sozialen Kontrolle einsetzte, aus einer eigenen emotionalen oder physischen Gewalt speiste und darum die Kinder vollständig an die gefühlsmäßige Authentizität dieses Augenblickes glaubten. In diesen Situationen war sein Haß viel größer als der ihre jemals sein würde und darin lag ein großartiger Schutz für alle. Keinem der Mitarbeiter war es erlaubt, ein Kind zu schlagen. Es hätte seine sofortige Entlassung zur Folge gehabt. So – nun möchte ich, daß Sie sich vorstellen, Dr. Bettelheim zu sein und daß meine Rede an Sie gerichtet ist. Sie müssen noch wissen, daß Betreuer und Kinder viel Zeit darauf verwendeten, Dr. B. zu imitieren, seine Arbeit, seine Art zu sprechen und insbesondere seinen starken Wiener Akzent. Diese Imitationen erfüllten mehrere Funktionen. Aufgrund seines starken gefühlsmäßigen Engagements war Dr. Bettelheim eine mächtige, manchmal *über*mächtige Person. Indem wir ihn nachmachten, borgten wir uns etwas von seiner Kraft und schwächten sie zugleich ab. Er war schrecklich ernsthaft und die Imitation nahm diesem Ernst etwas von seinem Schrecken. Indem sie ihn nachmachten, erinnerten die Kinder sich gegenseitig daran, sich gut zu benehmen. Ich denke auch, daß der Spaß, den wir dabei hatten, ein unbewußtes Anerkennen der theatralischen Natur einiger seiner bedrohlichen Haltungen darstellte. Ich möchte Sie daran erinnern, daß er zu der Zeit als meine Jungen und ich mit ihm zu tun hatten, ein kleiner, zerbrechlicher und vorzeitig gealterter Mann war. Viele der „Kinder", die ihn fürchteten, waren größer und stärker als er. Ich entsinne mich an meine Erschütterung anläßlich eines Vorfalles mit meinem kleinen autistischen Jungen. Er war vier Jahre alt und so klein, daß er annahm, „chinesisch", was er seiner Herkunft nach war, bedeute winzig. Der Junge rannte auf Dr. B. zu und rammte ihm ins Bein, in dem dieser kürzlich ein Blutgerinnsel hatte. Es war eine der ersten aktiven, lebendigen, sozialen Reaktionen, die dieser Junge zeigte und Dr. B. beantwortete sie ausgezeichnet: „Billy, nicht so feste". Damit erkannte er an, daß diese Aktion für diesen kleinen Jungen einen großen kraftvollen Schritt auf dem Weg der Besserung darstellte. In seiner ersten Zeit an der Schule sagte Billy nur eines: „Durch den Abfluß, durch den Abfluß, Billy ist zu groß, um durch den Abfluß zu gehen." Sein nächster Ausspruch beim Ansturm auf Dr. B. lautete: „Dr. B., Dr. B., Billy ist zu groß, Dr. B. kaputt zu machen." Besser Angst vor Dr. B. haben, als davor, durch das Abflußrohr zu flutschen, ein Gefühl, welches viele von uns mit einem wesentlich weniger fragilen Selbst mit Billy teilen könnten. Und nun folgt die Rede „How Are Sings", die ich 1986 für Dr. B hielt.

VARIATIONEN AUF „HOW ARE THINGS"

Dr. B. pflegte oft zu sagen: „Das Ende liegt im Anfang", und er meinte damit, wie ich glaube, daß es wichtig sei, ersten Begegnungen oder auch ersten Träumen große Aufmerksamkeit zu schenken, weil sie sich möglicherweise als Vorhersagen erweisen – als Vorschau auf Dinge, die sich ereignen werden.
Meine erste Begegnung mit Dr. B. am Ende meines ersten Arbeitstages stellte in der Tat eine solche Vorschau dar. Dr. B. fragte: „Nun Leslie, wie geht es (how are sings)?" und ich anwortete: „Gut." Da rief Dr. B.: „gut! gut! Wann sagen wir gut!!? Und ich sagte: „Wenn wir nicht mitteilen wollen, wie es wirklich geht." Darauf Dr. B.: „Das stimmt. Nun, Leslie, wie geht es?" und dann fanden wir heraus, wie die Dinge wirklich standen. Nun, Dr. B., how are sings?
Ich bin hier, wir alle sind hier, um darüber zu sprechen, wie es gewesen ist und wie sehr wir selbst, und im besonderen ich, von der individuellen Psychotherapie, der Arbeit mit den Patienten, der Supervision

und der ergänzenden Behandlung der Eltern profitiert haben. Der Einfluß von sieben Jahren an der Orthogenic School bleibt jedoch nicht auf die beruflichen Aspekte meines Lebens beschränkt, denn an der Schule zu arbeiten war und ist eine tiefe und aufwühlende Erfahrung, die sich tief in die Persönlichkeit der Betreffenden einprägt. Wenn ich über den Verlauf dieser Jahre mit Dr. B. nachdenke, ragen einige unglaubliche, schwierige oder lustige Begebenheiten heraus. Starke Persönlichkeiten, besonders die von Dr. B., prägten das Milieu der Orthogenic School (Dr. B.'s ureigenstes Werk) ebenso wie sie ihrerseits davon geprägt wurden. Ich selbst kam im jugendlichen Alter von 21 Jahren an die Schule, mit einem Hintergrund aus Lyrik, Philosophie und persönlichen Problemen.

Während der Jahre, die ich Dr. B. kannte, verglich er die Arbeit an der Schule mehrmals mit Thomas Manns „Der Zauberberg". Er hoffte, daß die Schule als eine „außerhalb der Zeit" und fern von den dringenden Belangen der äußeren Welt gelegene Chance begriffen werden könne. Er hoffte, daß sie junge Menschen (Mitarbeiter und Schüler) befähigen möge, sich tief auf die Details des menschlichen, zwischenmenschlichen und des Gemeinschaftslebens einzulassen, indem sie die Möglichkeit bot, das Wesen und die Bandbreite dieser Details zu empfinden, sie zu erforschen und handlungsleitende Werte im gegenwärtigen Leben und auch in Vorbereitung auf die Zukunft zu entdecken. (Offensichtlich besteht eine weitere Parallele zu den Erfahrungen Hans Castorfs darin, daß man andere beobachtete, die an einer Krankheit (emotionalen Problemen) litten, und sich um die Ansteckungsgefahr sorgte, nur um festzustellen, daß man selbst darunter litt und darunter gelitten hatte, noch bevor man die Türschwelle überschritt). Auch wenn ich der Überzeugung bin, daß wir uns damals alle der Tiefe der Erfahrung bewußt waren, müßte man Romancier sein, um ihr gerecht zu werden und um sie hier und jetzt wieder lebendig werden zu lassen. Für mich ist sie jedoch im Kontrast zu anderen, viel weniger perfekt gestalteten Umgebungen, als die der Orthogenic School lebendig geworden.

Ich zögere bewußt nicht sonderlich, das Wort „perfekt" zu benutzen, wenn ich die Struktur des Milieus an der Orthogenic School beschreibe, denn meine späteren Erfahrungen haben mir die zahlreichen Anlässe für Unachtsamkeit, Vermeidung und Distanzierung sehr deutlich vor Augen geführt, welche uns alle verlocken, wenn wir mit den schweren Störungen anderer konfrontiert sind. Insbesondere dann, wenn strukturelle Mängel in den entsprechenden Institutionen hinzukommen. Dr. B.'s herausragendes Talent, anschaulich beschrieben in „Liebe allein genügt nicht" und „Der Weg aus dem Labyrinth" bestand darin, einige sehr einfache und doch besonders schwierige

Grundzüge menschlicher Natur zu kennen: an erster Stelle stand die Überzeugung, daß andere Menschen auf uns entsprechend unserer bewußten oder unbewußten Absichten ihnen gegenüber reagieren. Zweitens, daß diese Absichten im gesamten Milieu der Schule zum Ausdruck kommen müssen: im Verhältnis der Mitarbeiter zu den Patienten ebenso wie in der Einführung bedeutsamer wiederkehrender Abläufe. Diese stützen sich auf das Verständnis grundlegender menschlicher Bedürfnisse und ihrer Entwicklungen. Innerhalb der humanistischen Struktur der Orthogenic School, in der die Verantwortungsbereiche klar abgesteckt waren, bestand der Feind nicht länger in finanziellen oder zeitlichen Beschränkungen, Versicherungsauflagen, Institutionspolitik oder Grabenkämpfen zwischen Mitarbeitern. Im Zentrum stand vielmehr die Behandlung durch zwischenmenschliche Beziehungen im Hier und Jetzt und damit begann der wahre Feind sein Gesicht zu zeigen – im Spiegel.

Damit kommt eine weitere von Dr. B.'s Überzeugungen ins Spiel: die, daß gestörte Menschen […] uns Angst einjagen und wir uns distanzieren möchten oder sich in unsere Reaktionen unsere eigene Verletzlichkeit oder unsere eigenen schmerzlichen Erfahrungen spiegeln. Dr. B.'s Aufgabe – „Wann sagen wir gut?" – bestand darin, mit uns gemeinsam vor dem Spiegel zu stehen; uns dabei zu helfen, unsere Absichten und vielleicht auch einige der Gründe dafür zu erkennen; uns zu helfen, zu erkennen, wann das schwierige Verhalten eines Kindes eine Reaktion oder Reflexion unserer eigenen Absichten darstellte. Letztlich ging es darum, uns zu helfen, unsere eigenen inneren Erfahrungen direkt für das Verstehen der Kinder zu nutzen, wenn eine imaginäre Brücke erforderlich war. Natürlich ist das Erlernen der intensiven Reflexion von Erfahrungen und die Auseinandersetzung mit den Fragen, die das Verhalten der Kinder und unsere Reaktionen darauf aufwerfen, von großem Nutzen in der eigenen Psychotherapie, in der Supervision und der Elternarbeit.

Wenn ich mit Mitarbeitern oder Eltern arbeite, ist es wichtig zu wissen, daß es nicht nötig ist, das gesamte Vorleben analytisch durchzuarbeiten, um eine mißlungene Interaktion oder Beziehung zu verstehen und zu verändern. Es ist außerordentlich nützlich, Probleme anhand konkreter Erfahrungsbeispiele durchzuarbeiten; das fördert eigene Ideen zutage und unterscheidet sich grundlegend vom Austeilen guter Ideen oder Ratschläge.

Ein Literaturkritiker beschrieb einmal Henry James Art, Charaktere durch seinen detailgenauen Beobachtungs- und Vorstellungsrahmen zu entwickeln, als „Geist, der niemals von einer Idee vergewaltigt wurde" und welcher streng erfahrungsbezogen vorgehe. Ich habe mich oft an diese Beschreibung erinnert, wenn ich an Dr. B.'s Lehrmethode dachte. Oftmals und aus vielerlei Gründen hatte ich mir gewünscht, Dr. B. möge mir sagen, was ich zu tun habe oder mir die komplizierte Dynamik einer Situation erklären. Er jedoch achtete darauf, daß theoretische Erklärungen nicht die Entwicklung von Einsichten störten, die auf mühevoll gemachten Erfahrungen, meistens begangenen Fehlern, beruhten. Die außergewöhnliche emotionale Urteilskraft, die Dr. B. repräsentierte, war täglich erfahrbar, ebenso wie der Weg, auf dem man dorthin gelangen konnte. Er beginnt mit dem schmerzlichen Prozeß vor dem Spiegel. Dies soll nicht zu düster klingen. Einige der Monster, die ihre häßlichen Gesichter zeigten, gezähmt und andere zumindest erkannt zu haben, ermöglichte uns eine spielerische Leichtigkeit und Furchtlosigkeit. Jetzt, da man den Feind in sich selbst ausgemacht hatte, brauchte man keine Angst mehr davor zu haben, „wie es geht". [...]

Aber am Anfang sagte ich „Gut" zu Dr. B., weil ich vor ihm Angst hatte, zumindest glaubte ich, daß er es sei, den ich fürchtete. Seine Aufmerksamkeit aktiv auf den Spiegel zu richten, war nicht immer eine angenehme Aufgabe. Man lief Gefahr, seinen Gefühlen auszuweichen oder im Boten den Feind zu sehen. Dr. B. stellte einen würdigen Feind dar – standhaft, deutlich sichtbar, letztlich absolut verantwortlich und absolut unzerstörbar. Dies empfanden alle, die an der Schule lebten und arbeiteten.

Vielleicht ist meine Sicht von Dr. B's Funktion als *öffentlichem Feind* von meiner selbstgewählten Zuständigkeit für eine Jungengruppe beeinflußt, denn dadurch hatte ich mit vielen Abstufungen von Aggressivität in und außerhalb von mir zu tun. Aber ich möchte betonen, daß zahlreiche potentiell „gefährliche" Gefühle und Handlungen in ihrer ganzen Spannweite und Wucht empfunden werden konnten – als Temperamentsausbruch, als Lebenslust, Liebe und Haß – weil Dr. B. willens und in der Lage war, seine Funktion als Feind zu erfüllen.

Dies bezeugt die ungewöhnliche Anzahl geistreicher Imitationen von Dr. B. immer wenn, damals wie heute, Betreuer und inzwischen herangewachsene Kinder zusammenkommen. Sie beginnen vom Aufbau her stets mit der altgedienten Begrüßung: „Nun, wie stehen die Dinge? Wie geht es euch allen?" (Vell, how are sings? How is everybody?) und gehen über zu dem unheilschwangeren „Oh, es war ein Unfall? Ich kann meine Hand nicht kontrollieren" (Oh, it vas an accident? I can't control my hand) und dann zu dem sehr ernsten „Gestatte mir, dich von diesem Irrglauben zu befreien". [...]

Die Botschaft war klar: wir konnten sein, wie wir waren. Wir konnten schrecklich sein ... aber nicht zerstörerisch. Wir verletzten niemanden, und wir wurden nicht verletzt, denn Dr. B. stand dafür, daß die Schule für die ganze Bandbreite der Gefühle, nicht aber für deren destruktives Ausagieren zur Verfügung stand.

Die Betreuer ihrerseits beschworen das Bild einer omnipräsenten, wachsamen Instanz herauf, die bis in die letzten Winkel reichte. Zwei Betreuerinnen betraten einmal den Vorraum eines Kinos in einem abgelegenen Teil Irlands, wo der Film *The Most Dangerous Man Alive* angekündigt wurde. „Er ist hier. Er hat uns gefunden", riefen sie. Für diejenigen unter uns, die Schutz brauchten, war Schutz stets in Reichweite – weltweit.

Dr. B.'s Bedrohlichkeit besaß auch eine gewisse antidepressive Wirkung. Bei der ersten Feier nach seinem Ausscheiden und Umzug nach Kalifornien (Bettelheim beklagte sich, daß Kalifornien gar nicht so herrlich sei: man könne zwar Erdbeeren ziehen, aber das Wild komme aus den Bergen und fresse sie) fehlte unseren Witzen der übliche Biß. An Katherine Hart gewandt sagte ich: „Was fehlt bloß heute abend, Katherine? Was ist los mit uns?" Und sie antwortete: „Wir denken alle an die guten alten Zeiten, als der Feind außerhalb war." Sie hatte Recht. Wir vermißten Dr. B., und in Kalifornien hatte das Wild den ganzen Spaß.

Die Folge dieses Gefühles umfassender Sicherheit, die in Dr. B.'s Unabhängigkeit davon, beliebt sein zu wollen, gründete, bestand in einem Potential ernsthafter und respektvoller Aufmersamkeit gegenüber Bedürfnissen und Gefühlen, wie sie verbal und nonverbal zum Ausdruck kamen. Neben Dr. B's ausgeprägten Sinn für die Erbsünde, besaß er einen fast unerschütterlichen Glauben an die menschliche Anpassungsfähigkeit. Dies schloß ein tiefes Verständnis schwerster oder offensichtlich selbstzerstörerischer Symtome als Folge des Kampfes mit überwältigenden Ängsten und anderen Gefühlen ein. Er war überzeugt, daß sowohl Kinder als auch Erwachsene die Impulse zu Wachstum und Entwicklung nutzen würden, die die Umgebung und die menschlichen Beziehungen boten, um ihre Beziehungs- und Leistungsfähigkeit zu erweitern. Dies war an das Vorhandensein einer sensiblen, lebendigen und persönlichen Umgebung gekoppelt sowie an die Unterstützung der Mitarbeiter in ihrer Anpassung an die Bedürfnisse der jeweiligen Kinder. Die Bereitschaft, von den Kindern zu lernen, wie wir in Beziehung zu anderen und im Hinblick auf deren Bedürfnisse nützlich sein können, ohne persönliche Ratschläge zu verteilen, ist von entscheidender Bedeutung. Dies ist eine harte Lektion, aber eine, die Dr. B. und die Kinder zu lehren verstanden.

Meine erste Gruppe an der Schule bestand aus sieben jungen Männern, die nur zwei oder drei Jahre jünger als ich waren und kurz vor dem Verlassen des Schutzraumes Orthogenic School standen. Sie alle kannten die Schule und ihre Abläufe sehr viel besser als ich. Einer der Männer würde nach zehn Jahren an der Schule bald zum College gehen. Bei jeder Gelegenheit trug er dazu bei, daß ich jeden Fehler beging, der im Buche stand. Dieses Buch hieß „Liebe allein genügt nicht", und ich fühlte mich verwirrt und unsicher. Dr. B. half mir, zu verstehen, daß Dave und ich einen gemeinsamen Initiationsritus durchliefen: was er erfahren mußte und wollte, war, wie ich praktisch und psychologisch mit meiner Verunsicherung umging … eine Lage, in der er sich nur zu bald selbst wiederfinden würde. Wir standen beide an Übergängen … wenn ich meine Unsicherheit und meine unbeholfenen Vorstöße in seine Welt überleben konnte, vielleicht würde dann auch er seinen Eintritt in die Welt, aus der ich gerade kam, überleben. Damals wie heute […], befanden wir uns in einem gemeinsamen Prozeß; mit unserer Verletzlichkeit oder Destruktivität konfrontiert, versuchten wir mit unserer Hilflosigkeit und Angst umzugehen, Liebe und Haß auszubalancieren.

Als ich mich das erste Mal hinsetzte, um diesen Text zu schreiben, […] fiel mir wieder ein Wortwechsel zwischen mir, damals seit sechs Jahren an der Schule, und einem seit zwei Jahren dort lebenden 12jährigen Jungen ein. Es ging um einen fünfjährigen autistischen Jungen, der zu diesem Zeitpunkt gerade voll Freude und auf sehr bewegende Art sprechen lernte. Billy, der ältere Junge, war sehr eifersüchtig auf das fragile und verzweifelt kranke jüngere Kind, demgegenüber er sich sehr fürsorglich und beschützend verhielt. […] Seinen Ärger und seine Eifersucht richtete er auf mich. Einige seiner Gefühle dem kleinen Jungen gegenüber gingen auf die überwältigende Eifersucht zurück, die er empfunden hatte, als seine Mutter ihm ein Geschwisterkind vorzog. Er sagte dann: „Worauf ich am meisten eifersüchtig bin, ist … ich wünschte, ich hätte an der Schule sprechen gelernt wie Jonny. Ich wünschte, ich hätte gelernt, zu sprechen, um mich auszudrücken, anstatt um mich zu verbergen. Mein Leben wäre so anders verlaufen." Dies zu wissen und aussprechen zu können und nicht „fine" (gut) sagen zu müssen, sondern fähig zu sein, die Dinge beim Namen zu nennen, war nicht alles, aber es war genug, für diesen älteren Jungen und für mich, um zu finden, daß es nicht genügend Worte gibt, um Ihnen zu danken, Dr. B.

WIE ES HEUTE GEHT

Nun will ich mich unserer heutigen Arbeit mit den Kindern der Gewalt an der Orthogenic School zuwenden. Zunehmend sehen wir uns mit

den „Wegwerfkindern" der Gesellschaft konfrontiert, die von ihren Bezugspersonen geschlagen, verletzt, versengt, sexuell bedrängt oder vergewaltigt wurden. Diese Kinder fürchten keinen theatralischen Zorn; und Angst zu empfinden hilft ihnen nicht, sich selbst und ihre Welt zu ordnen. Wir müssen eine sichere Umgebung bereitstellen, die die Kinder in gewalttätigen Phasen zu halten vermag, so daß sie unter Kontrolle bleiben und weder andere noch sich selbst verletzen. Es ist nach wie vor von herausragender Bedeutung, daß wir den engen Zusammenhang zwischen Hoffnung und Gewalt, Liebe und Haß verstehen, der Dr. Bettelheim bis ins Mark durchdrang, ja, den er verkörperte. In den 90er Jahren versuchen wir an der Orthogenic School korrektive emotionale Erfahrungen für Kinder zu ermöglichen, die durch unbeabsichtigte aber ernste Folgen familialer Dysfunktion oder den offensichtlicher destruktiven Auswirkungen schwerer Vernachlässigung und psychischer, physischer und sexueller Mißhandlung derart traumatisiert sind, daß sie in unserer Gesellschaft nicht zurechtkommen können. Um für diese Kinder Entwicklungsmöglichkeiten zu schaffen, müssen wir Erfahrungen aktiver Bewältigung, sicheren Vergnügens, Erfahrungen von Ordnung und Vorhersehbarkeit arrangieren, wie sie alle Kinder brauchen. Um diese Kinder zu rehabilitieren, müssen wir eine exzellente Basisversorgung anbieten können und darüber hinaus Gelegenheiten schaffen, damit diese Kinder wesentliche Entwicklungsschritte in der Eltern-Kind Beziehung erstmals erleben oder wiederholen können. All dies müssen wir angesichts der extremen Bedürftigkeit, des Zornes und der Verzweiflung unserer Kinder tun. Das heißt, wir müssen Kinder geduldig und ausdauernd versorgen, die zu wütend, zu ängstlich und zu hoffnungslos sind, diese Fürsorge von einem auch noch so wohlmeinenden Erwachsenen anzunehmen. Ich will Ihnen schildern, wie wir das machen.
Um diesen leicht zu beschreibenden aber schwer zu gehenden Weg zu illustrieren, möchte ich Ihnen meine Erfahrungen aus den monatlichen Samstagsdiensten von November bis April beschreiben. Es handelt sich um eine Schlafraumgruppe mit fünf neuen Kindern und drei neuen Betreuern; eine schwierige Situation, die im vergangenen Sommer aufgrund zahlreicher Umbesetzungen in der Verwaltung zustandegekommen war. So sind einige der älteren Betreuer in guter alter Orthogenic School Tradition eingesprungen, wo Not am Mann war und haben sich ins Lernen, Lehren, Versorgen, Zuhören, Beobachten, Verstehen und Handeln für unsere Kinder gestürzt.
Fünf Jungen zwischen 9 und 14 Jahren teilen sich diesen Schlafraum. Drei dieser Kinder wurden schwer vernachlässigt und mehrmals verlassen. Sie haben die typische Geschichte von Kindern, die furchtbar

gelitten haben, denen es aber gelungen ist, einige persönliche Aus-
strahlung zu retten und sie kämpfen darum, nicht ihr ganzes Elend ans
Licht kommen zu lassen. Bei guter Fürsorge und und wenn sie wieder
Hoffnung empfinden können, kommt es zum Ausagieren von Verhaltensweisen, die ihren früheren Schmerz und ihre Furcht vor erneuter
Verletzung ausdrücken. *Hoffnung bedeutet für sie, daß jemand existiert, der sie genau so annimmt, wie sie sind.* Diese Hoffnung ist Teil
der menschlichen Persönlichkeit und ihrer tausendenjährigen Geschichte. Es ist das Recht jeden Babys, von Geburt an geliebt und
beschützt, physisch, emotional und kognitiv umsorgt zu werden, auch
wenn es eine Menge Mühe bereitet. Eltern wissen, daß das kindliche
Verhalten von Anfang an Ausdruck von Neugier und Lebendigkeit ist,
von Liebe und enttäuschter Liebe. Eltern wissen auch, daß Wut und
anderes schwieriges Verhalten ebenso ein Ausdruck von Liebe ist, wie
die zarteste Zärtlichkeit. Und Eltern wissen, daß Zorn zu zeigen bedeutet, daß du mir etwas bedeutest und mich darum verletzen kannst:
„Ich hoffe, daß du das erkennst, so daß wir eng miteinander verbunden
bleiben können. Zu einem Baby oder einem Kleinkind sagt man nicht:
„Sei nicht böse mit mir". Man sagt: „Was ist denn? Wenn ich dich
gekränkt habe, laß es mich noch einmal versuchen." Im Extremfall
führt die Zurückweisung von Wut und ihrer Ausdrucksformen zum
Rückzug in Phantasiewelten oder möglicherweise in die Psychose
oder zum Autismus. Die meisten Kinder kommen zu uns, nachdem
ihre Eltern oder ihre Pflegefamilien nicht mehr mit ihrer Hoffnung,
ihrem Zorn umgehen konnten. Ihr Verhalten und der Schmerz, der
sich darin ausdrückt, kann eine Familie nicht tragen; die Verantwortung dafür kann sie nicht übernehmen. Die meisten unserer Kinder
leben am Rand der Psychose.
Zwei der Jungen aus der Gruppe sind infolge von schwerer körperlicher und sexueller Mißhandlung psychotisch. Einer von ihnen wurde im Alter von einem Monat so hart ins Gesicht geschlagen, daß er
ins Krankenhaus mußte. Von einer Reihe von Männern sexuell mißbraucht, wurde er später zum Strichjungen. Der andere wurde von
seiner Schwester, seiner Mutter und seinen beiden Stiefvätern sexuell
mißbraucht, bis schließlich seine Eltern wegen fortgesetzter Mißhandlung ins Gefängnis kamen. Beide Jungen können psychotisch
und aggressiv sein und bei allen scheiterte die vorhergehende Behandlung in verhaltensorientierten Einrichtungen. Dies trifft für die meisten unserer Kinder zu. Sie konnten keine Fortschritte machen, denn
Verhaltenstherapie hat das Verschwinden der Symptome zum Ziel und
nicht das Verstehen, die Befriedigung und Erwiderung der durch das
Verhalten kommunizierten Bedürfnisse und Gefühle.

Wie ich schon sagte, ist Hoffnung für unsere Kinder schmerzhaft und führt zum Ausdruck von Wut. Um sich selbst (und uns) zu schützen, zeigen unsere Kinder am Anfang eine trügerische Unabhängigkeit. Der Wunsch nach Autonomie will uns sagen: „Ich kann für mich selber sorgen, ich brauche Dich nicht. Ich will Dich und Deine Zuwendung nicht." Aber natürlich wollen sie sie doch. Nirgends wird das so deutlich, wie in der Zurückweisung der grundlegenden körperlichen Versorgung, die die Basis jeder Fürsorge für Kinder und das Fundament aller Entwicklung bildet. Als wir noch klein waren, sorgten unsere Mütter dafür, daß unser Bett jeden Tag frisch, sauber und gerichtet, unser Spielzeug in Ordnung, unsere Kleidung sauber, hübsch und nicht kaputt war. Die Betten, ihre Umgebung und die Kleidung der Jungen an der Orthogenic School waren in einem chaotischen Zustand. Als ich anfangs ihren Schlafraum betrat und fragte, ob ich die Betten machen oder ihnen dabei helfen könne, ihre Sachen aufzuräumen, beschimpften sie mich als Hexe und Hure und sagten mir, daß sie mich nicht bräuchten und mich nicht in ihrem Schlafsaal haben wollten. Ich antwortete: „Ich will nicht, daß ihr so mit mir redet, genausowenig wie ich so mit euch spreche. Ich weiß, daß ihr mich nicht sehr gut kennt, aber ich würde euch gern kennenlernen und sehen, ob ich ein wenig helfen kann." Sie ignorierten mich. Ich fand heraus, wie ich mich ein bißchen nützlich machen konnte, indem ich etwas zu trinken holte, Gänge in die Küche und zum Wandschrank abnahm und den Gruppentisch nach dem Frühstück abwischte. Ich wollte meine Absichten ebenso in Taten wie in Worten ausdrücken. Larry, das vergleichsweise am wenigsten traumatisierte Kind, gleichwohl schwer vernachlässigt und mißhandelt, ging auf mein Angebot ein, sein Bett zu machen. Alle anderen Jungen beobachteten uns, einige heimlich, andere ganz offen; einige drückten ihre Skepsis in Verachtung aus. „Du willst diese Hexe an Deine Sachen lassen. Du Mammajunge." Ich verteidigte sein Recht auf Fürsorge ohne Abwertung.

Nun weiß ich über das Bettenmachen Bescheid. Das Wichtigste ist, daß das Bett symbolisch das Zusammenspiel von Lieben und Geliebtwerden repräsentiert. Das ist so, weil wir alle zuerst in den Armen unserer Mütter einschlafen und wir unser erstes Körper- und Selbstgefühl über die Art und Weise erlangen, wie wir in diesen Armen gehalten werden. So verwende ich viel Sorgfalt darauf, wenn ich für einen kleinen Jungen das Bett mache. [...]. Zuerst sage ich, daß ich nun alle Bettdecken fortnehme, um das Laken zu glätten und bitte das Kind, mir zu sagen, wie es es haben möchte. Möchtest Du zuerst die grüne oder die gelbe Decke? Wie möchtest Du das Laken eingeschlagen haben? Laß uns den Kopfkissenbezug wechseln, damit Du es schön weich an der Wange hast. Die ablehnenden Jungen beobachteten uns und der nächste, der umfiel, war der andere kleine Junge, der schwer vernachlässigt, aber nicht mißbraucht worden war. Als Belohnung für das Bettenmachen bekam ich das wertvolle Angebot, gefragt zu werden, ob ich ihm seine Schuhe anziehen wolle. Nun, ich weiß von diesem kleinen Jungen, daß er, obwohl er augenscheinlich ein hübscher Junge ist – rotes Haar, Sommersprossen, glatte Haut und schön gewachsen – jeden Samstag Qualen ausstand, wenn er zum Mittagessen hinuntergehen sollte, weil er sich „so häßlich" fand. Er mochte von niemandem gesehen werden. Ich sagte ihm, daß er wunderbar aussehe, aber ich wußte, daß er mir nicht glaubte und, daß er die reale Erfahrung brauchte, daß es sein Körper wert sei, für ihn das Bett zu machen und für seine Kleider und andere Besitztümer zu sorgen, die wir als Teil von uns empfinden. Ich mag diesen Jungen sehr gern. So konnte ich, als ich ihm sein Söckchen anzog und es glatt strich, mit echter Beteiligung, wie eine Mutter zu ihrem Kind, sagen: „Was für ein hübscher Fuß. Wo hast Du denn diesen hübschen Fuß her?" Er schaute überrascht und erfreut, aber dann sagte er finster zu mir: „Leslie, Du bist die verrückteste und sonderbarste Frau, die mir je begegnet ist. Meinst Du nicht auch, daß Du verrückt bist?" Aus dieser Bemerkung schloß ich, daß diese Basiserfahrung ihm vollständig fremd war, daß niemals jemand gesagt hatte: „was für ein schöner Fuß", aber ich sprach das nicht aus, weil ihn das beschämt hätte. Also antwortete ich: „Nein, ich glaube, ich bin normal und ich glaube, daß Du einen sehr schönen Fuß hast." Damit wären wir alle bereit gewesen, zum Essen hinunterzugehen.

Sie beobachteten mich noch immer. Der kleine Junge, der so tapfer war, sich als erster das Bett machen zu lassen, erklärte, er habe Magenschmerzen und könne nicht zum Essen hinuntergehen. Er machte einen ernsthaft bekümmerten Eindruck, und nachdem ich ihn vergeblich ermutigt hatte, entschloß ich mich, ihm Hühnersuppe mit Nudeln aus der Küche hinaufzubringen. Als ich das Tablett an seinem Bett absetzte, richtete er sich ein wenig auf, machte aber keine Anstalten, seine Arme unter der Decke seines frischgemachten Bettes hervorzustrecken, um zum Löffel zu greifen. Ich witterte meine Chance. Hätte ich ihn gefragt, ob er sich von mir füttern lassen wolle, hätte er ablehnen müssen, denn er ist neun Jahre alt und ein harter Bursche. Wenn ich versuchen würde, ihn zu füttern und es wäre das Falsche, könnte sich schlimmstenfalls die Nudelsuppe über mich ergießen. Aber Kleider kann man wechseln. Ich behielt also seine Arme im Auge und als sie unter der Decke blieben, werte ich das, wie jede gute Mutter auch, als Zeichen. Ich führte den Löffel zu seinem Mund und freundlich plaudernd aßen wir uns durch drei Schalen Nudelsuppe. Am Ende begann er von seiner Großmutter zu erzählen und wie ich ihn an sie erinnere (die einzige Person in seinem Leben, die je für ihn gesorgt hat) und er vermutete, daß ich gerne koche und Zwiebeln möge. Ob ich wohl mit Zwiebeln koche, wollte er wissen, er selbst möge Zwiebeln sehr gern. Da wußte ich, daß etwas Wichtiges geschehen war, daß er unsere bedeutsame Erfahrung mit einer früheren positiven Erfahrung verknüpft hatte. Auf diese Art und Weise wachsen wir alle auf und erwerben das nötige Vertrauen, um uns auch an schwierigere Aufgaben im Leben heranzuwagen. Wir erinnern uns an etwas Gutes in uns selbst und unserer Vergangenheit. Wenn ich Betreuer unterrichte, sage ich ihnen, *daß Liebe den Wert in der Begegnung zwischen zwei Menschen ausmache.* Es geht nicht darum, das Bett zu machen oder Nudelsuppe zu holen. Entscheidend ist vielmehr die *Haltung*, mit der dies geschieht. Sie wird von den Kindern *immer registriert,* und sie ist es, die letztlich eine korrigierende Erfahung ausmacht.

„Liebe allein genügt nicht, aber ohne Liebe ist alles nichts", sagte Dr. B. Mit „Liebe allein genügt nicht", meinte er, daß es in der Arbeit mit sehr schwierigen Kindern auch der Überlegung und der Einfühlung bedarf, um herauszufinden, wie wir ihnen am besten helfen können. Für die beiden Jungen, die schwer vernachlässigt, mißhandelt und mißbraucht worden waren, ist das Bettenmachen in der Tat eine sehr komplizierte und schwierige Angelegenheit. Im besten Sinne stellt das Bett die Verlängerung des eigenen und des mütterlichen Körpers dar; es wird mit Wohligkeit und Zärtlichkeit assoziiert. Im schlechtesten Fall repräsentiert das Bett Erinnerungen von Schmerz, Gewalt und Ausbeutung. Als nun, nachdem ich über einen Monat hinweg an den Samstagen wohl annähernd zehn Körbe erhalten hatte, der gestörteste Junge der Gruppe, ja der gesamten Schule, der kaum ein Jahr lang dort war, mein Angebot akzeptierte, wußte ich, daß es schwer werden würde. Ich wußte, daß er schreckliche Angst hatte und dies bestätigte sich, als er mir nicht von der Seite wich und mir verbot, an dieses oder jenes Stofftier oder Papierstück zu rühren. Um zu demonstrieren, daß er niemanden nötig habe, hatte er sich das reinste Rattennest gebaut. Also fragte ich ihn sehr ruhig und respektvoll, bevor ich irgendetwas tat und erkundigte mich, wie er es haben wolle. So schaffte ich es schließlich das Bett zu machen und das Rattennest heil zu lassen. Ich sagte: „In Ordnung? Ich denke, so ist es in Ordnung." Er aber riß alles vom Bett herunter, wirbelte es durch die Luft und schrie mir ins Gesicht, ich hätte es nicht richtig gemacht. „Was ist los mit Dir du alte Hexe? Machs nochmal!" Ich sagte: „Es tut mir wirklich leid, weißt Du, sag mir was ich falsch gemacht habe. Dann versuche ich es noch einmal." Ich war in der Lage ruhig zu bleiben, und es wirklich zu bedauern, weil ich den Jungen und seine Geschichte kannte. Ich wußte, daß er so voller Wut und Angst, so voller Erinnerungen an schreckliche Ausbeutung in fremden Händen steckte, daß in ihm kein Raum für positive Erfahrungen war. Dies trifft besonders auf das Bettenmachen, oder die Pflege seines Körpers zu, in dem er es kaum aushält. So konnte ich sein Verhalten und seinen Gefühlsausbruch akzeptieren und bedauern, daß er für mein Bettenmachen keinen Platz in seinem Inneren finden konnte. Ich war sehr froh, daß er mich nicht geschlagen hatte (denn das hätte ich nicht akzeptieren können). So machte ich das Bett noch einmal exakt wie zuvor (denn er hatte mir nicht sagen können, was ich falsch gemacht hatte, und ich konnte mir nichts spezielles vorstellen; bei weniger gestörten Kindern stimmt meist in der Tat etwas nicht). Wenngleich weniger gewaltsam, riß er mit dem gleichen zornigen Mantra wieder alles herunter und befahl mir, es von Neuem zu machen. Ich bemerkte die Veränderung in seinem emotionalen Ausdruck und schloß daraus auf Fortschritte; wenn ich also am Ball bliebe, würde er irgendwann annehmen können, was ich für ihn zu tun versuchte. So machte ich das Bett zum dritten Mal, und diesmal sagte er, daß es in Ordnung sei und ob ich ihm nicht helfen könne, auch die restliche Unordnung zu beseitigen. Wir standen am Anfang einer Beziehung, die aus Angst, Wut, Empathie und Geduld geschmiedet war und die ihm in hunderten von Interaktionen mit seiner Erzieherin, seiner Therapeutin und allen anderen in der Schule helfen würde, gesund zu werden.

Ich persönlich erfuhr die heilsame Wirkung dieser Erfahrung, als ich eines nachts in seinen Schlafraum gerufen wurde, weil er in seinem sprichwörtlichen Prokrustesbett, gespickt mit seelischen Nägeln, nicht zur Ruhe kommen konnte, was für ihn typisch war. In Panik war er hinaus in die Halle gerannt; zurück in seinem Bett zappelte er wie ein Fisch, unfähig, zur Ruhe zu kommen. Ich schlug vor, ihm sein Bett zu machen, was ich auch tat, und wenn das nicht ausreichen sollte, würde es vielleicht auch helfen, wenn er meine Hand hielte; er tat es und schlief ein. Ich hatte das Recht, ihm eine Hand zu reichen erworben, denn ich hatte die Botschaften, die sein Verhalten ausdrückte, ernstgenommen. Wir wußten beide, was sie über seine Gefühle, seine Bedürfnisse und die Last seiner Vergangenheit aussagten.

Ein Verhaltenstherapeut würde den Einwand erheben, daß ich mich von dem Jungen manipulieren und benutzen ließ. Ich würde dagegen halten, daß ich erwachsen bin und ganz genau das getan habe, was ich tun wollte. Ich wollte ihn befähigen, die Welt in einem positiven Licht zu sehen und damit zu beginnen, diese „neue" Welt zu benutzen, im besten Sinne des Wortes: davon zu profitieren und sich am Erlebnis mit einer anderen Person zu freuen.

Was die Gruppe betrifft, so begann sie am Samstag morgen als Antwort auf diese Fürsorge, sich selbst um ihren Schlafraum zu kümmern. Die Jungen halfen dabei, ihre Kleidung zu waschen, die Böden zu fegen und zu putzen, Poster über ihren Betten aufzuhängen und das gemeinsame Spielzeug und Bücher zu ordnen. Sie waren so eifrig bei der Sache, daß wir meine Pläne für den Nachmittag fallen ließen. Der Wert dieses neuen Putzens und Aufräumens bestand für sie darin, daß ich diese Aktivitäten schätzte und sie der Beziehung zu mir großen Wert beimaßen. Einer schrieb zu Ehren unserer gemeinsamen Bemühungen sogar ein Loblied auf die gute alte rotwangige Leslie. […] Das ist ein großer Unterschied zu der Hexe und Hure vom Beginn.

Wie man sieht, habe ich durch meine Fürsorge für die Jungen für sie als Person an Wert gewonnen. Es ist normal, zum Teil kennen Sie es auch aus eigener Erfahrung, daß Kinder sich durch gute Versorgung wertgeschätzt fühlen und im Gegenzug ihren Eltern Wertschätzung entgegenbringen. Für unsere Kinder stellt das eine wichtige (korrigierende) Erfahrung dar, denn wenn sie zu uns kommen, sind sie in ihrer eigenen Welt und deren Regeln gefangen und isoliert. In dieser Welt haben weder Kinder, noch Eltern die für sie sorgen, einen Wert. Der von uns beschrittene Weg ist besser, als Kinder durch Verhaltenstraining zu lehren, für sich selbst zu sorgen. Es ist der naturgegebene Weg, wie Kinder aufwachsen: erst sorgt die Mutter für Dich, dann sorgt ihr beide gemeinsam für Dich und auf der Basis dieser guten Erfahrungen kannst du schließlich selbst für dich Sorge tragen.

Ich möchte nun vom Bettenmachen zum Geschichtenerzählen kommen, einer Erfahrung, die Sie sicher alle mit Ihren Kindern teilen. Einer der kleinen Jungen, mit denen ich arbeite, brachte mir seine Comics zum Vorlesen. Ich hatte große Schwierigkeiten, mich aufs Lesen zu konzentrieren. Ich mag diese Comics für Kinder nicht, denn sie handeln von Mutanten, deren verschlungenes Schicksal nicht auf menschliche Art bewältigt wird, sondern die sich mittels außergewöhnlicher physischer und psychischer Kräfte für immer außerhalb normaler menschlicher Beziehungen stellen. Sie können nur untereinander in Beziehung treten und ihr Leben besteht in einem endlosen Kreislauf von Verletzung und Rache. Ihre Geschichten werden in kleinen Einheiten präsentiert, sodaß sie niemals zu einem Abschluß kommen. Wenn es nach mir ginge, und so werden wir es zukünftig handhaben, dürften diese Comics in der Schule nicht gelesen werden, denn sie reflektieren exakt die psychotische Weltsicht der meisten unserer Kinder – Isolation, Wut, Rache, Ausschluß aus der menschlichen Gesellschaft. Ich glaube, daß unsere Kinder keine normalen Erfahrungen gemacht haben – Psychotisches ist für sie normal –, und wenn wir solche Geschichten in der Schule erlauben, oder schlimmer noch: ihnen kaufen, glauben sie, daß wir sie gutheißen und stärken damit diese Weltsicht. Tonys Lehrerin berichtete mir, daß Tony manchmal verwirrt und aggressiv reagiere, wenn er solche Comics gelesen habe. Wie auch immer, diese Hefte waren bereits da. So stand ich vor der Aufgabe, wie ich meinen Eindruck davon und meine Ansichten dazu nutzen konnte, ihm eine andere Erfahrung anzubieten, die auf mein Wissen über ihn und auf das, was er in diesen Comics suchte, aufbaute. So sagte ich zu ihm: „Tony, ich lese diese Comics nicht gern, denn sie erzählen niemals eine vollständige Geschichte. Ich finde sie spannend, aber auch verwirrend, denn sie brechen immer wieder ab und beginnen von Neuem. Ich finde es traurig, daß sie niemals mit dem Kämpfen aufhören und ein normales Leben beginnen." „Ah, ja?" sagte er. Ich fuhr fort: „Wie wäre es, wenn ich für Dich eine vollständige Geschichte heraussuchte, die von den gleichen Sachen handelt, mit vielen Abenteuern, Kämpfen und Helden und die gut ausgeht." „Das wäre toll", antwortete Tony. So überlegte ich, welche Geschichte Tony's Bedürfnissen entspräche. Tony's eigene Geschichte war die einer guten frühen Kindheit mit seiner Mutter, die zusammen mit einer robusten Konstitution für seine heutige Wärme und Vorstellungskraft verantwortlich ist. Diese guten Erfahrungen gingen ihm noch vor seinem zweiten Lebensjahr verloren. Seine Mutter wurde von Crack abhängig und ging eine Beziehung zu einem anderen Süchtigen ein, der Tony mißhandelte, schlug, verletzte und ihm Brandwunden zufügte. Er wurde von seiner einstmals guten Mutter im Stich gelassen, die sich in der Welt der Droge verlor, und landete bei seiner Großmutter, die mit seiner Wut und Verzweiflung nicht fertig wurde. Er [...] hängt sehr an der Schule, seinen Erzieherinnen und jetzt auch an mir. Ich suchte nach einer Geschichte von einer Figur, die einen guten Start hatte, durch eine schreckliche Phase erlittener Verletzungen geht und einen langen Weg zurücklegen muß, bevor sie wieder an das gute Leben anknüpfen kann, nach dem sie sich sehnt. Aus meinem Literaturstudium wußte ich, daß eine Geschichte das Gewicht schwieriger Erfahrungen in Handlung und Charakteren tragen muß. Mir fiel die Odyssee ein. Das könnte die perfekte Geschichte für Tony sein; (zufällig hatte ich gerade in einer Literaturkritik die Odyssee als erste Schilderung eines posttraumatischen Streß Syndroms beschrieben gefunden). Ich fand eine passende, sehr schön illustrierte und vollständige Ausgabe für Kinder, brachte sie Tony mit und wir begannen sie zu lesen. Er liebte sie. Es kam ihm vor, als ob er diesen Typ kenne. „Er ist tapfer, er hat Angst, er vermißt seine Mutter, die verschwand, als er im Krieg war, er schneidet zuviel auf und kriegt Ärger." Oft unterbrach er das Vorlesen aufgeregt. „Nein, Odysseus, hör nicht auf den Gesang der Sirenen, halt Ausschau nach dieser Charybdis. Ich weiß, es ist verlockend, aber Du wirst Dir Verletzungen einhandeln." Wir kamen von der Odyssee auf die griechische Mythologie, denn Tony fragte nach den Göttinnen und Göttern, die Odysseus auf seiner Heimreise halfen oder ihm schadeten. Er ist so stolz auf sich, weil er Geschichten liest, von denen ich ihm erzählt habe, daß sie die berühmtesten der gesamten westlichen Literatur sind. Er hält unsere Direktoren auf ihren Runden an, um ihnen von den Geschichten zu erzählen, die er liest. Besonders interessiert ihn das Thema Eifersucht in der griechischen Mythologie. Eifersucht ist, so wie er es erlebt, sein größtes Problem. Mit Sicherheit ist sie die treibende Kraft seiner Gewalttätigkeit. Eines Tages sagte er zu mir: „Leslie, ich habe über all das nachgedacht, aber etwas kann ich nicht verstehen. Warum wurde Hera so eifersüchtig, als sich Zeus die ganze Zeit herumtrieb, während Poseidons Frau, Amphitrite, sich nicht darum kümmert, was Poseidon mit anderen macht." Ich sagte: „Na, was meinst Du?" Er sagte: „Nein Leslie, ich weiß, wie es ist eifersüchtig zu sein, aber was weißt Du darüber?" Ich gab zurück: „Ja, Tony, Du hast recht. Ich habe Hera oder Amphitrite natürlich nicht persönlich gekannt. Was ich weiß ist, daß, wenn sich ein Mensch, so vielleicht auch Hera, Sorgen darüber macht, was derjenige, den er liebt, wohl für ihn empfindet, dann kann es daran liegen, daß er bezweifelt, liebenswert zu sein. Dann muß er immer befürchten, daß jemand liebenswerteres auftaucht und ist ständig eifersüchtig. Aber wenn jemand, wie vielleicht Amphitrite, daran glaubt, daß jemand anderes existiert, vielleicht Poseidon, der für sie sorgt, der alles von ihr weiß, auch die ganz schlimmen Sachen und der trotzdem noch an sie glaubt, sie toll findet, bei ihr sein will und ihr geben möchte, was sie braucht, dann ist dieser Mensch vielleicht sicher genug, denjenigen, den er liebt auch andere lieben zu lassen." „Das leuchtet ein", sagte Tony, „Könntest Du diese Person sein?" „Was?" fragte ich. „Könntest Du diese Person für mich sein?" „Ja", sagte ich, „ich werde nicht die einzige Person an der Schule sein, aber ich werde für Dich diese Person sein." „Gut", sagte er, „das ist gut." Und das ist wirklich gut, gut für mich und gut für ihn. Dr. B. sagte, daß wirkliches seelisches Wachstum durch bedeutsame Interaktionen von wechselseitigem Nutzen wie diese zustande kommt.

Ich möchte nicht, daß Sie den Eindruck gewinnen, daß wir nur mit vernachlässigten, mißhandelten und mißbrauchten Kindern arbeiten.

Wir brauchen durchmischte Gruppen, und wir helfen auch Kindern der Ober- oder oberen Mittelklasse, aus der die meisten von uns stammen. Ich möchte Ihnen von Nancy erzählen, einem amerikanischen Mädchen asiatischer Abstammung, deren Vater, ein berühmter Pädiater und Akademiemitglied, unheilbar an Knochenkrebs erkrankte, als sie acht Jahre alt war. Dank einer doppelten Dosis katholischen und japanischen Stoizismus gab es explizite und implizite Verbote, Trauer, Wut oder Angst angesichts ihrer gemeinsamen Lebenssituation auszudrücken. Nancy war eine sehr gute Schülerin, erstklassige Musikerin und überhaupt ein sehr tüchtiges Mädchen. Mit 14 trieb sie der aufgestaute und zurückgehaltene Streß in die Magersucht; sie riß sich Haarbüschel und Hautfetzen aus. Unter verhaltenstherapeutischer Behandlung und starken Psychopharmaka verstärkten sich ihre schrecklichen Symptome. Das war nur folgerichtig, denn, indem im Krankenhaus so angestrengt an einer Besserung gearbeitet wurde, daran, daß sie ihren Schmerz nicht fühlen und in ihrer Symptomatik ausdrücken sollte, wiederholte man unwillentlich ihr Familientrauma. Von unserer Einstellung und unserem Menschenbild her wußten wir vom ersten Tag an, daß es ihr besser gehen würde, wenn wir ihren Schmerz akzeptierten und ihr anbieten würden, mit ihr durch diesen Schmerz hindurchzugehen – und so war es. Ihr überweisender Psychiater ist von ihren Fortschritten so angetan, daß er uns ein weiteres liebenswertes, talentiertes und auf ähnliche Art und Weise gequältes Mädchen überweisen wird, das wir in unserer […] Gemeinschaft willkommen heißen werden.

Ich sprach von der sozialen Ausgrenzung unserer Kinder. Alle Jungen der beschriebenen Gruppe würden in unserer durchrationalisierten Welt immer ungeliebte Störenfriede bleiben. In diesem Zusammenhang fällt mir Charles Darwin ein. Im Rückblick auf seinen Erkenntnisweg, auf dem er die traditionelle Sicht der Dinge aufgeben und seine Evolutionstheorie entwickeln hatte, nannte er zwei Gründe für seinen Erfolg: der eine bestand darin, daß er eine eindrückliche Erfahrung gemacht hatte, aufwühlend genug, um ihn aus seinem gewohnten Bezugsrahmen treten zu lassen. Der zweite war die Fähigkeit, eine fragende Grundhaltung einzunehmen. Auch wir bieten unseren Kindern […] intensive Erfahrungsmöglichkeiten, beeindruckend genug, um in ihnen den Glauben zu wecken, daß wir sie verstehen und respektieren und sie uns, so daß wir uns gemeinsam zu den bestmöglichen Menschen entwickeln können, die wir sein können. Wir tun dies in dem Bewußtsein, kein Patentrezept zu besitzen. Vielmehr lassen wir uns von den Kindern leiten, um zu erfahren, was zu tun ist und wie. Dr. Bettelheims Erbe besteht darin, aus der Erfahrung zu lernen, egal wie schmerzhaft es sein mag; zu verstehen, daß Liebe, Schmerz, Hoffnung und Angst eng miteinander verbunden sind und man nicht eines davon ablehnen kann, ohne auch die anderen zurückzuweisen.

Aus dem Amerikanischen von Martina Boller

I. Liebe und Haß:
Das Janusgesicht der Pädagogik

Liebe und Haß in der Geschichte der psychoanalytischen Pädagogik

Volker Fröhlich

1. VORBEMERKUNG

In der Geschichte der psychoanalytischen Pädagogik gibt es, so könnte man auf den ersten Blick annehmen, eine Reihe von Protagonisten, bei denen das Thema Liebe und Haß eine tragende Rolle gespielt hat. Man dürfte zunächst etwa an August Aichhorn und seine Arbeit mit verwahrlosten Jugendlichen denken (vgl. Aichhorn [1925] 1977) oder an Fritz Redl und sein „Pioneer House" mit den „Kindern die hassen" (Redl/Wineman 1979).

Doch wird man bei einem zweiten kursorischen Blick auf die Geschichte und Entwicklung der psychoanalytischen Pädagogik feststellen, daß das Thema Liebe und Haß in der Erziehung eine reichlich einseitig gerichtete Aufmerksamkeit erfahren hat. Die psychoanalytische Pädagogik hat sich in ihren Anfängen in erster Linie dafür interessiert, wie sich die Genese von Liebe und Haß auf Seiten der von ihr ins Blickfeld genommenen „Zöglinge" gestaltet, seien es nun verwahrloste, deviante, neurotische oder „normale" Kinder, jedoch nur sehr eingeschränkt für die Wirkung und Genese dieser Affekte auf seiten des Erziehers.

Und wenn von psychoanalytischen Pädagogen eigene Gefühlsreaktionen von Liebe und Haß wahrgenommen werden, so wird ihnen allenfalls der Stellenwert einer „Gegenübertragungsreaktion", welche durch die „Übertragung" der Betreuten evoziert worden ist, eingeräumt.

Gegenüber einer solchen einseitig, bzw. „technischen" Wahrnehmung findet das Thema Liebe und Haß bei Bruno Bettelheim als einem der ersten „Pioniere" der psychoanalytischen Pädagogik in einem wesentlich umfänglicheren Sinne eine Bearbeitung, die es in der Tat besonders berechtigt erscheinen läßt, gerade seine Person und sein Wirken zum Anlaß zu nehmen, über dieses Thema aufs neue nachzudenken.

Bevor ich mich Bettelheim zuwende, möchte ich nochmals etwas genauer auf die Darstellung dieser Thematik bei den frühen Protagonisten der psychoanalytischen Pädagogik blicken.

2. Liebe und Hass in der Erziehung: die Sicht der klassischen psychoanalytischen Pädagogik

Die Vorstellung der klassischen psychoanalytischen Pädagogik zur Genese von Liebe und Haß in der Erziehung waren – wen mag es verwundern – eng geknüpft an die theoretischen Vorgaben des großen Lehrmeisters Sigmund Freud.

Für Freud stand die Genese der Gefühle von Liebe und Haß im engen Zusammenhang seiner Lehre von den Gestaltungen des Sexual- und Todestriebs. In seiner Arbeit über „Triebe und Triebschicksale" (Freud 1915) etwa schreibt Freud:

Liebe verweist auf die Sphäre der Lustbeziehung des Ichs zum Objekt und fixiert sich schließlich an die Sexualobjekte im engeren Sinne und an solche Objekte, welche die Bedürfnisse sublimierter Sexualtriebe befriedigen (Freud 1915, S. 100). Der Haß hingegen verweise auf eine Relation, die alle Objekte mit Zerstörungsabsichten verfolgt, die ihm zur Quelle von Unlustempfindungen werden […] (vgl. ebd.). „Die Vorbilder für die Haßrelation stammen aus dem Ringen des Ichs um seine Erhaltung und Behauptung […]" (ebd.). Liebe und Haß haben demnach verschiedene Ursprünge und haben zunächst eine von einander unabhängige Entwicklungsgeschichte. Freud äußert die Vermutung „daß der Haß als Relation zum Objekt älter als die Liebe ist, er entspringt der uranfänglichen Ablehnung der reizspendenden Außenwelt von seiten des narzißtischen Ichs" (ebd., S. 101). Vor allem bei Melanie Klein finden sich später diese Überlegungen Freuds in beeindruckender Weise weitergeführt (vgl. Klein 1962, auch Bittner 1982, 1985). Darauf, wie sich das, für Freud in allen zwischenmenschlichen Beziehungen auffindbare, ambivalente Zusammenspiel von Liebe und Haß-Reaktionen in erzieherischen Verhältnissen niederschlägt, geht er selbst kaum explizit ein, das Thema ist jedoch in seiner Theorie der psychischen Entwicklung ständig präsent. Sein Modell der Triebentwicklung, in der die Triebschicksale ihre Gestaltung in der Auseinandersetzung mit den primären Objekten erfahren und ihren Höhepunkt in der ödipalen Beziehungskonstellation finden, kann gelesen werden als die Beschreibung eines Erziehungsgeschehens, in welchem beim Kind durch die, in der Auseinandersetzung mit den Eltern erfahrenen Befriedigungs- und Unlustempfindungen, immer wieder in neuen Gestaltungen Liebe und Haß evoziert werden und die Matrix für lebensgeschichtlich späterer Beziehungsgestaltungen bilden.

Dieses Modell diente den klassischen psychoanalytischen Pädagogen auch als Grundlage eines Verständnisses „professioneller" pädagogischer Beziehungsgestaltungen. Dabei wird auf eine weitere, von

Freud für die psychoanalytische Therapie entwickelte Vorstellung, die der „Übertragung" zurückgegriffen. Bei August Aichhorn etwa lautet es dann folgendermaßen: „[...] daß wir im späteren Leben in unseren Gefühlsbeziehungen zum anderen im wesentlichen nichts anderes machen, als immer wieder das eine oder andere in der Kinderstube gewonnene und bereit gehaltene Klischee abdrucken. [...] Es wird nicht schwer fallen, zu verstehen, warum Freud gerade den Ausdruck Übertragung für die Gefühlsbeziehungen des Analysierten zum Analytiker gewählt hat. [...] Und für den Fürsorgeerzieher ist die Kenntnis der Übertragungsmechanismen unentbehrlich, weil er auch seinen Zögling in die Übertragungssituation bringen muß" (Aichhorn [1925] 1977, S. 103).

Auf diesen psychoanalytischen Theoriestücken basieren auch Sigfried Bernfelds Überlegungen zu Liebe und Haß in der Erziehung. In seinem „Sisyphos" schreibt er:

„Das Kind wird den Erzieher lieben (oder hassen oder lieben und hassen), wie es Vater und Mutter liebt oder liebte. Und der Erzieher, was bleibt ihm anderes übrig als diese Rolle anzunehmen, einerlei, ob er das Kind liebt oder nicht. Er setzt das Werk der Eltern, und wäre es mit anderen Mitteln, fort oder er wiederholt es in einer dem Kind neuen Weise. [...] Er (der Erzieher) spielt seine Rolle freiwillig, mit Begeisterung und Hingabe, unter dem Wiederholungszwang, wenigstens unter den Einwirkungen des eigenen Ödipuskomplexes. Dies Kind vor ihm ist er selbst als Kind" (Bernfeld [1925] 1976, S. 140).

Mit diesem letzten Satz erweitert Bernfeld das bisher einseitig ausgerichtete psychoanalytisch-pädagogische Erkenntnisinteresse entscheidend. Er nimmt in dieser Formulierung nicht nur die Gestaltungen von Liebe und Haß auf seiten der zu erziehenden Kinder in den Blick, er fragt konkret nach den Schicksalen von Liebe und Haß auf seiten des Erziehers und ihrer Bedeutung für eine pädagogische Beziehungsgestaltung.

Bernfelds Überlegungen sind ein Kernstück seiner Theorie über die „Grenzen der Erziehung". Eine solche sah er neben der sozialen und in der, durch die Erziehbarkeit des Kindes gegebenen, auch in der „Grenze", die durch die seelischen Tatsachen im Erzieher gegeben ist" (Bernfeld [1925] 1976, S. 142). In diesem Zusammenhang stellt Bernfeld weiter die Frage: „Wie kommt der Erwachsene [eigentlich] dazu Kinder – wohlgemerkt fremde, nicht die eigenen Kinder – zu lieben und nicht nur in der beiläufigen Weise [...], sondern Tag und Nacht, als hauptsächlichste eigentliche Beschäftigung, den Verkehr mit Kindern zu suchen, mit ihnen, für sie zu leben, zu sorgen und denken, den Umgang mit Kindern nicht entbehren zu können" (ebd S. 134).

Um diese als so selbstverständlich hingenommene „Absurdität" dessen, was Erzieher eigentlich tun, noch drastischer hervorzuheben, fährt er weiter fort: „Der Erwachsene sonst liebt keineswegs Kinder, von den eigenen, die er lieben muß, weil er sie nicht hassen darf, sei abgesehen. Sie stören, machen Lärm und Schmutz, schwatzen Unsinn, belästigen ihn in unerdenklicher Weise […]" (ebd., S. 135). Doch trotzdem: er liebt sie!

Die Antwort, die Bernfeld selbst auf seine Frage gibt, bewegt sich wieder in den vorgegebenen theoretischen Bahnen. Auch für ihn ist jedes Gefühl von Liebe „zielabgelenkte" geschlechtliche Liebe, insofern ist auch die Liebe des Erziehers zum Kind „echte Liebe", freilich sublimierte, wie er schreibt. Ihre Tragik erhält die pädagogische Liebe durch die Tatsache, daß die „Liebestriebe der Erzieher von Kindheit an weder gesättigt noch kultiviert, sondern verkümmert, verdrängt, verwildert sind" (ebd., S. 138). Die scheinbar sublime Liebe des Erziehers trägt den Keim zur tiefsten Unbefriedigung in sich, die, so wäre ergänzend zu folgern, auch Haß erzeugen kann. Für Bernfeld bedeutet dies, daß in erzieherischen Verhältnissen, der Erzieher letztlich immer vor zwei Kindern steht, „dem zu erziehenden vor sich und dem verdrängten in ihm. Er kann gar nicht anders, als jenes zu behandeln, wie er dieses erlebte" (ebd., S. 141). In dieser Tatsache liegt für Bernfeld letztlich die neurosefördernde, krankmachende Wirkung von Erziehung begründet.

Auch ein anderer Klassiker der psychoanalytischen Pädagogik setzt sich explizit mit der Bedeutung und Rolle von Liebe und Haß auf seiten des Erziehers auseinander. In seinen „Gesprächen über Erziehung" postuliert Zulliger die Ubiquität von Liebe und Haß in der Erziehung. Seine Formulierungen dazu klingen reichlich drastisch und provokativ. Zulliger schreibt:

„Wenn wir die Triebfedern, die uns Erwachsene dazu bringen, die Kinder zu erziehen, vereinfachen, stoßen wir zuletzt auf die Liebe und auf Regungen der Abneigung – und diese ist ein Abkömmling des Hasses. Unser Haß ist als eine Grundbedingung bei der Erziehung ebenso mittätig, wie die Liebe, und unsere Grundeinstellung zum Kinde ist ambivalent […]. Wir können grob, aber scharf formuliert sagen: Wir erziehen unsere Kinder, weil wir sie lieben und ihnen dienen möchten … und wir erziehen sie um sie nicht totschlagen zu müssen. Bewußt ist uns jedoch nur der erste Teil, die Liebe. […]" (Zulliger 1960, S. 250). Der Haß, so Zulliger, trete verkleidet auf, im Gewand ethisch und gesellschaftlich legitimierter Strenge und Bestrafung. Er folgert daraus, daß eine psychoanalytisch aufgeklärte Erziehung die in der Erziehung ambivalenten Triebkräfte im Sinne einer Triebumwandlung und Triebverfeinerung zu bearbeiten habe (vgl. ebd., S. 254).

Dieses hier anhand von Bernfeld und Zulliger vorgeführte psychoanalytische Verständnis von Erziehung als einer mehr oder weniger gelingenden Sublimierungsleistung begehrender und aggressiver Antriebe, findet sich bis hinein in die Gegenwart rezipiert. Es diente und dient der psychoanalytisch orientierten Pädagogik als Begründungsmuster für eine Erziehungskritik an herkömmlichen Vorstellungen von Erziehung und herrschender Erziehungspraxis (vgl. etwa Fürstenau 1964, Rutschky 1977).

3. Der Umgang mit Liebe und Hass in der psychoanalytisch-pädagogischen Praxis

An diesem Punkt angelangt stellt sich die Frage, wie unter diesen theoretischen Vorgaben das Thema Liebe und Haß in einer psychoanalytisch begründeten Praxis Bearbeitung gefunden hat?

Wenn wir uns die ersten psychoanalytisch-pädagogischen Praxisberichte vergegenwärtigen, ist man immer wieder beeindruckt und erstaunt, mit welcher traumwandlerischen Sicherheit etwa ein August Aichhorn, oder ein Fritz Redl mit ihren delinquenten oder verwahrlosten Kindern und Jugendlichen in den entscheidenden Momenten immer das Richtige tun ohne „auszurasten“, bzw. ohne daß hier die affektive Beteiligung der Erzieher sichtbar wird. Jedenfalls werden uns diese Berichte von ihren Autoren so präsentiert. Hier mag man sich gelegentlich fragen, welchen Weg hier die, nach psychoanalytischer Auffassung, ubiquitären Regungen von Liebe und Haß genommen haben mögen. Sind sie den Weg einer gelungenen, vollkommenen Sublimierung gegangen?

Bei Aichhorn so scheint es, werden allenfalls die Wege der „Liebe“ angedeutet und angesprochen – ganz im Sinne der Zulligerschen Beschreibung: „Bewußt ist in der Erziehung jedoch nur die Liebe […]“ Aichhorn schreibt: „Ich erinnere mich noch der Spannung, mit der wir den ersten Zögling erwarteten, und seines Behagens, als wir uns auf ihn stürzten um ihn zu verwöhnen.“ Und an anderer Stelle: „Die Aussprache mit den Jugendlichen und mildes Verzeihen bis zur äußersten Grenze hatten wir immer als das wertvollste Erziehungsmittel kennen gelernt“ (Aichhorn [1925] 1977, S. 142). Das Aufscheinen und die Bearbeitung von Regungen des Hasses seitens des Erziehers sucht man in Aichhorns Bericht in der Tat vergebens. Statt dessen wird ein Idealbild eines psychoanalytisch aufgeklärten Erziehers gezeichnet: „Er bedarf hoher Einfühlungsfähigkeit, damit es ihm gelingt das richtige zu treffen. Der Erzieher muß sich so in die Zöglinge hineinversetzen können, daß dessen Erleben sein eigenes wird" (ebd., S. 133).

Die Liebe und der Haß des psychoanalytisch aufgeklärten Erziehers, so scheint es, hat sich in ein „Verstehen" aufgelöst! Das „Verstehen" geriet in der psychoanalytischen Pädagogik fürderhin zu so etwas wie einem Zauberwort und entwickelte sich zu einem Leitbegriff eines psychoanalytisch aufgeklärten Handelns – wenngleich auch bereits zu jener frühen Zeit selbstkritische Auffassungen nicht ausblieben: so wendete sich etwa Steff Bornstein-Windholz gegen eine Erziehung, die im Namen der Psychoanalyse, „[…] verzeiht, irgendwie versteht und vor lauter Verstehenmüssen, alles natürliche Benehmen verloren hat" (Bornstein-Windholz 1937, S. 89). Doch das „Verstehen" nimmt unaufhaltsam seinen Weg von einem zunächst noch relativ theoriearmen Modell des „Einfühlens" oder der Intuition bei Aichhorn, hin zu einem mit methodischem Anspruch versehenem Verständnis in der Gegenwart eines „setting bezogenen Umgangs mit Übertragung und Gegenübertragung" (vgl. etwa Trescher 1985).

Freud hatte bereits früh davon gesprochen, daß der wohl geeignetste Weg Kindern eine durch Erziehungsfehler hervorgerufene neurotische Fehlentwicklung zu ersparen, eine Psychoanalyse des Erziehers sei. „Wir verstehen unser Kinder nicht mehr, weil wir unser eigene Kindheit nicht mehr verstehen" (Freud 1913, S. 419). Indem sich Erzieher mit dem Schicksal ihres eigenen Unbewußten auseinandersetzen, wird es ihnen möglich, eigene unbewußte Konflikte aus der pädagogischen Arbeit und pädagogischen Beziehungen herauszuhalten.

So berechtigt diese Auffassung immer noch sein mag, so hat sie sich doch eher begrenzend hinsichtlich eines umfänglicheres Verständnis pädagogischer Beziehungen ausgewirkt, da die psychoanalytische Pädagogik diese Auffassung nur im Junktim mit dem behandlungstechnischen Modell des therapeutischen Settings übernommen hat. Der psychoanalytische Pädagoge soll demnach, vergleichbar dem Analytiker in der therapeutischen Situation, auch das pädagogische Beziehungsgeschehen verstehen als Wechselspiel von Übertragung und Gegenübertragung, mögliche Übertragungen wahrnehmen über die eigene Gegenübertragung, die in ihm durch diese hervorgerufen wird. Und vor allem eins, die Gefühlsregungen, die aus dem eigenen Unbewußten gespeist sind, zurückhalten! Vom Erzieher wahrgenommene Gefühle von Liebe, Haß, Wut, Ärger und Zuneigung sind unter dieser Vorgabe nur für ein förderliches Verständnis der pädagogischen

Situation einsetzbar, wenn die Gewißheit besteht, daß sie durch den „Zögling" evoziert worden sind.

Doch durch dieses Verständnis des Erziehungsgeschehens ist der psychoanalytischen Pädagogik der Blick für ein Verständnis pädagogischer Situationen oder pädagogischer Verhältnisse verlorengegangen, das etwa bei Bernfeld noch in der Frage nach der eigenen Motivation des pädagogischen Handelns angeklungen war: Wie komme ich eigentlich dazu, mich auf Kinder einzulassen, sie zu lieben oder zu hassen? Ich möchte nicht unterstellen, daß die klassischen und auch die gegenwärtigen psychoanalytischen Pädagogen nicht über diese Frage nachgedacht haben, sie haben diese Dimension jedoch kaum offen „zur Sprache" gebracht.

Ich denke bei Aichhorn scheinen ansatzweise – seinem Vorverständnis und seinen Möglichkeiten entsprechend – noch Antworten auf diese Fragen auf. So hat er sich stets zur eigenen Faszination an der Welt der delinquenten und verwahrlosten Jugendlichen bekannt: „Ich kann mir recht gut vorstellen" schrieb er, „wenn ich selbst das Bedürfnis hätte, verbrecherische Neigungen zu realisieren, mir eine recht brauchbare Bande schaffen könnte" (Aichhorn 1976, S. 119). Und als ihm von Oskar Pfister unterstellt wurde, sein Umgang mit den Jugendlichen zeuge von christlicher Menschenliebe, sah er sich veranlaßt, diesen hehren Zug von sich zu weisen: „Ich meine mir klar geworden zu sein, was meine Einstellung zum Verwahrlosten bedingt und warum man dahinter Menschenliebe sieht. Wenn wir die Verwahrlosung an sich personifizieren, so ist ein Kind oder ein Jugendlicher verwahrlost, wenn er der Person Verwahrlosung Gefolgschaft leistet. Ich will nun dieses Kind oder diesen Jugendlichen für mich haben. Dabei ist mir völlig gleichgültig, was die soziale Gemeinschaft dazu sagt. Mein primäres Ziel ist nicht, ihn in die soziale Gemeinschaft zu führen, sondern mir soll er gehören und nicht der Verwahrlosung. Ich bekämpfe nicht ihn, sondern er ist der Preis, der mir zufällt wenn ich siege. Ist der Sieg errungen, dann interessiert er mich nicht mehr und ich hole mir den Nächsten ..." (ebd.).

In diesen Aussagen erscheint Aichhorns pädagogisches Handeln mehr als ein Umgang mit Übertragung und Gegenübertragung; hier zeigt sich eine Auseinandersetzung mit den eigenen Quellen seines pädagogischen Handelns, und er scheint damit auf dem Weg, den Ausgestaltungen eines Begehrens gegenüber den Jugendlichen auf die Spur zu kommen. Ich denke, es wird mehr als deutlich, daß dieses Begehren für die Gestaltung seiner pädagogischen Beziehungen konstitutiv war.

4. DER BEITRAG BETTELHEIMS ZUM THEMA LIEBE UND HASS

Was hier bei Aichhorn punktuell aufscheint, findet sich später bei
Bettelheim als Zentrum der Beschreibung und Reflexion der Arbeit
mit den psychisch schwerstgestörten Kindern und Jugendlichen an
seiner Orthogenic School. Ich denke ein bedeutender Aspekt, der Bruno Bettelheim zu einem Pionier der psychoanalytischen Pädagogik
hat werden lassen, liegt darin begründet, daß er in seinen Arbeiten in
einer bis zu jenem Zeitpunkt kaum anzutreffenden Weise, den Versuch
unternommen hat, die Tiefendimensionen und unbewußten Wirk-
faktoren pädagogisch/therapeutischer Beziehungsaufnahmen und Beziehungsgestaltungen konkret herauszuarbeiten, ohne sich dabei allzu
eng an vorgegebene psychoanalytische Modellvorstellungen heften
zu müssen.
Natürlich kann man Bettelheims Aussage „Liebe allein genügt nicht"
und sein damit verbundenes Plädoyer für ein tiefes Verstehen und
Einfühlen in die lebensgeschichtlichen Schicksale der schwer traumatisierten Kinder in seiner Orthogenic-School, im Sinne des er-
wähnten psychoanalytisch therapeutischen Ideals, welches das Aus-
schalten der eigenen Psyche aus therapeutischen/pädagogischen Beziehungen nahelegt, verstehen. Die hohen Anforderungen, die er an
das Betreuungspersonal seiner Einrichtung stellte, sprechen ebenfalls dafür – doch es hat den Anschein, daß diese Forderungen Bettelheims ihm eher als heuristische Prinzipien dienen, denn als un-
umstößliche Voraussetzungen. Was die Berichte Bettelheims bis
zu jenem Zeitpunkt so einzigartig macht, ist, daß in ihnen deutlich
wird, daß sich der Weg zu einem Verstehen auch bei mit Psychoanalyse vertrauten und in psychoanalytischer Begleitung stehenden Erzieher, Pädagogen, Therapeuten über das Scheitern, Mißverstehen
und das ständige Stoßen an die Grenzen ihrer Einfühlungsfähigkeit
vollzieht.
Wenn Bettelheim von seinen Mitarbeitern „Echte Achtung vor dem
Patienten als einem Menschen, der durch das Leben schwer verletzt
worden ist, Sensibilität für seine Bedürfnisse, Höflichkeit auch in
schwierigen Situationen, die Fähigkeit, die eigenen Bedürfnisse und
Ängste – die unweigerlich in der Begegnung mit psychiatrischen Patienten heraufbeschworen werden, – im Interesse des Patienten in
Zaum zu halten [...]" (Bettelheim [1974] 1990, S. 305), so ist ihm
durchaus bewußt, daß dieses Ziel nicht durch eine vorgängige psychoanalytische Schulung ein für alle mal in Griff zu bekommen ist, sondern im konkreten Prozeß der Beziehungsgestaltung zu den schwergestörten Kindern und Jugendlichen erst erarbeitet werden muß.

In Bettelheims Beschreibungen verliert der Anspruch psychoanalytisch aufgeklärter Beziehungsgestaltung des Erziehungspersonals den Touch von Zauberei bzw. des Beherrschens einer Methode, wie wir bei Aichhorn oder auch Redl noch annehmen konnten. Dieser Anspruch macht es auch wieder möglich, die Rolle von Liebe und Haß in der Beziehungsgestaltung von seiten von Betreutem und Betreuer und ihr Ineinanderwirken sichtbar werden zu lassen. Ich möchte dies an einem von Bettelheim berichteten Fallbeispiel verdeutlichen:

In seinem Buch „Der Weg aus dem Labyrinth" beschreibt Bettelheim, die Beziehungsaufnahme einer Betreuerin zu einem bei der Einweisung in die Orthogenic School magersüchtigen psychotischen Mädchen, das sich völlig starr und unbeweglich verhielt. Das Mädchen verbrachte den ganzen Tag damit, aus dem Fenster zu schauen und den Himmel zu beobachten. Da sich an diesem Verhalten über lange Zeit nichts änderte, wurde ein Betreuerwechsel vorgenommen. Dana [so wird das Mädchen bei Bettelheim genannt] schien eher bereit, die neue Betreuerin zu akzeptieren; anderen gegenüber behielt sie jedoch ihr Verhalten bei. Später stellte sich dann heraus, daß Dana nach einer Zeit damit begann, die neue Betreuerin in „bösartiger Weise" zu schlagen, diese Betreuerin hielt diese Attacken vor den anderen Mitarbeitern geheim. Als dieses dann doch bekannt wurde, bewerteten die Mitarbeiter dieses Verhalten Danas als positiv, war es ihr doch gelungen, ihre Starrheit aufzugeben und aktiv zu handeln. Die aggressiven Ausbrüche verstand die Betreuerin als agierte und übertragene Wut gegenüber Danas Mutter. Weitere Besprechungen ergaben, daß diese aggressiven Ausbrüche jedoch nur aufgrund eines unbewußten Strafbedürfnisses seitens der Betreuerin möglich wurde, das ihrer Wut ihrer jüngeren Schwester gegenüber entsprang. (Die Betreuerin erinnerte sich an einen Vorfall, wo sie mit einem Messer auf ihre kleine Schwester losgegangen war). „Jede hatte also in der anderen eine starke psychologische Einstellung oder eine Konstellation von Motiven gespürt, aus der sie beide für ein unbewußtes Bedürfnis Befriedigung beziehen konnten." Jedoch bestand die Gefahr, daß die Beziehung in dieser Konstellation erstarren würde. Der Weg zu einer „reiferen" Form einer Beziehung vollzog sich nun über die weitere Arbeit an den möglichen Motiven der Betreuerin. Diese förderte schließlich eine Phantasie zutage, daß die Betreuerin Dana unbewußt ablehnte, da sie ebenso wie die Betreuerin als Kind ohne Schuldbewußtsein ihre Wut und ihren Haß ausgelebt hatte, wofür sie sich schuldig fühlte. Erst als die Betreuerin ihre Ablehnung gegenüber Dana zugeben konnte, war nun auch Dana bereit, der Betreuerin ihr Geheimnis preiszugeben.

Obwohl Bettelheim in seiner Kommentierung keinen Zweifel daran läßt, daß er den hier beschrittenen Weg der Beziehungsgestaltung für bedenklich hält, kommt er zu der Bewertung, daß nicht mit Sicherheit gesagt werden könne, „[…] ob Dana sich jemals aus ihrer krankhaften Starre hinausbegeben hätte, wenn sich die Dinge anders entwickelt hätten. Daß die Betreuerin ihre Gewalttätigkeit akzeptierte – aus persönlichen emotionalen Gründen, die einzige Regung hinnehmend, die Dana damals für die Welt haben konnte, war vermutlich für Dana sehr wichtig, als Möglichkeit, ein wenig auftauen zu können. Es hatte ihr bewiesen, wie wichtig sie der Betreuerin war, trotz deren, wie sie glaubte, niedrigen Meinung von ihr. Und indem sie alles geheimhielt, hatte ihr die Betreuerin ihre absolute Zuverlässigkeit, ihre Vertrauenswürdigkeit gezeigt. Vielleicht war es für Dana notwendig gewesen, daß die Betreuerin ihre Wildheit in ihr akzeptiert hatte, vielleicht hätte Dana sonst nie glauben können, daß irgend jemand sie auch als moralischen Menschen mit Schuldgefühlen über ihr Betragen akzeptieren könnte" (ebd., S. 360).

Diese Fallschilderung, die ich hier nur in groben Zügen wiedergegeben habe, zeigt eindrucksvoll, welch schwieriges Unterfangen es ist, die Wege, Gestaltungen und das Zusammenspiel von Liebe und Haß in erzieherischen oder therapeutischen Situationen nachzuspüren, wie dieses Zusammenwirken nur schwer methodisch beherrschbar erscheint; und es muß geradezu fraglich sein, es beherrschen zu wollen. Die eigene psychische Verfaßtheit, mit ihren begehrenden und aggressiven Anteilen wird als konstitutives Element für eine pädagogische Beziehungsgestaltung wahrgenommen und sie kann zu einer gelingenden Beziehung beitragen, wenn die Wege ihrer Einflußnahme deutlich gemacht werden.

So beeindruckend diese Fallanalyse und der Ansatz Bettelheims erscheinen mag, hinterlassen seine Darstellungen natürlich auch eine Reihe von offenen Fragen. In dieser – wie auch in den meisten seiner anderen – Fallbeschreibung präsentiert sich auch Bettelheim häufig als der aufgeklärte „wissende" psychoanalytische Pädagoge, dem es fast traumwandlerisch gelingt, seinen Mitarbeitern die richtigen Handlungs- und Deutungsimpulse zu geben. Er stilisiert sich damit zum allwissender strengen und fordernden Übervater, dessen Autorität zwar in Frage gestellt werden darf, aber letztlich in seinen Urteilen und Interpretationen unangreifbar bleibt.

Diese Selbstdarstellung kontrastiert freilich nun mit dem, v.a. posthum in die Öffentlichkeit getragenen Bild von ihm, daß er mit den in seiner Einrichtung betreuten Kindern und Jugendlichen häufig äußerst autoritär und aggressiv umgegangen sei. Nicht zuletzt auch durch diese Kontrastierung erhält die Frage nach den Schicksalen von Liebe und Haß in einem mit psychoanalytisch-pädagogischen Anspruch versehenem Handeln bei Bettelheim eine besondere Berechtigung, und es gilt zu fragen, wie eine Sprache für und Umgang mit den eigenen begehrenden und aggressiven Anteilen in der therapeutischen und pädagogischen Arbeit mit Kindern und Jugendlichen gefunden werden kann. Es wäre anmaßend, Bettelheim zu unterstellen, er habe dieses Thema für sich nicht hinreichend bearbeitet, hat er doch an verschiedenen Stellen immer wieder darauf hingewiesen, wie seine pädagogische und therapeutische Praxis, seine Arbeit mit psychisch schwerstgestörten Menschen, seine Konzeption des „totalen therapeutischen Milieus" aufs engste verknüpft sind mit der eigenen biographischen Erfahrung, vor allem mit seiner Erfahrungen in den Konzentrationslagern Dachau und Buchenwald und dem ihm dabei selbst widerfahrenen Haß.

Bettelheim steht mit seinem Wirken und mit seiner Persönlichkeit dafür, daß auch psychoanalytisch geschulte Erzieher immer wieder auf Grenzen stoßen, die „im Erzieher selbst liegen" (Bernfeld), die auch nicht durch eine methodische Inanspruchnahme psychoanalytischer Reflexion letztlich auflösbar sind.

5. ANMERKUNGEN ZU EINEM FALLBEISPIEL VON WINNICOTT

Daß gerade auch Haß zu einer gelingenden Beziehungsgestaltung beizutragen vermag, versucht ein weiterer – wenn auch nicht klassischer psychoanalytischer Pädagoge, so doch ein Klassiker für die psychoanalytische Pädagogik, D. W. Winnicott, in beeindruckender Weise deutlich zu machen.

In seiner Arbeit über den „Haß in der Gegenübertragung" merkt Winnicott an, „daß der Psychoanalytiker, auch wenn er seine Patienten noch so sehr liebt, […] es nicht vermeiden kann, sie zu hassen und zu fürchten, und je besser er sich dessen bewußt ist, desto weniger wird er durch Haß und Furcht zu dem veranlaßt werden, was er seinen Patienten antut." Diesen wahrnehmbaren Haß will Winnicott nun nicht nur als abnorme oder auch positiv einsetzbare Gegenübertragung verstehen, sondern auch als mögliche Reaktion auf die wirkliche Persönlichkeit und das wirkliche Verhalten des Patienten.

Bezeichnenderweise an einem Beispiel aus einem pädagogischen Kontext zeigt Winnicott auf, wie er mit dieser Art von Haß umgegangen ist: Er berichtet über einen jugendlichen Ausreißer, den er für drei Monate in seiner Familie aufgenommen hatte, und der seiner Frau und ihm schwer zu schaffen machte: „Diese drei Monate waren die Hölle. Mit der ersten Phase (dem Ausreißen) wurden wir fertig, indem wir ihm völlige Freiheit gewährten und jedesmal wenn er wegging, einen Schilling gaben. Er brauchte nur anzurufen, dann holten wir ihn in jedem Polizeirevier ab, das ihn in Verwahrung genommen hatte. Bald trat die erwartete Wendung ein, und das Symptom des Weglaufens kehrte sich um und der Junge fing an, in seiner inneren Welt zu dramatisieren. Wir waren eigentlich beide mit dieser Aufgabe vollbeschäftigt und wenn ich nicht zu Hause war, ereigneten sich die schlimmsten Zwischenfälle. Zu jeder Minute mußte gedeutet werden, und oft war eine Krise nur dadurch zu lösen, daß man richtige Deutungen gab, als sei der Junge in Analyse. Das wichtige Element ist die Art und Weise, wie die Entfaltung der Persönlichkeit des Jungen in mir Haß erzeugte und was ich damit anfing.

Ob ich ihn geschlagen habe. Die Antwort lautet nein, ich habe niemals zugeschlagen, Aber ich hätte es tun müssen, wenn ich nicht über meinen Haß genau Bescheid gewußt hätte und ihn nicht auch von diesem Haß hätte wissen lassen. In Krisenfällen pflegte ich ihn ohne Wut und Tadel einfach hochzuheben und vor die Haustür zu stellen, ohne Rücksicht auf das Wetter und die Tageszeit. Es gab eine besondere Glocke, die er in Gang setzen konnte, und er wußte, wenn er diese Glocke läutete, würde er wieder eingelassen werden und über das Vergangene würde niemand ein Wort verlieren.

Das Wichtigste ist, daß ich ihm immer dann, wenn ich ihn vor die Tür brachte, etwas sagte; ich sagte, was geschehen sei, habe in mir Haß gegen ihn erzeugt. Das war leicht, weil es so war. […]" (Winnicott 1983, S. 85f.).

Das mag vielleicht auch etwas nach Zauberei aussehen, doch hier werden die Zutaten des Zaubers offengelegt. Vielleicht läßt sich diese Geschichte von Winnicott am besten mit Bettelheim kommentieren: Anfangs seines Buches „Liebe allein genügt nicht" schreibt er: „Es ist nicht genug, im richtigen Augenblick das richtige zu tun, sondern es muß mit den Gefühlen getan werden, die zu der betreffenden Haltung gehören" (Bettelheim [1950]1970, S. 17). Daß dazu auch der Haß gehören kann, daran müssen gegenwärtige psychoanalytische Pädagogen, so denke ich – auch wenn sie vorgeben, dies zu wissen – im Hinblick auf ihr eigenes Tun, gelegentlich erinnert werden.

Liebe und Haß – Vertrautheit und Fremdheit Überlegungen zum Bild des Kindes bei Bettelheim und Mannoni oder: Von den notwendigen Grenzen der Liebe in der Pädagogik

1. Eine Schwierigkeit beim Lesen der Texte Bruno Bettelheims

Meine Beschäftigung mit Bettelheim nahm ihren Ausgang von einer Faszination: Hier unternahm es jemand, auch den extremsten und scheinbar unverständlichsten zwischenmenschlichen Beziehungen eine Orientierung abzuringen. Erziehung an den eigenen Grenzen, das war es, was mit dem Bettelheimschen Ansatz möglich schien. Das konnte den Anspruch psychoanalytisch orientierter Pädagogik, die von jeher das Verständnis des Kindes mit der Auseinandersetzung über die Erfahrungen der eigenen Kindheit verknüpfte, bis an die höchst mögliche Barriere ausdehnen.

Doch als ich im „Der Weg aus dem Labyrinth" die Berichte über die Arbeit der Mitarbeiter Problemen las, schlich sich in mein Rezeptionserleben ein deutliches Unbehagen ein: So wie diese wollte ich nicht behandelt werden, auch wenn ich einsah, daß Selbstkonfrontation nötig ist. Ich empfand ein Moment der Übermacht desjenigen, der offenbar alles überblickte, der sich berechtigt fühlte, Problemfiguren zu definieren und auf die persönlichen Probleme der Mitarbeiter zurückzubeziehen, der auf alle Unklarheiten Antworten zu wissen und irgendwie zielsicher die jeweils neuralgischen Punkte herauszufinden schien. So viel Macht über mich wollte ich in der Realität niemandem zugestehen. Für meine Unklarheiten und Schwierigkeiten wollte ich selbst einen Weg und eine Sprache finden.

Von nun an erlebte ich die Lektüre Bettelheimscher Texte durchaus zwiespältig: Ich fühlte mich einerseits immer wieder an psychische

---

[1] Unter Mitarbeit von Claudia Maier, die mir dankenswerterweise wichtiges Material über Maud Mannonis „gesprengte Institution" in Bonneuil zusammengestellt hat, auf das ich hier zurückgreife.

Grenzbereiche herangeführt, für die mir sonst das Verständnis abgegangen wäre; ich merkte auch, daß diese Bereiche nicht durchweg außerhalb meiner eigenen Erfahrung lagen. Sie öffneten mir die Augen für Wahrnehmungen an mir selbst, die ich ohne diese Anregung nicht hätte machen können. Auf der anderen Seite fühlte ich mich jedoch von Worten, Sätzen und Interpretationen überwältigt, für die ich keine Verifizierungen mehr in meinem Inneren fand. Es schien mir eine Fülle der Denkmöglichkeiten vorgegeben, in sich stimmig und nachdenklich machend, aber ohne tiefere Resonanz in mir.

Diese Leseerfahrung konnte ich mir zunächst nicht deuten. Zuallererst schob ich sie auf eigene Widerstände, die sich offenbar nicht mildern ließen. Doch allmählich verstärkte sich die vage Gewißheit, meine Ambivalenz habe nicht nur mit mir zu tun, sondern auch mit etwas in den Bettelheimschen Texten, das diesen Zwiespalt zu provozieren schien und eine latente Aggressivität in mir auslöste. Ich konnte dieses Etwas jedoch nicht greifen. Alle Einwände, die ich gegen Bettelheim vorbrachte, ließen sich durch Textstellen widerlegen: Gegen den der Interpretationswut mußte ich zur Kenntnis nehmen, daß Bettelheim nicht auf die heilende Macht der Deutung vertraute, sondern auf die der Beziehungsgestaltung. Nicht die Aufklärung des Unbewußten stand im Vordergrund, sondern die Rückkehr zu einem Verständnis des Unbewußten, das für immer im Dunkeln blieb. Macht und Autorität hatten möglicherweise nur die MitarbeiterInnen zu erleiden gehabt, um den Kindern den Weg zum autonomen Selbst besser freizulegen.

Doch mein Zwiespalt hielt an. Er gewann neue Nahrung, als nach dem Tode Bettelheims massive Vorwürfe gegen seinen Umgang mit Kindern und Mitarbeitern auftauchten. Was ich nur unklar durch die Lektüre und verschleiert durch eine Menge ernsthafter Gegenargumente wahrnahm, hatten andere, die unmittelbare Erfahrung mit seiner Person hatten, überdeutlich zum Ausdruck gebracht. Doch warum hatte sich niemand früher dagegen gewehrt, warum hatten Kollegen und Mitarbeiter nicht zu seinen Lebzeiten etwas eingewandt. Waren die Enthüllungen vielleicht doch nur eine Kampagne, die Fiktionen in reale Monster verwandelte? Mein Zwiespalt fand keine Klärung.

Meine jetzigen Überlegungen sind ein neuer Versuch, vor dem Hintergrund der biographischen Recherchen Nina Suttons und der systematischen Analysen Franz-Josef Krumenackers zur Milieutherapie, meine ambivalente Wahrnehmung in Augenschein zu nehmen.

Meine konkrete Fragestellung lautet daher: Wie kann es geschehen, daß eine Institution, die noch mehr als Liebe geben wollte, auch Gewalt und Haß erzeugte. Insbesondere frage ich mich, was an den Auffassungen und Strukturen der Orthogenic School Bettelheimscher Prägung zu einer – offensichtlich latenten – Ausbreitung von Aggressivität und Haß beigetragen haben mochte. Ich vermute nämlich, daß an dieser, in jeder Hinsicht herausgehobenen, Institution etwas aufscheinen konnte, was in anderen pädagogischen Verhältnissen und Institutionen pädagogischer Liebe, die weniger die physischen und psychischen Grenzen aller Beteiligten beanspruchen müssen, nur verborgener bleibt. Anders ausgedrückt frage ich – am Beispiel des milieutherapeutischen Konzepts der Orthogenic School – nach den *notwendigen Grenzen der Liebe* in der Pädagogik.

2. An den Grenzen des Milieus: Drei Anfragen an die Milieutherapie und ihre anthropologischen Implikationen

2.1 Die Auffassung der Milieutherapie von der Bedürfnisbefriedigung

Die Forderung Bettelheims nach unbegrenzter Bedürfnisbefriedigung bei psychotischen Kindern steht bekanntlich im Gegensatz zu Freuds Forderung nach Abstinenz in der psychoanalytischen Behandlung. Dieser Unterschied wird gewöhnlich mit dem Hinweis darauf begründet, daß die Freudsche Forderung sich auf die Behandlung von Neurotikern beziehe, deren Ich im großen und ganzen soweit entwickelt sei, daß es Konflikte produzieren könne, während das instabile oder fragmentierte Ich von Psychotikern erst in die Lage versetzt werden müsse, Konflikte auszuhalten. Dafür seien Erfahrungen von Stabilität, Kontinuität und Vertrauen in die Befriedigung ihrer Grundbedürfnisse vonnöten.[2]
Krumenacker (1996, S. 60) hat erläutert, daß Bettelheim in seinen Veröffentlichungen über die Orthogenic School dazu neigt, dieses Prinzip der vollen Befriedigung kindlicher Bedürfnisse zu idealisieren und seine negativen Auswirkungen zu verschweigen. Letztere hat er aber an einer anderen Stelle ([1960] 1989, S. 37, vgl. auch weitere Fundstellen bei Krumenacker, 1996, S. 61) durchaus zugegeben: Bequem-

---

[2] Darüber hinaus führt Bettelheim noch weitere Gründe an, die nach seiner Meinung für die Bedürfnisbefriedigung sprechen: Erstens schwäche ein ständiges Bemühen der Kinder, zu einer basalen Befriedigung ihrer Bedürfnisse zu gelangen, ihre Möglichkeiten, sich den Aufgaben ihrer Persönlichkeitsentwicklung zu stellen. Zweitens fördere die Bedürfnisbefriedigung die Identifikation mit dem Betreuer.

lichkeit, mangelnde Motivation der Kinder, sich mit ihren Schwierigkeiten zu beschäftigen, die Neigung ein „Rentnerdasein" (Bernfeld) oder ein „parasitäres Dasein" (Mannoni) zu führen.

Bettelheim hat das Prinzip der Bedürfnisbefriedigung dennoch nie in Frage gestellt oder sich mit den Einwänden dagegen systematisch auseinandergesetzt. Er läßt uns im Unklaren darüber, inwiefern aus der Bedürfnisbefriedigung ein stabiles Selbst hervorgehen kann, das seine Geschicke eigenständig in die Hand zu nehmen vermag. Der Umschlag von körperlicher Befriedigung in psychische Strukturen, die Konflikte erzeugen, aushalten und lösen können, bleibt bloßes Postulat. Auch mißlingt dieser Umschlag offensichtlich in Fällen der „parasitären Existenz" eines Kindes. Was aber sind die Gründe dafür, daß diese Umwandlung zuweilen gelingt, zuweilen mißlingt? Mit diesem Umschlag beschäftigt sich Maud Mannoni.[3]

Bei ihr steht nicht die Bedürfnisbefriedigung, sondern um die Entstehung eines Wunsches im Mittelpunkt. Die Entstehung des Wunsches stellt einen Entwicklungsaspekt in der frühen Mutter-Kind-Beziehung dar. Zunächst existiert das Kind nicht unabhängig von der Mutter. Seine Aktivität besteht darin, daß es seinen, um die Mutter erweiterten, Körper mit geringen Signalen zu lenken weiß. Die Mutter nimmt an diesem Zusammenspiel teil, soweit sie über sich verfügen läßt. Solange dieses Zusammenspiel nicht getrennt wird, verbleibt das Kind in einer „parasitären Existenz". Dabei gelangt es auch zu keiner Vorstellung von sich selbst als einem abgetrennten Körper. Kann es eine solche nicht entwickeln, bleibt es in einem Raum von Vorstellungen gefangen, den die Mutter vorgibt. Das Kind kann also erst ein Leben im eigenen Namen führen, wenn die so miteinander verlöteten Körper getrennt werden.

Das ist der Hintergrund, weshalb Mannoni meint, daß die Psychoanalyse es nicht mit dem Wechselspiel Bedürfnis – Befriedigung zu tun hat, sondern mit der Entstehung eines Wunsches. Dies steht deshalb im Mittelpunkt ihrer Überlegungen. Daß es zum subjektiven Wunsch kommt, setzt zweierlei voraus:

---

[3] Wenn ich hier die Konzepte Mannonis den Vorstellungen Bettelheims gegenüberstelle, dann will ich damit Bettelheims Denkweise nur durch eine andere kontrastieren, um sie an manchen Stellen etwas aufzubrechen. In keinem Fall ist damit eine Wertung verbunden. Auch Mannonis theoretische und praktische Ansätze müßten gleichermaßen einer ähnlichen Sichtung vor dem Hintergrund ihrer Biographie unterzogen werden. Claudia Maier geht in ihrem Dissertationsprojekt den Zusammenhängen von Biographie und Werk bei Maud Mannoni nach.

(a) eine Situation des Mangels; keine Milch – so die Umschreibung eines Bionschen Gedankens – ist vielleicht der erste Gedanke;

(b) einen Realitätskontext, auf den er bezogen werden kann; der Kontext der Nahrungsaufnahme.

Der Wunsch hat also zwei Fluchtpunkte: erstens das Subjekt, das einen Mangel und damit etwas aus seiner inneren Welt erfährt, und zweitens ein Stück äußere Wirklichkeit, auf die hin sich der Wunsch orientieren kann.

Bezieht man diesen Gedanken auf die Bettelheimsche Vorstellung von der vorrangigen Bedürfnisbefriedigung bei psychotischen Kindern, dann mag sein Vorgehen vielleicht zu einer Basissicherheit des kindlichen Subjektes beitragen, welche allerdings ihren Preis hat: Das Kind kann sich nicht außerhalb der Vorstellungen und den guten Absichten seiner Betreuer selbst entwerfen. Ohne Überlegungen, welche die Notwendigkeit der Bedürfnisbefriedigung einengen, bleibt das Milieukonzept daher anfällig für eine subtile Abhängigkeit, die die kindliche Autonomieentwicklung unterläuft.

2.2 Die Kommunikation mit der räumlichen Umwelt

Die Kommunikation kann zustande kommen, wenn die Bedeutungshaftigkeit räumlicher Inszenierungen anerkannt wird. Räumliche Milieugestaltung meint bei Bettelheim mindestens viererlei:

(a) Auf die realen Bedürfnisse antworten,
(b) den pädagogischen Aufgabenstellungen entsprechen,
(c) ästhetische und
(d) symbolische Botschaften vermitteln (vgl. Krumenacker 1996, S. 144).

Im Zentrum von Bettelheims Interesse liegen die ästhetischen und die symbolischen Botschaften (vgl. Bettelheim 1975). Die Betonung der Ästhetik rührt zum einen aus einer besonderen sinnlichen Empfänglichkeit psychotischer Menschen; zum anderen soll den Patienten mit einer sorgfältigen ästhetischen Gestaltung Wertschätzung entgegengebracht werden.[4]

---

[4] Dabei scheint zuweilen die ästhetisch signalisierte Wertschätzung die Angemessenheit zur Befriedigung vorhandener Bedürfnisse überschritten zu haben. „Bettelheim hatte immer schon alles dafür getan, daß seine Schützlinge eine angenehme Umgebung vorfanden; nun mußte sie luxuriös sein. Die alten geblümten Sofas waren durch samtbezogene Möbel ersetzt worden, das

Größere Auswirkung auf die räumliche Milieugestaltung haben jedoch die stummen Botschaften der Räume und Gegenstände aus der Umgebung der Erwachsenen und der Kinder. Wo eine persönliche und sinngebende Wechselwirkung zwischen Subjekt und Umwelt statthaben soll, muß der symbolischen Bedeutung dieser Umwelt Aufmerksamkeit geschenkt werden. Diese richtet sich *zuallererst* darauf, Botschaften zu vermeiden, die dem Wahn neue Nahrung und eine reale Grundlage geben könnten. Man achtet beispielsweise darauf, daß die Patienten sich nicht eingeschlossen fühlen müssen oder sucht institutionalisierte Machthierarchien zu vermeiden.

Darüber hinaus muß diese Gestaltung signalisieren, daß sie den Phantasmen der Kinder Aufnahme und Resonanz gewährt. So können sich kindliche Phantasien an Spielzeugen, Fabelwesen oder an Möbelstücken entzünden, die in Verbindung mit einer frühkindlichen Welt stehen (Wiege, Thron, Bett).

Zum dritten muß die Umwelt symbolische Antworten geben, mit denen sie sich bemüht, den Wahn aufzunehmen und in konstruktivere Bahnen zu lenken. Zum Beispiel wurde größter Wert darauf gelegt, daß die Gestaltung und Lage der Badezimmer „sie zu einem integralen Teil des Privatbereichs der Patienten" werden ließ. „Wenn ein Mitarbeiter ohne weiteres aus dem Wohnbereich der Patienten zu jemandem gehen kann, der im Bad oder auf der Toilette ist, um sich ihm kurz zu widmen, dann besagt das eindeutig und ohne Worte, daß das, was im Badezimmer geschieht, auf keinen Fall irgend etwas ist, was von den übrigen Dingen des Lebens abgesondert ist" (Bettelheim [1974] 1990, S. 172).

Bei allem Bemühen um symbolische Umwelten, die mithelfen, dem Wahn hilfreich entgegenzutreten, darf man Einschränkungen im Umgang mit dem symbolischen Bereich nicht übersehen. Bettelheim spricht zwar viel von Symbolen und möglichen Deutungen, sagt aber nichts darüber, wie sie nach seiner Meinung wirken. Er erörtert weder irgendeine Symboltheorie noch einen Prozeß der Symbolbildung (vgl. Krumenacker 1996, S. 152). Dadurch tritt er nicht dem Eindruck entgegen, daß die für die Persönlichkeitsintegration hilfreichen Momente nur aus dem richtigen Verstehen der symbolischen Welten herrühren. Aber unreflektiert bleibt dann sowohl, was „richtiges Verstehen" meinen könnte, wie auch die Frage, wann man überhaupt von Symbolen sprechen kann.

Plastikgeschirr durch feines Prozellan, später gab es sogar rote Kristallgläser. Der Grund dafür war immer derselbe: Die schönen Gegenstände sollten den Kindern demonstrieren, daß sie ernst genommen wurden, daß ihr Wohlbefinden ihm und dem Team am Herzen lag" (Sutton 1996, S. 373).

Mannoni wirft aber die noch grundlegendere Frage auf, ob denn die Autonomie des Kindes (und natürlich auch die der Erwachsenen) überhaupt durch Symbol*verständnis* unterstützt wird, oder nicht vielmehr dadurch, daß das Kind in der Lage ist, Symbole zu *finden* oder zu *erfinden*, daß es über einen Prozeß der Symbolisierung verfügt, durch den seine Innenwelt in seine soziale Umwelt hineinragen kann.

Weiter oben habe ich von der Entstehung des Wunsches gesprochen, der aus der Erfahrung eines Mangels rührt und sich auf ein reales Umfeld bezieht. Dieser Wunsch tritt in die Sphäre des Symbolischen, wenn er sich mit Hilfe eines Sprechens artikuliert. Dabei besteht das Symbolische in diesem *Prozeß*, der den Wunsch mit einem Stück Wirklichkeit in Verbindung bringt, nicht aus einem festen Ergebnis. Das Symbol ist allenfalls ein flüchtiger Schnittpunkt, ein momentanes Stillstehen in diesem Prozeß, nämlich dann, wenn es sich in einer Geste inszeniert, in einem Laut oder Wort artikuliert, oder durch ein Zeichen fixiert.

Unter Einbeziehung der Entstehung des Wunsches verlangt der Prozeß der Symbolisierung daher mehrere Entwicklungsschritte:

(a) eine anfängliche Kommunikation von Körper zu Körper als Ausgangspunkt;

(b) einen Mangel, der diese körperliche Kommunikation trennt;

(c) die Entstehung eines subjektiven Wunsches, ebenfalls durch diese Trennung;

(d) ein Bezugssystem, auf das sich der Wunsch richten und in dessen Kontext er sich artikulieren kann – also etwas Drittes zwischen Mutter und Kind.

So gesehen gibt es keine festen Symbole, sondern nur einen Prozeß der Symbolisierung, der die Struktur dieser Entwicklung nachzeichnet. Die Autonomie des Subjekts verwirklicht sich dadurch, daß es im Symbolisierungsgeschehen immer neue Balancen zwischen seiner inneren und seiner äußeren Wirklichkeit herstellt.

Was ergeben diese Überlegungen für den Umgang mit den symbolischen Umwelten im Milieu der Orthogenic School? Stimmt man ihnen wenigstens tendenziell zu, dann wäre es wichtig, *daß* dieses Milieu symbolische Valenzen hat; ihre Deutung wäre demgegenüber sekundär. Unmöglich jedoch erschiene, eine Umwelt mit bestimmten, möglicherweise sogar noch „heilsam" gedachten symbolischen Valenzen auszustatten. Wichtig hingegen wäre, zu ermöglichen, *daß* die Individuen in einen symbolischen Prozeß eintreten und Resonanz finden. Wenn das stimmt, dann sagt das milieutherapeutische Konzept gerade nichts über die *Prozesse des Symbolisierens* als Grundlage der

Autonomie des Subjektes; nichts über das Finden von symbolischen Formen, die *seine* inneren Erfahrungen nach außen tragen.

2.3 Empathie

Milieutherapie meint jedoch nicht nur Gestaltung der räumlichen Umwelt, sondern ebensosehr Gestaltung des psychischen Raumes. Korrigierende Erfahrungen aus veränderten Beziehungen bilden den (Beziehungs-)Raum, in dem das psychotische Kind zu einer besseren Integration seiner selbst finden soll. Empathie der Betreuer muß daher als wesentliche Grundlage für Beziehungsgestaltung angesehen werden.

Empathisches Verständnis auch des „ver-rückten" Kindes gelingt nach Bettelheim auf zwei Wegen: Entweder sind diejenigen, die mit dem Kind arbeiten, in der Lage, verwandte Erfahrungen aus der eigenen Vergangenheit aufzuspüren; Wenn das nicht der Fall ist, so hilft möglicherweise eine Frage weiter, die Bettelheim in vielen seiner Fallgesprächen immer wieder gestellt hat: Was könnte einen selbst dazu veranlassen, so wie eines dieser psychotischen Kinder zu reagieren? Derart wird Empathie eng an das Selbst-Verstehen der Person gebunden, die sich um ein Fremdverstehen bemüht. Die Falldarstellungen Bettelheims, besonders an den Stellen, an denen sie auf die Mitarbeiter eingehen, lassen erahnen, welche psychische Schwerarbeit zuweilen damit verbunden sein kann, sich selbst ein Verständnis abzuringen.

Drei Aspekte am Prinzip des empathischen Verstehens, die von Bettelheim nicht erörtert werden, führen jedoch zu einer Begrenzung des Empathiekonzeptes. Werden sie nicht berücksichtigt, mißlingt Empathie zu einem Instrument der Eroberung des Kindes, welches geeignet ist, die Autonomie des Kindes zu unterwandern:

(a) Einfühlung durch Wiedererinnerung oder Variation eigener Kindheitserfahrungen wird zu Verstehen erst durch eine Ordnung, in die man seine Wahrnehmungen bringt. Diese Ordnung erhält man in der Regel aus einer mehr oder weniger ausgearbeiteten theoretischen Struktur. In Theorie fassen kann man wiederum nur das, was man aus vielen Fällen kennt, was also wenigstens tendenziell allgemein und damit intersubjektiv ist. Damit ist das Verstehen des anderen Subjekts schon von Anfang an durchdrungen von einem Element der Fremdheit. Fremdheit, die einerseits durch theoretische Verkürzung, andererseits durch intersubjektive Allgemeinheit unvermeidlich erzeugt wird.

(b) Eine zweite Begrenzung liegt im Subjekt, das verstanden werden soll. Soweit ich es verstehen kann, verstehe ich es im Rahmen *meiner*

Erfahrungen einschließlich ihrer Erweiterungsmöglichkeiten. Damit mache ich es zu einem Teil *meines* Selbst- und Weltbildes. Kein anderes Subjekt läßt sich jedoch vollständig in diesen Rahmen einfügen, es sei denn unter Preisgabe seiner Eigenart, die es von mir und meinen Variationsmöglichkeiten unterscheidet. Es braucht also auch einen Raum des Nichtverstehens, einen Raum der Anerkennung seines Anderssein, den ich durch Empathie nicht überbrücken kann.

(c) Bedenkt man diese beiden Grenzen des Verstehens – die Begrenzung durch abstrahierende Verallgemeinerung sowie die durch die Andersheit des einfühlenden Subjekts – dann enthält jedes Verstehen notwendig auch ein Mißverstehen. Man kann versuchen, dies zu marginalisieren. Dann muß man sich allerdings fragen lassen, welches Interesse dazu treibt, die Differenz zwischen der Erfahrung des Subjekts und dem Verstehen durch einen anderen einzuebnen. Aus meiner Sicht kann eine solche Verleugnung der Differenz dazu führen, das Verstandene für die ganze Wahrheit zu halten und sie dem Subjekt als solche aufzudrängen. So gesehen würde sie in den Dienst der Macht eines Verstehenden über ein verstandenes Subjekt gestellt und dem Subjekt seine Verfügung über sich selbst streitig gemacht.

Eingedenk dieser Begrenzung verwirklicht sich Empathie letztlich nicht im Verstehen, sondern in einem darüber hinausgehenden Nichtverstehen.[5] Indem Bettelheim nur die Seite des positiven Verstehens anspricht, kann er das Autonomiepotential, das im Abweichen vom Verstandenen liegt, für die pädagogisch-therapeutische Arbeit nicht fruchtbar machen. Darüberhinaus beschneidet er das Freiheits- und Autonomiepotential, indem er es auf den Bereich seiner eigenen subjektiven Vorstellungskraft und Phantasmen einschränkt.[6]

Mannoni radikalisiert in ihrem Ansatz diese Position der Fremdheit. Wenn Verstehen die subjektivsten Dimensionen nicht erfassen kann, dann gibt es für sie nichts zu verstehen, sondern nur die Anerkennung

---

[5] Es ist ein Nichtverstehen, das durch ein Verstehensbemühen gegangen, dort jedoch an seinen Grenzen angelangt ist und schließlich das Fremde als ein Darüberhinaus akzeptiert hat.

[6] Daß der Erzieher durch Selbstkonfrontation diesen Spielraum so weit wie möglich ausdehnt, ändert an dem Einwand grundsätzlich nichts. Vielmehr muß man an dieser Stelle auch fragen, ob der permanente Druck zur Selbstkonfrontation nicht die Grenze zwischen dem verwischt, was durch Selbstanalyse noch erreichbar und dem, was als Fremdheit nur zu tolerieren ist. Ich vermute, daß das persönliche Ausbalancieren dieser Grenze nur fruchtbar und dem Kind dienlich ist, wenn es nicht unter äußeren oder inneren Zwängen erfolgt.

des Andersseins. Diese äußert sich in subjektiver Resonanz. Damit ist gemeint, daß das Kind Erwachsene braucht, die in der Lage sind, sich in ihrem Sprechen auf die eigene subjektive Erfahrung zu beziehen. In Übernahme eines kindlichen Ausdrucks nennt M.M. dies „natürliches Sprechen". Es geht hervor „allein aus dem eigenen, persönlichen Drama" (Mannoni 1978, S. 217).

Es gibt also einen Berührungspunkt mit Bettelheim: Die Voraussetzung für das Verstehen (Bettelheim) oder das „natürliche Sprechen" ist die Erfahrung aus der eigenen Geschichte. Der Unterschied besteht darin, daß Bettelheim daraus ein Verstehen ableiten will, während sich M.M. mit einem Sprechen begnügt, das diese Erfahrung aussagt.

Aus meiner Sicht ist der Anspruch bei Bettelheim wie bei M.M. gleich hoch. Der eine verlangt ein Verstehen, die andere ein „volles Sprechen", das über die Faktizität der Ereignisse hinausgeht und die persönlichen Sichtweisen enthält. Der Unterschied besteht eher in dem, was ermöglicht wird. Und hier scheint es so, als gebe M.M. der Autonomie des Subjekts eine größere Chance, weil sie nicht interpretiert, nicht unbedingt verstehen will, sondern dem Kind lediglich einen Ball zuschiebt, den es aufgreifen kann oder nicht. Dieser Ball besteht im Aussprechen einer subjektiven Erfahrung angesichts einer geteilten Situation, einer Erfahrung, die vom Angesprochenen abgelehnt oder verwendet werden kann.

3. ZURÜCK ZU LIEBE UND HASS

Was haben nun diese Überlegungen mit Liebe und Haß zu tun? Das Konzept Bettelheims geht aus von der Liebe zum Kind, sowie dem Verständnis, das zwar der Liebe entspringt, aber auch einer fachlichen Differenzierung bedarf. Doch Bettelheim stirbt durch Suizid, nachdem er die Hoffnung aufgegeben hat, seinem späteren Leben noch einen guten Sinn zu geben. Bei ihm siegt also die Aggression über die Liebe. Und: Wie, wenn dies ein Signal gewesen wäre, meldet sich der Haß auch bei einigen ehemaligen Mitarbeitern und Patienten der Orthogenic School, bricht aus einem Verlies des Schweigens hervor, wird angefacht durch einen publizistischen Wind und endet in einer Kampagne, die das Ansehen Bettelheims posthum dauerhaft beschädigt. Der Magier ist nicht nur entzaubert, sondern tief gestürzt. Es muß also ein Reservoir individuell und kollektiv verdrängten Hasses gegeben haben, das durch die Initialzündung des Suizids regelrecht gesprengt wurde. Wenn das so ist, dann muß diese vorher zurückgehaltene Aggression mit dem System zu tun haben, das Bettelheim mit der Milieutherapie errichtet hat.

Ich gehe davon aus, daß Widerstand, Aggressivität, Haß bevorzugt da entstehen, wo die Selbständigkeit und Unabhängigkeit eines Individuums zu sehr eingeschränkt und bedroht wird.[7] Die Aggression ist dann Teil einer Reaktion des Menschen auf Übergriffe (Winnicott 1974a), gegen die er sich zur Wehr zu setzen sucht.

Meine Untersuchung einiger milieutherapeutischer Grundstrukturen hat nun Stellen zu markieren versucht, an denen ein ursprünglich gut gemeintes Konzept unter der Hand in sein Gegenteil, in einen Übergriff auf das Kind, umschlagen konnte. Dazu zählt:

(a) Die Bedürfnisbefriedigung, wenn sie dazu führt, daß das Kind sich nicht genügend abgrenzen und eigene Vorstellungen von sich selbst entwickeln kann;

(b) die Institution, die dem Kind symbolisch gedeutete Umwelten vorgibt, aber nicht weiß, wie sie den Prozeß der Symbolisierung beim Kind selbst anstoßen und unterstützen kann;

(c) ein Empathieverständnis, das Einfühlung für die Annäherung an die subjektive Wahrheit hält und diese dem Kind aufdrängt.

In all diesen Punkten dominiert in Bettelheims Darstellungen ein Hang zur positiven Eindeutigkeit, der die tiefer reichenden Widersprüchlichkeiten und Ambivalenzen dieser Fundamente der Milieutherapie zu verbergen trachtet. Doch das derart Unterschlagene, vielleicht auch Verdrängte, kommt wieder zum Vorschein in einer Wirkung der Institution auf ihre Mitglieder, die den Zielen des Bettelheimschen Konzeptes entgegenarbeitet.

Man könnte daher von zwei Anthropologien sprechen, die die Arbeit an der Orthogenic School geprägt haben. Da ist die eine, die auf Verständnis, Liebe und Autonomie setzt und die sich in den argumentativen Figuren der Bettelheimschen Veröffentlichungen ausspricht. Da ist aber auch eine zweite, die das *Wie* seines Denkens und Handelns durchzieht. Hier sind es die Momente des Verschweigens, des Unterdrückens von Ambivalenzen oder der beschönigenden Darstellung der Wahrheit, die die Autonomie der Subjekte unterwandern, Liebe in Haß verkehren und Verständnis in einen Akt der Unterwerfung des Subjekts umschlagen lassen.

---

[7] Das bedeutet natürlich nicht, daß ich meine, Aggression und Haß würden nur durch Frustration erzeugt. Aber sicherlich werden sie durch Frustrationen gebündelt und verschärft.

Man könnte annehmen, daß diese zweite, unterschwellige Anthropologie nur ein unwillkommenes Nebenprodukt jenes strategischen Umgangs mit der Wahrheit ist, den Bettelheim bei der Darstellung seiner Arbeit wohl pflegte.[8] Es gibt jedoch Gründe die gegen eine solche Verharmlosung sprechen:

(a) Der massive Ausbruch von Haß und Kritik nach Bettelheims Tod. Er wäre mir nicht nachvollziehbar ohne den Gedanken, daß bereits vor seinem Tod starke Spannungen bestanden haben müssen, die sich nicht offen geäußert haben. Dafür spricht auch, daß die damaligen und ehemaligen MitarbeiterInnen Bettelheims sich zu keiner mannhaften Verteidigung seiner Person aufraffen konnten (Sutton 1996).

(b) Gegen eine Verharmlosung spricht auch, was Sutton das Bettelheimsche System genannt hat.[9] „Das Bettelheimsche System lief auf zwei Ebenen ab, der Ebene Kind-Erzieher und der Ebene Erzieher-Dr. Bettelheim, und eine funktionierte nicht ohne die andere. Auch wenn sich einige Erzieher darüber getäuscht haben mögen – Bettelheim hatte ihnen nicht die Rolle des Therapeuten zugedacht. Wenn er sie bat, zwei, drei Kinder in Einzelsitzungen zu betreuen, dann, damit sie ihre Beziehung zu ihnen vertieften und ihnen einen intensiven Zweierkontakt ermöglichten, nicht um sie zu analysieren. Das war seine Aufgabe ...“ (Sutton 1996, S. 371).

– Das System Bettelheim vereinte, wenn man es aufschlüsselt, aber nicht nur zwei Ebenen, sondern vier eigentlich einander ausschließende Funktionen:

– Die Erzieher hatten freie Hand, ihre Betreuerfunktion nach eigenem Ermessen auszufüllen;

– der Direktor behielt sich jedoch das Recht vor, in deren Entscheidungen einzugreifen, wenn es ihm angemessen schien.

– Dr. Bettelheim war darüber hinaus zuständig für die therapeutischen Aspekte der Einrichtung, insbesondere als Interpret des kindlichen Verhaltens und Supervisor der Mitarbeiter.

– Schließlich genossen darüber hinaus noch einige MitarbeiterInnen das Privileg, bei Bettelheim in Analyse zu sein.

Auch wenn im Zentrum der Orthogenic School die Autonomie des Kindes stehen sollte, gefördert durch die Autonomie der Mitarbeiter, dann fragt es sich, was von dieser Autonomie tatsächlich übrig bleiben

---

[8] Vgl. die Belege, die Krumenacker hierzu zusammengetragen hat; a.a.O., S. 12ff.

[9] Es bietet vielleicht auch einen Ansatzpunkt, die soeben angedeutete posthume Reaktion verständlicher zu machen.

konnte, wenn Dr. Bettelheim nicht nur als letzte Instanz über das reale Leben an der Schule wachte, sondern auch letzte Instanz für das psychische Innenleben der Kinder und – drüber hinaus – auch noch für das psychische Leben der MitarbeiterInnen gewesen ist.[10]

(c) Schließlich spricht gegen eine Verharmlosung dieser Doppelbödigkeit von zwei Anthropologien die Verbindung, die auch von Bettelheim zwischen dem therapeutischen Milieu und den Wirkungen des Konzentrationslagers hergestellt wird: „Die Umwelt – und das ist es, was ich im Konzentrationslager gelernt habe – kann also eine ungeheuer zerstörerische Macht haben. Mir schien, daß man aus dieser Erfahrung den logischen Schluß ziehen kann: Wenn eine Umwelt diese ungeheure Macht haben kann, Veränderungen in den tiefsten Persönlichkeitsstrukturen zu bewirken – und nicht bloß, einen für das ganze Leben zu zeichnen, was auf der Hand liegt, denn im Lager konnte jeder einen niederschießen –, dann mußte es möglich sein, *eine Umgebung aufzubauen, die einen ebenso machtvollen Einfluß zum Guten hin haben würde, wie ihn das Konzentrationslager im Sinne der Persönlichkeitsvernichtung gehabt hatte*" (Bettelheim/Karlin [1975] 1984; S. 112; Hervorhebung Bettelheim/Karlin).

Und diese Sequenz des Interviews schließt: „So ist die Orthogenetische Schule, ein Lebenswerk, zur Antwort geworden auf das Konzentrationslager, ein Todeswerk" (ebenda, S. 113; Hervorhebung Bettelheim/Karlin).

Was als ein dem Konzentrationslager entgegengesetztes Milieu gedacht war, entpuppte sich als ein äußerst zweideutiges Unterfangen. Es entstand nicht nur ein totales Milieu, in dem ein psychisch krankes Leben wieder gesunden konnte, sondern auch eines, welches über das psychische Leben der Kinder und großenteils auch der Mitarbeiter zu verfügen suchte. Man kann nicht einfach die Vorzeichen ändern, um aus einem System der Zerstörung eines der Heilung zu machen. Der Gegensatz zum total zerstörerischen Milieu ist nicht die totale Anstrengung um Gesundung. Was dabei nicht abgestreift werden kann, ist der Anspruch der Totalität und der ist in *beiden* Fällen zerstörerisch. Der wirkliche Gegensatz zur totalen Verfügung – sei es im krank- oder im gesundmachenden Sinn – aber ist das offene Spiel.

Ich wollte zeigen, wie der Anspruch der Liebe an eine systematische, d.h. nicht zufällige oder individuell begründete Grenze gelangt. Spä-

---

[10] Spätestens an dieser Stelle würde ich eine systematische Blindheit vermuten, die dafür sorgte, daß die Ebenen des pädagogisch-therapeutischen Denkens nicht allzusehr von den tatsächlichen Beziehungs- und Handlungsstrukturen in Unordnung gebracht wurden.

testens wenn sie sich über das Subjekt ausdehnt, um über es zu verfügen, schlägt ihre Wirkung ins Gegenteil um. Aus Liebe wird Haß.
Darum müssen wir von den Grenzen der liebenden Verantwortung in
der Pädagogik sprechen. Auch in diesem Sinne gilt: „Liebe allein genügt nicht."

Liebe und Haß im Umgang mit schwer behinderten jungen Erwachsenen

Karl-Ernst Ackermann

In seinem „pädagogischen Poem" schildert Anton S. Makarenko die „unrühmlichen Anfänge" seiner Gorki-Kolonie, einer Arbeitskolonie für minderjährige Rechtsverletzer.

„An einem Wintermorgen hieß ich Sadorow in den Wald gehen und Holz für die Küche hacken. Ich vernahm die übliche frechfröhliche Antwort: ‚Geh' doch selber hacken, ihr seid ja genug Leute hier!'
Es war das erstemal, daß mich ein Zögling mit ‚Du' anredete.
In einem Anfall von Wut über die erlittene Beleidigung, aufgepeitscht bis an die Grenze der Verzweiflung und Raserei durch all die vorhergehenden Monate, holte ich aus und schlug Sadorow ins Gesicht. Ich traf ihn schwer, er konnte sich nicht halten und fiel gegen den Ofen. Ich schlug zum zweiten Male zu, packte ihn am Kragen, riß ihn hoch und versetzte ihm einen dritten Schlag.
[…] Meine Wut war so wild und maßlos, daß ich fühlte: Sagt noch einer gegen mich ein Wort, dann stürze ich mich auf sie alle, um sie umzubringen, um dieses Banditenpack zu vernichten. In meinen Händen hielt ich plötzlich den Feuerhaken …
‚Entweder ihr geht sofort in den Wald an die Arbeit oder ihr verschwindet aus der Kolonie und schert euch zum Teufel!'
Ich verließ den Schlafsaal, ging zum Schuppen, in dem unsere Geräte aufbewahrt wurden, nahm eine Axt zur Hand und sah mit finsteren Blicken zu, wie die Zöglinge Äxte und Sägen aussuchten. Mir kam plötzlich der Gedanke, daß es vielleicht richtiger wäre, an diesem Tag kein Holz zu hauen und den Zöglingen keine Axt in die Hand zu geben. Aber es war zu spät. Sie hatten bereits alles, was sie brauchten …
Ich war auf alles gefaßt und beschloß, mein Leben teuer zu verkaufen. In meiner Tasche hatte ich ja noch den Revolver.
[…]
Zu meinem Erstaunen lief alles gut ab … In der Pause rauchten wir verlegen … Sadorow brach plötzlich in Lachen aus.
‚Das war prima …, wie Sie mir eins versetzt haben.'
Sadorow war ein großer kräftiger Bursche, dem das Lachen gut zu Gesicht stand. Ich wunderte mich, wie ich es riskiert hatte, einen solchen Hünen anzurühren …" (Makarenko 1972, 46f.).

70

Selten wurde in der pädagogischen Literatur so eingehend und deutlich beschrieben, wie ein Pädagoge „auf dem hohen pädagogischen Seil aus(glitt) und stürzte" (a. a. O. 45) – und gleichwohl so etwas wie ein Arbeitsbündnis zustande kam. Diese Schilderung ist längst in die klassische Literatur der Pädagogik eingegangen. Allerdings haben weder diese Beschreibung noch diejenigen anderer pädagogischer „Klassiker" bislang zu einem intensiveren erziehungswissenschaftlichen Diskurs über das Thema „körperliche Auseinandersetzung zwischen Erziehern und Zöglingen" zu führen vermocht. In der pädagogischen Literatur wird denn zumeist auch nur die eine Seite des Problems berücksichtigt. Es wird aus vorwiegend psychologischer Perspektive die Aggression und Gewalt beschrieben, die von Kindern und Jugendlichen ausgeht, und anschließend werden dem Pädagogen in der Regel lernpsychologische Interventionsmaßnahmen nahegelegt (z.b. Petermann/Petermann 1993). Daß es jedoch aus pädagogischer Sicht nicht allein um aggressive (und autoaggressive) Verhaltensweisen der Zöglinge geht, sondern um aggressive (und autoaggressive) Situationen, in die – wie bei Makarenko deutlich gemacht – beide involviert sind – Zögling und Erzieher – gerät selten in den Blick (Ausnahmen: aus philosophischer Sicht: Kümmel 1993; aus heilpädagogischer Sicht: Egli 1993, S. 11f.).
Wenn im folgenden nun von Liebe und Haß in der Pädagogik gesprochen wird, soll dies aus einer solchen Sicht heraus vorgenommen werden, die eben diese Situation *zwischen Erzieher und Zögling* umfaßt.
Bezogen auf den Aspekt „Liebe" könnten hier die ebenfalls zum Repertoire der klassischen pädagogischen Literatur gehörenden Sequenzen aus Pestalozzis Stanser Brief herangezogen werden, in denen die gegenseitige liebevolle pädagogische Zuwendung bzw. der „pädagogische Eros" geradezu besungen wird.
„Meine Hand lag in ihrer Hand, mein Aug' ruhte auf ihrem Aug'. Meine Tränen flossen mit den ihrigen, und mein Lächeln begleitete das ihrige. Sie waren außer der Welt, sie waren außer Stans, sie waren bei mir und ich war bei ihnen" (Pestalozzi 1980, S. 13–14).
Doch auch diese klassischen Beispiele hierzu sind eher vereinzelte Belege geblieben – und auch im folgenden werde ich auf den Aspekt der Liebe nur am Rande eingehen können.
Denn im folgenden geht es um andere Zöglinge. Es sind weder Pestalozzis Waisenkinder noch Makarenkos jugendliche Rechtsbrecher, es sind auch nicht Redl's doch eher intelligente „Kinder, die hassen" (Redl/Wineman 1979).

Vielmehr sind schwer behinderte Erwachsene gemeint – das heißt: schwer geistig behinderte oder schwerst behinderte junge Erwachsene – insgesamt eine „Personengruppe", die nur negativ definiert werden kann, ist sie doch äußerst inhomogen! Sie geht eben nicht in solchen eher noch scharf zu fassenden „Behinderungsbildern" wie „Autismus" oder „Down Syndrom" auf.

Geistige Behinderung kann bei dem Großteil dieser Gruppe nicht „besser" bezeichnet werden als durch die verlegene und ratlose administrative Bezeichnung „Frühkindlicher Hirnschaden unklarer Genese" – zutreffender wäre: Menschen mit „Frühstörungen" (Gaedt 1993, S. 219).

Es geht also um solche Menschen, die bei meist körperlich (und sexueller) „gesunder" Entwicklung neben einer meist nur diffus zu erfassenden geistigen Behinderung außerdem autistische Züge oder Verhaltensauffälligkeiten mit schweren Aggressionen oder Autoaggressionen aufweisen und die mit zunehmendem Alter auf institutionalisierte Formen der Betreuung und des Wohnens angewiesen sind.

Es handelt sich eigentlich nicht um eine beschreibbare Personengruppe, sondern um die Restgruppe derjenigen Menschen, für die niemand da ist, für die keine Einrichtung zuständig ist. Sie befinden sich oft fehlplaziert in Altenpflegeheimen oder psychiatrischen Langzeiteinrichtungen – als der „harte Kern".

Aggressive und vor allem autoaggressive Verhaltensweisen werden bei diesen Erwachsenen besonders häufig konstatiert. In stationären Einrichtungen werden Anteile zwischen 8 und 35 % alleine nur für autoaggressives Verhalten genannt (Klauß 1995, S. 125).

Einer erziehungswissenschatlichen Subdisziplin, die sich solchen Menschen mit diesen besonders schweren Formen von Aggression zuwendet, müßten doch auch die auf basaler und elementarer Ebene sich abspielenden Auseinandersetzungen zwischen Erzieher und Zögling besonders ins Auge fallen und dementsprechend zumindest so klar wie bei Makarenko beschrieben und reflekiert werden.

Doch eine erste Durchsicht der geistigbehindertenpädagogisch relevante Literatur führte zu dem Fazit, daß mit Ausnahme einiger weniger psychoanalytischer Autoren (Niedecken 1989, Gaedt 1987, 1990, 1993) bzw. gestalttherapeutisch orientierter Ansätze (Besems 1988, 1989) auch in dieser Disziplin vorrangig die Aggression bzw. Autoaggression der behinderten „Zöglinge" und diese in erster Linie von einem lerntheoretischen Standpunkt aus untersucht werden, ohne daß die Umgangs-Dimension zwischen professionellen Erziehern und den betreuten Behinderten hinreichend berücksichtigt würde (Ackermann 1994).

Sogar dort, wo ein explizit interaktionstheoretischer Bezugspunkt reklamiert wird (Heinrich 1989), läßt sich letztendlich nur eine fatale Spaltung des Themas konstatieren. Durchgängig wird davon ausgegangen, daß die Erzieher und Betreuer unter Streß leiden, der von den Aggressionen der behinderten Betreuten hervorgerufen wird. Daß umgekehrt behinderte Menschen ebenfalls in Streßsituationen geraten oder gar Betreuer aggressiv werden können (vgl. Makarenko) – zumal gegenüber aggressiven Behinderten – wird nicht ernsthaft thematisiert, geschweige denn aus pädagogischer Sicht beschrieben und damit einer eingehenderen Untersuchung zugänglich gemacht.

Nun liegt jedoch der Gedanke nicht fern, daß in der Praxis des „Systems Behindertenhilfe" für diese soeben ansatzweise skizzierten schwer behinderten Menschen, die ja auch zum Teil als „autistische" oder psychotisch gestörte Menschen aufgefaßt werden können, eine Anzahl von Einrichtungen existiert, in denen beispielsweise auf Bettelheims Konzeption des „therapeutischen Milieus" (vgl. hierzu Krumenacker 1994) zurückgegriffen würde.

Doch ist mir nur eine Einrichtung bekannt, die mit der genannten Personengruppe schwer geistig behinderter junger Erwachsener annähernd nach diesem Ansatz arbeitet (‚Beispiel zum therapeutischen Milieu‘, siehe unten).

Bettelheims Werke (vgl. hierzu Kaufhold 1994), die für die Geistigbehindertenpädagogik wertvolle Hinweise liefern könnten – wie vor allem z.B. „Der Weg aus dem Labyrinth" ([1974] 1990) und „Die Geburt des Selbst" ([1967] 1989), werden jedoch weder in Theorie noch in der Praxis der Heilpädagogik angemessen rezipiert.

Zusammenfassend läßt sich festhalten:

In der Praxis der Geistigbehindertenpädagogik stellen äußerst massive Formen von Aggression und Autoaggression ein handfestes Problem dar, doch wurde bislang weder eine befriedigende Theorie zum Verständnis dieser Phänomene und zu derem Umgang entwickelt noch wurden entsprechende Konzepte aus anderen Disziplinen rezipiert.

Mit der Psychoanalyse wiederum liegt eine differenzierte Theorie und Therapie hierzu vor, doch wurde bislang von psychoanalytischer Seite – von Ausnahmen (Niedecken, Gaedt) abgesehen – nicht mit solchen schwer geistig behinderten Erwachsenen gearbeitet, weil sie einer Therapie nicht zugänglich seien, andererseits kann das technische Instrumentarium der psychoanalytischen Therapie von Pädagogen zunächst eher nur dilletierend bzw. oft gar nicht verwendet werden.

Im folgenden geht es nun auch nicht um den Versuch, eine Theorie über den Umgang mit Aggressionen bei schwer geistig behinderten

Erwachsenen zu entwickeln, sondern darum, zunächst einmal das Problem auszumachen. Worauf es ankommt, ist, die Problematik der körperlichen (Gegen-)Wehr bzw. Gewalt zum Beispiel im therapeutischen Milieu erst sichtbar zu machen. Hierauf müßten ausführlich pädagogische Beschreibungen folgen, durch die dann weitere Bearbeitung durch Analysen etc. möglich wären.

Fragt man in heilpädagogischen Kollegenkreisen, vor allem in Vollzeiteinrichtungen, so wird deutlich: Körperliche Auseinandersetzungen – wohlgemerkt: zwischen Betreuern und Betreuten – sind keine Seltenheit. Angesichts heftiger aggressiver oder autoaggressiver Verhaltensweisen von Betreuten bleibt den professionellen Betreuern oftmals nur die aggressive – oder gar autoaggressive – Gegenwehr.

In informellen Gesprächen, unter betroffenen Mitarbeitern, in kleinen Arbeitsgruppen wird dies auch eingestanden – jedoch eher hinter vorgehaltener Hand.

Aggressive schwer behinderte Menschen zu erleben und sich dabei eigenen Ängsten oder eigenen aggressiven Impulsen ausgesetzt zu finden – ja sich eigene Gegengewalt eingestehen zu müssen – dies führt an Grenzen der pädagogischen Handlungsfähigkeit, ebenso wie mit ansehen und hilflos miterleben zu müssen, wie sich jemand heftig und lebensbedrohlich selbst attackiert und verletzt.

Solche problematischen Krisen lassen sich mit Recht als „pädagogische Grenzsituation" bezeichnen. Gerade schwer behinderte Menschen in akuten seelischen Krisen führen die Pädagogen – und die Pädagogik bzw. Heil- und Sonderpädagogik – immer wieder an ihre Grenzen.

Um so mehr müßte deshalb nicht nur über die körperliche Gewalt aggressiver behinderter Menschen, sondern auch über die hiervon teilweise provozierte oder induzierte aggressive Gegenreaktion der Erzieher und Betreuer vorbehaltlos gesprochen werden können – und zwar unter Berücksichtigung wesentlicher qualitativer Interaktionsmomente und aus pädagogischer Sicht.

Doch gibt es kaum ein Forum, das dies ermöglicht. Das Thema stellt mehr oder weniger ein heilpädagogisches Tabu dar, von dem viele wissen, über das aber kaum ein öffentlicher Diskurs geführt wird (Ausnahme: der von Egli (1993) herausgegebene Band mit dem Titel „Gewalt und Gegengewalt im Umgang mit geistig behinderten Menschen").

Wie wird nun mit diesem Tabu umgegangen? Die übliche Alltagspraxis könnte so aussehen:

Stellen wir uns eine fortschrittliche Wohneinrichtung für geistig behinderte Menschen vor – vielleicht von der „Lebenshilfe für geistig Behinderte" getragen. Dort arbeiten in der Regel weitaus mehr Mitarbeiterinnen als Mitarbeiter. Stellen wir uns weiter vor, daß in diesem Heim mit etwa 40 geistig behinderten erwachsenen Männern und Frauen seit kurzem auch ein schwer geistig behinderter Mann mit als autistisch diagnostizierten Verhaltensweisen lebt. Er ist etwa 20 Jahre alt, sehr groß und durchtrainiert. Vor allem abends oder nachts zeigt er immer wieder aggressive Phasen, in denen er seinen Zimmernachbarn, andere Bewohner oder Betreuer bzw. Betreuerinnen des Heimes attackiert. Nach und nach nimmt die bedrohliche Situation, die dieser junge Mann vor allem für die Mitarbeiterinnen darstellt, überhand. Doch kann dieser nun nicht einfach entlassen werden. Man kann ihn auch nicht ohne weiteres in die Psychiatrie stecken. Doch durch mehrere kurze Zwangseinweisungen bei akuten Krisensituationen werden Fakten geschaffen, die es dann ermöglichen, daß der Betreffende letztlich doch in ein Landeskrankenhaus eingewiesen wird.

Nun: In dem Wohnheim ist man gegenüber diesem jungen Mann vielleicht gar nicht aktiv tätlich geworden. Man ist „sauber" und den pädagogischen Grundsätzen treu geblieben. Zum Einsatz körperlicher Gewalt von seiten der Betreuer ist es nicht gekommen, man lehnt solche Gewalt in der Regel auch kategorisch ab.

In der psychiatrischen Einrichtung hören die aggressiven Attacken allerdings nicht auf. Der junge Mann wird mit Psychopharmaka behandelt und zusätzlich fixiert – auch wegen des nun mit einhergehenden selbstverletztenden Verhaltens. Letztendlich ist diese Einrichtung auf das Verhaltens des jungen Mannes in keiner Weise angemessen vorbereitet. Dort, wo Landeskrankenhäuser oder psychiatrische Einrichtungen sich überfordert sehen, wird als letzte Möglichkeit – sozusagen als letzte Station – die ‚Forensische Abteilung' ins Auge gefaßt. In dem Wohnheim, aus dem der junge Mann kam, geht der Alltag inzwischen relativ gewaltfrei weiter, in der psychiatrischen Station wird dagegen der Aggression mit konkreter struktureller Gewalt begegnet. Therapien greifen nicht, eine Psychotherapie scheint geradezu unmöglich.

Eine Spaltung bzw. problematische Arbeitsteilung: hier scheinbar funktionierender professioneller Umgang in kleinen Wohnheimen, in der großen Anstalt hingegen Eskalation und Spuren struktureller Gewalt.

Dies stellt also nur die eine Seite der gängigen Praxis dar. Doch es gibt auch eine andere Seite, in der den Aggressionen bzw. Autoaggressionen schwer behinderter Erwachsener mit konkreter körperlicher Gegenwehr – oder Gegengewalt? – begegnet wird, ohne daß dies jedoch reflektiert würde.

Nur selten wird der Umgang mit Aggressionen oder Autoaggressionen auch auf konzeptioneller Ebene thematisiert, wie beispielsweise in einer mir bekannten Wohneinrichtung, die es sich zur Aufgabe gemacht hat, dem Umgang mit solchen schwer behinderten Menschen nicht auszuweichen. Die eine Hälfte ihrer Bewohner wurde wegen ihrer Aggressionen bereits als nicht tragbar aus anderen Einrichtungen entlassen, die andere Hälfte kommt aus der Psychiatrie, in der sie wegen aggressiven Verhaltens untergebracht war – Heimaufenthalte scheiterten meist wegen der Aggressionen.

In dieser Einrichtung also wird in begrenzter Form auch von Seiten der Betreuer körperliche Gewalt eingesetzt. Jeder Bewohner bekommt anfangs von den Mitarbeitern gesagt, daß die Mitarbeiter gerne in ihrer Einrichtung arbeiten. Sie haben auch Rechte. Es gibt eine Art Notwehr-Paragraph, d.h. wird ein Mitarbeiter angegriffen, dann muß der Angreifer mit aggressiven Gegen-Reaktionen rechnen. Dies habe dazu geführt, daß in dieser Einrichtung weniger körperliche Gewalt als in anderen Wohnheimen geübt werde. Gleichwohl kann es in dieser offenen Wohneinrichtung, in der keine Fixierung und keine Medikamente verabreicht werden, geschehen, daß sich ein Betreuer fünf Stunden auf einen Betreuten „setzt" oder Türen versperrt werden. Im folgenden soll jedoch noch von einer anderen Einrichtung berichtet werden.

Vor rund 12 Jahren entstand eine kleinere Einrichtung, die sich ausdrücklich den aggressiven und autoaggressiven Herausforderungen schwer behinderter junger Erwachsener stellen wollte, um für diese eine Einweisung in die Psychiatrie zu vermeiden bzw. sie von dort herauszuholen.

Diese Einrichtung wurde getragen von einer Kerngruppe pädagogischer Mitarbeiter – Diplompädagogen um die 30 Jahre –, die in Form einer Lebensgemeinschaft mit den Betreuten zusammen leben wollten.

Für die Formierung als Lebensgemeinschaft wurden anthroposophische Orientierungen herangezogen, die pädagogische bzw. „pädagogisch-therapeutische" Arbeit erfolgte vom Anspruch her in Anlehnung an milieutherapeutische Grundannahmen Bettelheims. Legt man die Kriterien für das therapeutisches Milieu zugrunde, die Schäfer (1991) vorgeschlagen hat, so kann man durchaus davon ausgehen, daß wesentliche Aspekte des therapeutischen Milieus verwirklicht wurden, so z.B. die „stummen Botschaften", die „Anfangssituation", die innere und äußere Einheit als Grundlage für die Beziehungen („Figur-Grund"), die Gewährung von Solidarität und Respektierung kompetenzbezogener Hierarchie, die verantwortliche Verteilung der Aufgaben sowie die persönliche Integration und Autonomie von Mitarbeitern wie Betreuten.

Die ersten Mitarbeiter verfügten über wenig Praxiserfahrung mit den schwer behinderten bzw. autistischen jungen Erwachsenen, die sie nach und nach in ihrer Lebensgemeinschaft aufnahmen. Einer der ersten war „Felix" – ich gebe zunächst einige biographische Hinweise. Felix wurde 1964 im Rheinland geboren. An seiner Entwicklung auffallend war, daß er nicht sprechen lernte. Er äußerte sich in seiner Kindheit vornehmlich durch Schreie, besonders auf laute Geräusche hin. Nach gescheitertem Kindergartenbesuch und gescheiterter Einschulung – inzwischen zeigte er mehr und mehr Symptome autistischen Verhaltens – lebte er vom 8. bis etwa 16. Lebensjahr in einer anthroposophischen Einrichtung in Süddeutschland. Nach länger anhaltender gelingender Teilnahme am Gemeinschaftsleben – auch in der Heimsonderschule – geriet er dort während der Pubertät in eine schwere, nicht näher erläuterte Krise. Nach Auskunft seiner Betreuer ertrug er es nicht mehr, in seiner bisherigen Umgebung zu leben.

Er wurde deshalb (1980) mit 16 Jahren in der Kinder- und Jugendpsychiatrie einer Landesklinik in der Nähe seiner Eltern aufgenommen. Dort verbrachte er etwa vier Jahre – zuletzt weitgehend fixiert wegen seiner schweren autoaggressiven und aggressiven Verhaltensäußerungen.

Auf Initiative seiner Eltern wurde er 1984 – mit 20 Jahren – in die soeben vorgestellte Lebensgemeinschaft aufgenommen. Zur damaligen Zeit war er bereits ein Hüne an Gestalt – nicht ganz zwei Meter groß, über 100 Kilo schwer.

Nicht nur Felix, auch die anderen zwei Betreuten, mit denen diese Einrichtung ihre Arbeit begann, zeigten massive aggressive Verhaltensweisen. Der Umgang mit diesen etwa 20jährigen aggressiven aber auch autoaggressiven jungen Erwachsenen wurde von den pädagogischen Mitarbeitern aus der jeweiligen Situation heraus zu entwickeln versucht.

In einer Initiationsphase lebten der Leiter der Einrichtung und ein Mitarbeiter, die sich beide für die konkrete Einzelarbeit mit Felix entschieden hatten, mit Felix in einer separaten, weitgehend leeren Wohnung, die eigens für diese Zwecke vorgesehen war, für etwa sieben Wochen Tag und Nacht in einer Art Klausur zusammen.

In dieser Zeit, in der es darum ging, eine erste Beziehung mit Felix aufzubauen, gab es zahlreiche Situationen, in denen die Betreuer dem an Körperkräften weit überlegenen Felix nur dadurch standhalten konnten, daß sie selbst blitzschnell und gezielt in die Offensive gingen, wenn Felix zu einer seiner Attacken griff.

Es ist nicht eindeutig von außen her zu rekonstruieren, wie im Detail die Krisenarbeit verlief. Die Betreuer betonten damals, daß sie „in die Aggression mit hineingehen", das heißt, daß sie zur körperlichen Gegengewalt griffen, um sich selbst zu schützen. Weiter berichteten sie: Weitaus schwerer als die Aggressionen seien die Autoaggressionen der Betreuten zu ertragen. Das äußerst Belastende am Miterleben der Autoaggression bestehe darin, daß diese nicht aufhört, daß sie nicht erlahmt. Vielleicht auch, daß der Betreffende wohl um die Hilflosigkeit des Betrachters weiß.

Bei der Autoaggression bleibt der Betreuer eher „draußen", außen vor. Eine Entwicklung sei weniger über körperliche Auseinandersetzungen (Festhalten oder andere Eingriffe) festzustellen gewesen als vielmehr durch das therapeutische Milieu, die Erfahrung, dort leben zu können – vermittelt über die Wirkungen der symbolischen Botschaften.

Dagegen sei die Arbeit mit der Aggression, in die man involviert wird, weniger belastend. Bei der Autoaggression könne man nicht wie in einen Dialog einsteigen und sich verständigen.

Vor allem: die Aggression lasse nach, dauere nicht unentwegt an. Nach sehr heftigen aggressiven und autoaggressiven Stadien – während derer Felix teilweise fixiert wurde bzw. sich selbst fixierte – fand er nach und nach für sich eine Möglichkeit, so zu leben, daß er weder unangemessen aggressiv noch autoaggressiv sich äußern mußte. Er benötigte weder Fixierung noch besondere Medikamente.

Diese Entwicklung wie die der anderen Betreuten bestätigte den nach neuen Wegen suchenden Pädagogen, daß ihr Ansatz des Umgehens mit Aggression und Autoaggression zumindest tragfähig sei, ja sogar eine Art Angelpunkt für ihre pädagogische Arbeit darstellte – denn die Betreuten waren bisher in keiner Einrichtung gemeinschaftsfähig bzw. überhaupt tragbar gewesen.

Die Erfahrungen wurden in etwa folgendermaßen zusammengefaßt: Zentraler Punkt und Voraussetzung der pädagogisch-therapeutischen Arbeit sei die Behandlung der verschiedenen Formen der Aggression. Dazu notwendig sei die räumlich Trennung dieser Arbeit von dem alltäglichen Leben der Gruppen. Das heißt, Aggressionsarbeit findet nicht in der Lebensgemeinschaft statt, sondern in eigenen, als „Zuflucht" bezeichneten Räumlichkeiten. In einem nicht veröffentlichten Konzeptionspapier hierzu heißt es: „Was die Betreuten bisher an biographischen Krisen erleiden mußten, läßt in jedem von ihnen das Bedürfnis entstehen, sich von der Gemeinschaft zurückzuziehen, auch haben die Betreuten oft Einsicht in ihre totale Destruktivität und hemmungslose Brutalität. Das Zusammenleben mit anderen wird so für die Betreuten zur Konfrontation mit einer existentiell bedrohlichen

Welt, die es zu zerstören gilt. In unserer Einrichtung erlebten wir Autoaggressionen der Betreuten häufig als gegen sich selbst gerichtete Vorwegnahme der phantasierten Zerstörungen und Bedrohung durch andere. Was das für das alltägliche Zusammenleben bedeutet, wird deutlich: Solche Verhaltensweisen können das Gruppenleben erheblich belasten oder gar völlig zerstören sowie den einzelnen in eine unkontrollierbare Notsituation bringen. Um dieser Gefahr verantwortungsvoll begegnen zu können, bedarf es der strikten räumlichen Trennung zwischen den Betreuten in der Krise und den übrigen Bewohner der Lebensgemeinschaft. Darüber hinaus ist es für die Betreuten der Gemeinschaft unbedingt wichtig, bei Neuaufgenommenen nicht mehr mit bedrohlichen Verhaltensweisen konfrontiert zu werden".

Die pädagogischen Arbeit innerhalb der „Zuflucht" laufe in folgenden Phasen ab:

Phase 1:

Die erste Phase der Aggressionsbearbeitung soll im „Sich-ganz-zur-Verfügung-Stellen" der Mitarbeiter bestehen. Dies ermöglicht dem Betreuten zu erkennen, daß seine Betreuer nur für ihn da sind. In dieser Phase nehmen die Mitarbeiter jede gegen sie gerichtete Aggression hin und grenzen sich in keiner Weise aggressiv ab. „Der Mitarbeiter darf sich keine Form von Gewalt leisten, er darf sich lediglich nur so schützen, daß keine Verletzungsgefahr entsteht".

Dieses Annehmen der Aggression ist die Voraussetzung für das Entstehen einer vertrauensvollen und liebenden Beziehung, ohne deren Bildung die weitere Therapie nur scheitern kann. Wenn die Mitarbeiter diese Aggressionen angst-und ablehnungsfrei aushalten und dem Betreuten dadurch Sicherheit vermitteln, dann ist Vertrauensbildung möglich. Lösen sich die zwanghaften Aggressionen bereits in dieser Phase, ist eine allmähliche Integration in eine Gruppe angebracht.

Phase 2:

Das zentrale Problem im weiteren Verlauf der Behandlung liegt in der direkten Eingrenzung der zerstörerischen Aggressionen *durch körperliche Auseinandersetzung*. Dies darf nicht als Bestrafung erlebt werden. Es stellt sich die Frage, wie man verhindern kann, daß die Aggressionen zum angestrebten zerstörerischen Ziel führen.

Entsprechende Maßnahmen werden aufgrund der vorangegangenen Phase von den Mitarbeitern entwickelt und in Konferenzen besprochen und festgelegt. Was erreicht werden soll ist, daß der Betreute von seinen Verhaltensweisen absieht.

Neben dieser Form der Eingrenzung müssen die Mitarbeiter auch pädagogische Formen von Zuwendung und aggressionsfreiem Zusammensein erarbeiten.

Phase 3:

„Zum Abschluß [...] ist es die Aufgabe der Mitarbeiter, zu einer gemeinsamen angstfreien Weiterentwicklung zu gelangen und dem Betreuten jede nicht aggressive Entwicklung seiner Persönlichkeit zu gestatten. Kontakte zur Gemeinschaft werden sorgfältig von den Mitarbeitern besprochen und geplant. Der Betreute darf in seinen Kontakten zur größeren Gemeinschaft nicht überfordert werden. Denn beabsichtigt ist, daß er sich ,von selbst‘ in das Zusammenleben begibt und integriert.“
Nach einer Anlaufzeit von etwa zwei Jahren war die Einrichtung nach und nach ausgebaut. Es lebten in dem Haus drei weitgehend als einzelne Lebensgemeinschaften organisierte Gruppen mit jeweils etwa acht bis zehn Betreuten. Die Leiter der Gruppen lebten in unmittelbarer räumlicher Nähe zu ihren Betreuten, die in Einzelzimmern mit Gemeinschaftsräumen untergebracht waren.
Felix Zimmer entsprach seinen Bedürfnissen: Das große Fenster hatte eine Plexiglasscheibe – Felix zertrümmerte zwanghaft Fensterscheiben, selbst riesige Spezialglasscheiben.
Die Türe zu seinem Zimmer war eine Sonderanfertigung: Sie bestand aus einer oberen und einer unteren Hälfte, die sich separat öffnen und schließen ließen. So konnte er je nach seinem Bedürfnis die untere Hälfte geschlossen halten und damit signalisieren, daß er sich vor den Anforderung des sozialen Lebens bzw. Gruppenlebens schützen wollte und doch zugleich am Leben der Lebensgemeinschaft durch die geöffnete obere Hälfte Anteil nehmen.
Stil und Qualität der Einrichtung bezeugten die Achtung vor der Existenz gerade auch derjenigen, die bislang einer pädagogischen Arbeit gar nicht zugänglich erschienen.
In dieser stabilen Lebensgemeinschaft mit relativ dauerhaften Bezugspersonen im therapeutischen Milieu und heilpädagogischem Umgang war es Felix schließlich möglich, selbständig zu entscheiden, inwieweit er am Gemeinschaftsleben teilnehmen oder sich in einem eigenen Raum zurückziehen wollte.
Er nahm am Alltags- und kulturellen Leben, an vielfältigen Aktivitäten, an Ferienfahrten seiner Gemeinschaft in die Schweiz, nach Österreich zum Langlaufskifahren, in einem Sommer nach Korsika etc. teil.

Bei einigen Besuchen lernte ich Felix kennen. Außer seiner Respekt einflößenden machtvollen Körpergestalt ging nichts bedrohliches von ihm aus.

Hier könnte die Darstellung über Felix enden. Doch muß weiter berichtet werden:

Die Einrichtung war nicht als Verein, sondern als GmbH konzipiert. Gesellschafter und Vorstand waren einerseits die Eltern der meist autistischen Bewohner, andererseits ein Verband der Behindertenhilfe. Im Jahr 1990 – Felix war 26 Jahre alt – ergaben sich zwischen einer Mehrheit der Gesellschaft und der pädagogischen Leitung, aber auch unter den Mitarbeitern Differenzen, die eine Weiterführung in der ursprünglichen Konzeption nicht mehr zuließen. Der ursprüngliche Leiter, Bezugsperson von Felix, schied aus der Einrichtung aus.

Anlaß für diese Differenzen war der Dissens über den körperliche Gewalt einbeziehenden Umgang der Pädagogen mit den Aggressionen der Betreuten.

Das Medium „körperliche Gewalt", das zunächst Zugang zu den schwer behinderten Betreuten eröffnet hatte, war nun Anlaß für massive Vorwürfe gegen die Arbeitsweise einiger Mitarbeiter geworden. Lebensgemeinschaft und therapeutisches Milieu wurden aufgelöst. Die Einrichtung wurde mit den bisherigen Betreuten nach den üblichen Richtlinien für Wohnheime weitergeführt.

Kurze Zeit nach dieser Umstrukturierung geriet Felix in eine starke Krise. Anfang 1991 wurde er in der Öffentlichkeit auffällig und wurde in eine psychiatrische Klinik eingewiesen. Dort verhielt er sich – mit Ausnahme einer aggressiven Attacke – über lange Zeit hinweg gut, geriet jedoch nach etwa einem halben Jahr erneut in eine weitere äußerst heftige Krise, lief auf seiner Station Amok, attackierte Mitpatienten und Personal, aber auch sich selbst.

Nach diesem Vorfall lag er für fast ein viertel Jahr völlig fixiert im Bett. Während dieser Zeit spaltete sich das Team der Aufnahmestation, in der er lag: ein Großteil der Mitarbeiterinnen und Mitarbeiter sah – nach erlittenen Verletzungen und Angst vor erneuten Übergriffen von Felix – keine Möglichkeit mehr, mit ihm zu arbeiten, es stiegen Fehl- und Krankmeldungen der Mitarbeiterinnen, einige drohten zu kündigen bzw. setzten die Kündigung um, es kam zur Fluktuation unter den Mitarbeiterinnen und Mitarbeitern. Nur einige erklärten sich für eine weitere Arbeit mit Felix bereit. Felix wurde mit Psychopharmaka behandelt und fixiert.

In dieser Situation wurde – vermittelt über die Eltern – der Leiter der damaligen Lebensgemeinschaft von der psychiatrischen Klinik zur Beratung und später zur Mitarbeit mit einbezogen. Dieser konnte zunächst in einigen Mitarbeitern des Teams wieder Bereitschaft wecken, sich mit Felix auseinanderzusetzen und dafür zu sorgen, daß einige Bedingungen geändert wurden. So setzte dieser ehemalige Leiter gegen den Widerstand der Pflegeleitung etc. durch, daß für Felix ein besonderes Bett eigens angefertigt wurde (massives Holzbett mit vier Säulen – einem Himmelbett ähnlich), in dem er sich wohler und vielleicht geschützter fühlen konnte etc.

Doch erst nachdem Felix auf eine andere Station dieser Einrichtung verlegt wurde, gelang es, ein ganzes Team für ihn zu gewinnen und die Arbeit mit ihm fortzusetzen.

Fassen wir das Bild der gängigen Praxis zusammen:

Körperliche Gewalt von seiten der Betreuer in Wohneinrichtungen und Heimen für schwer behinderte Erwachsene ist Alltag, stellt jedoch in der heil- und sonderpädagogischen Diskussion weitgehend ein Tabuthema dar. Faktisch wird dieses Problem an psychiatrische Einrichtungen delegiert. Vereinzelt wird eine körperliche Auseinandersetzung praktiziert.

Wir haben in der Universität eine regionale Arbeitsgruppe mit Praktikern zu diesem Thema eingerichtet.

In einer der Diskussionen wurde resümiert:

Die Anwendung körperlicher Gewalt durch Pädagogen könne nicht anders als ein „Übel" bezeichnet werden. Gleichwohl müsse gesehen werden, daß die kategorische Ablehnung dieses Übels in heilpädagogischen Einrichtungen oft nur vor dem nicht weiter reflektierten Hintergrund aufrecht erhalten werden kann, „problematische Fälle" an psychiatrische Einrichtungen zu delegieren. Angesichts dieses meist verdeckt bleibenden Zusammenhanges müsse allerdings die Frage gestellt werden, was denn eher humanen Grundsätzen entspreche: die Einweisung aggressiver oder autoaggressiver Heimbewohner in psychiatrische Einrichtungen, die für den Umgang mit solchen Langzeitpatienten meist nicht vorbereitet bzw. nicht kompetent sind – oder aber die auch körperliche Gewalt einbeziehende leibhaftige Auseinandersetzung mit ihnen innerhalb ihres Lebensraumes. Bei solchen Entscheidungsfragen könne nicht von einer Alternative zwischen „gut" oder „schlecht" gesprochen werden, sondern höchstens von dem Dilemma, zwischen zwei Übeln das geringere wählen zu müssen.

Allerdings: Bei einem Votum gegen eine Einweisung in die Psychiatrie muß dann auch die Frage erörtert werden, wie sich Betreuerinnen und Betreuer gegenüber aggressiven (und auto-aggressiven) geistig behinderten Menschen in extremen Situationen verhalten – ob aggressive Gegenwehr als ultima ratio eingesetzt werden darf – und wenn ja, ob diese nur spontan oder aber auch kalkuliert erfolgen solle – und vor allem: wie denn dieser Einsatz von körperlicher Gewalt durch die Betreuer und Betreuerinnen aufgefangen und reflektiert werden und kontrollierbar gemacht werden kann.

Bezogen auf die Arbeit in der genannten Lebensgemeinschaft stellt sich die Frage: *gehen* die einzelnen Mitarbeiter tatsächlich *in die Aggression hinein*, wie sie es sagen – oder *werden sie in sie hineingezogen?*

Erfahrungen anderer Betreuer betonen eben diesen letzten Aspekt und behaupten:

Man wird durch Aggression in die Aggression hineingezogen.

Soll man, muß man diesem *Sog* entgegenwirken, um nicht zu entgleiten?

Oder kann man tatsächlich aktiv und kalkuliert in diese Auseinandersetzung hinein- wie auch hinausgelangen?

Eine andere Frage stellt sich im Blick auf das therapeutische Milieu: Die nachhaltigen Erfolge, die in der genannten Lebensgemeinschaft erzielt wurden und die an der offensichtlichen positiven Entwicklung dieser bisher für nicht gemeinschaftsfähig gehaltenen jungen Erwachsenen abgelesen werden konnten, führten dazu, daß dort kontinuierlich Aufnahmegesuche für „aussichtslose Fälle" gestellt wurden. Diese Flut an Nachfragen von außen, zugleich das Bemühen in der Lebensgemeinschaft (getragen von Rettungsphantasien?), wo möglich zu helfen, erzeugten ein Klima der Überforderung, das in der heilpädagogischen Praxis äußerst häufig festgestellt werden kann. Es wird jedoch meist nicht ausreichend wahrgenommen, sondern durch eine weitere spezifische heilpädagogische Tendenz eher noch verstärkt: das „Annahmepostulat".

Hans Weiß (1993, S. 308 ff.) hat herausgearbeitet, daß die grundlegende heil- und sonderpädagogische Erkenntnis, den Behinderten in seiner Behinderung anzunehmen, in der Formulierung als ein *Postulat* in der Praxis gerade für Eltern zu einer fremdbestimmten Norm wird, die letztlich Liebespflicht und Liebeszwang bedeutet.

Was für Eltern gilt, kann auch auf professionelle Erzieher bezogen werden: sie sollen ihr behindertes Kind, den behinderten Jugendlichen oder auch den behinderten Erwachsenen mit seiner Behinderung annehmen!

Die Einsicht, daß von dieser Intention viel wenn nicht alles für die Sozialisation und Genese, die Zukunft des behinderten Menschen abhänge, impliziert geradezu den Zwang für Professionelle, ihr Tun und Handeln unter diese Zielvorgabe zu stellen – doch damit wird eingefordert, was nicht eingefordert werden kann, nämlich der Vollzug einer auch affektiv und emotional stimmigen liebevollen Zuwendung in der pädagogischen Beziehung, die Annahme und Bejahung des behinderten Menschen.

Vielleicht liegt in dieser Überforderung und besonders in diesem heilpädagogischen „Liebeszwang" eine Quelle für die oft verzerrte Praxiswahrnehmung; Behindertenpädagogen fällt es schwer, schwer Behinderte als Menschen wahrzunehmen, die Gewalt ausüben.

Vor dem Hintergrund der Tabuisierung von körperlicher Gewalt im alltäglichen Umgang mit schwer behinderten Erwachsenen und der Delegationspraxis schwerer Fälle an die Psychiatrie wird deutlich, daß eine Einrichtung, die sich den körperlichen Verstrickungen stellt, leicht an die Grenze der Überforderung gerät – ist sie doch angetreten, eklatante Notfälle zu bewältigen. Dies bedeutet einen immensen Druck zumal für die Praxis im therapeutischen Milieu.

Gegenüber der totalen Institution – wie z.B. der Anstalt – kann das therapeutische Milieu dementsprechend als „totale Lebenswelt" charakterisiert werden. Die Gefahr, in einem solchen Arbeitsfeld einer möglichen Sogwirkung der Aggression zu erliegen und sich als Betreuer in körperliche Auseinandersetzungen mit aggressiven oder autoaggressiven Jugendlichen oder jungen Erwachsenen mit schweren Behinderungen verstricken zu lassen, ist äußerst groß.

Es geht darum, solche Verstrickungen zu erfassen und zu analysieren und aus einer pädagogischen Sicht, die psychoanalytisch geschult ist, zu reflektieren, und zwar dort, wo diese Verstrickungen hic et nunc sich ereignen – im pädagogischen Alltag, und nicht posthum!

Milieutherapeutische Arbeit mit jugendlichen Mördern

Wolfgang Schmidt/Daniel Jacobs

1. ACHMED UND DIE TAT

Laut Polizeibericht wurde um Mitternacht in einem Spielsalon ein Angestellter getötet, der nach der Schließung noch putzte. Das Geld aus dem Kassenraum und das persönliche Geld des Angestellten wurden entwendet. Zwei Jugendliche, die sich sehr häufig in diesem Spielsalon aufhielten, so auch an diesem Abend, gestanden nach einigen Tagen die Tat. Die beiden 17jährigen ausländischen Jugendlichen kannten sich aus einer Werkklasse; beide waren zu diesem Zeitpunkt ohne Lehrstelle und Schulabschluß.

Achmed, von dem hier berichtet wird, hatte sich seit einem halben Jahr einem anderen Jugendlichen, den wir Erdal nennen wollen, angeschlossen. Von ihm hatte er gelernt, kleinere Diebstähle auszuführen, ohne dabei in Panik zu geraten. Zunehmend gewann er Ansehen bei Erdal. Laut Gerichtsakte suchten beide eine Möglichkeit, an viel Geld zu kommen. Erdal schlug vor, einen beiden Jugendlichen gut bekannten Angestellten eines Spielsalon zu überfallen. Dabei nahm er in Kauf, ihn zu töten, um an den Tresorschlüssel zu gelangen.

Die beiden Jugendlichen betraten den Spielsalon durch den unverschlossenen Notausgang. Als der Angestellte sie erblickte, forderte er sie auf, zu gehen. Da sie nicht Folge leisteten, kam es zu einem Wortwechsel zwischen den drei Personen. In dieser Situation stach Erdal plötzlich von hinten mit dem Messer auf den Angestellten ein. Dieser brach zusammen und flehte aufzuhören, doch Erdal stach weiter zu. Währenddessen verstaute Achmed das Geld aus der Kasse und dem geöffneten Tresor in einem mitgeführten Rucksack.

2. DER TATHINTERGRUND

Achmed, der zweitgeborene Sohn einer muslimischen Familie mit insgesamt fünf Kindern, wurde in der Schweiz geboren und schon bald nach seiner Geburt in einer Kinderkrippe untergebracht. Die Eltern stammen aus dem ehemaligen Jugoslawien und arbeiten beide als ungelernte Arbeiter in der Schweiz. Zusammen mit seinem älteren

Bruder wurde Achmed mit sieben Jahren im Heimatort der Eltern beschnitten. Das Beschneidungsritual löste in ihm große Angst und Gegenwehr aus.

Stets um Anpassung bemüht, lebte Achmeds Familie in der Schweiz nicht gemäß der muslimischen Tradition. Der Sohn wird von den Eltern als ängstliches und introvertieres Kind beschrieben. In der Schule erlebte bedrohliche Situationen behielt er für sich. Mit guten sportlichen Leistungen versuchte er auf sich aufmerksam zu machen und erhielt dafür die Anerkennung seiner Eltern. In Achmed keimte der Wunsch, Profisportler zu werden. Knieprobleme und andere Krankheiten vereitelten aber dieses Vorhaben.

Achmeds Suche nach einer Lehrstelle verlief erfolglos. Als Jugendlicher aus Ex-Jugoslawien wurde er meist von vornherein abgewiesen. Der Jugendliche suchte zunehmend die Gesellschaft von anderen Heranwachsenden, denen es ähnlich erging. In einer Werkklasse für Jugendliche ohne Lehrstelle und Schulabschluß schloß er Freundschaft mit Jugendlichen, die mit ihren Eltern und der Gesellschaft schon gebrochen hatten. Hier lernte er auch Erdal kennen, der in einem Heim lebte und dort herauszufliegen drohte.

Achmeds Eltern beunruhigte, daß sich ihr Sohn immer häufiger im Spielsalon aufhielt und dort Schulden machte. Einer konsequenten Auseinandersetzung mit ihm gingen sie aber aus dem Weg. Nicht ahnend, daß Achmed in Diebstähle von bis zu 10.000 Franken verwikkelt war, halfen sie ihm mit Geld aus, damit er seine Schulden begleichen konnte.

3. Eintritt, Verlauf und Schlussphase aus Sicht der Bezugsperson

Achmed war mehr als fünf Monate in der Durchgangsstation Winterthur (DSW) untergebracht. Der vom Jugendgericht der Einrichtung erteilte Auftrag lautete Persönlichkeitsabklärung und Maßnahmenplanung[1]. Auch in unserer Einrichtung stellt die Aufnahme jugendlicher Mörder, in diesem Fall Beteiligung an einem Raubmord, eher

---

[1] Parallel zur pädagogisch-psychologischen Abklärung wurde Achmed durch den Konziliarpsychiater der DSW, Herrn Dr. Müller, begutachtet. Der Begutachtungsprozeß erstreckte sich über drei Monate. Aus der zusammenfassenden Beurteilung geht hervor, daß weder vor, während, noch nach der Tat, bei Achmed eine gravierende Persönlichkeitsstörung diagnostiziert werden konnte.

etwas Ungewöhnliches dar. Die Vorbereitungen auf eine solche Aufnahme fallen daher noch intensiver aus, als es normalerweise der Fall ist. Besonderer Wert wird auf die Thematisierung und Bearbeitung der Phantasien gelegt, die eine solche Aufnahme bei den MitarbeiterInnen auslösen. So auch im Falle Achmeds, dessen Akten lange vor seinem Eintritt in die Einrichtung vorlagen und die, explizit die polizeilichen Vernehmungsprotokolle, ein Szenario beschreiben, das der Dramaturgie eines Kriminalfilms ähnelte. Für mich persönlich (Daniel Jacobs) war es der erste Jugendliche mit einem so gravierenden Delikt, den ich als Bezugsperson während seiner Unterbringung in unserer Einrichtung begleitete. Bei mir stellte sich Angst ein, einem Menschen zu begegnen, der eine so verabscheuungswürdige Tat begehen konnte und mit ihm in unserem dichten Setting arbeiten zu müssen. Letztendlich waren es die phantasierte Bedrohung, die dieser Jugendliche für mich oder uns darstellte, und die Konfrontation mit Gewalt und Brutalität, die mich zweifeln ließen, ob ich dieser Aufgabe, wie immer sie auch aussehen würde, gerecht werden würde. Der naheliegende Gedanke, mich auf das Autonomieprinzip der MitarbeiterInnen zu berufen und einen Kollegen zu bitten, die anstehende Bezugspersonenarbeit zu übernehmen, wurde nach eingehenden Diskussionen aufgegeben. Die intensive gemeinsame Reflexion der Erfahrungen, die wir in der Arbeit mit einem ersten jugendlichen Mörder erworben hatten, sowie die zunehmend gelingenden Bemühungen, tabuisierte Ängste auszusprechen und rational zu bearbeiten, reduzierten meine Zweifel auf ein erträgliches Maß.

Achmeds Eintritt und der erste Kontakt verliefen unspektakulär. Nach sechs Wochen Untersuchungshaft wurde er in Handschellen von zwei Polizisten in die DSW überführt. Zögernd und nach zweimaligen Bitten meinerseits befreiten sie Achmed von den Handschellen. Nachdem ich die beiden Polizisten wieder aus dem Haus gelassen hatte, begab ich mich mit Achmed in den für den Eintritt vorgesehenen Raum. Der Jugendliche, von großer und schlanker Statur, wirkte müde, ausgezehrt und apathisch. Mit dem in den Akten beschriebenen Täter und der Horrorgestalt meiner Phantasien konnte ich ihn nicht in Verbindung bringen. Wir saßen uns längere Zeit schweigend gegenüber, bis ich das Aufnahmegespräch mit der Frage eröffnete, ob er wisse, wo er sich befinde. Achmed äußerte nur undeutliche Vorstellungen von einem Gefängnis für Jugendliche, in dem er die Zeit bis zur Unterbringung in einem geschlossenen Heim zu überbrücken habe. In keinster Weise auf die Unterbringung in der DSW vorbereitet, wußte er nur, daß er sich in Winterthur befand. Ich versuchte Achmed davon zu überzeugen, daß es sich nicht um ein Gefängnis für Jugendliche handele und erklärte ihm die Funktion des Aufnahmebereichs, in dem er sich befand. Dieser repräsentiert noch ein Stück Außenwelt und wird nach Erledigung einiger Formalien und dem Abschluß des Aufnahmegesprächs verlassen, um den Wohn-, Freizeit- und Arbeitsbereich des Hauses sowie die anderen Jugendlichen kennenzulernen. Zu Hilfe kam mir, daß das Aufnahmezimmer mit seinem Fenster zum Hof zeigt und Achmed den gerade beginnenden Sport der anderen Jugendlichen beobachten konnte. Als ich seine Fragen, ob auch er wieder Sport treiben und wirklich mit anderen Jugendlichen zusammen sein dürfe, bejaht hatte, hellten sich seine Gesichtszüge auf und seine lethargisch wirkende Gestalt wurde etwas lebhafter. Er erzählte von seinem Drang nach Bewegung, dem er sechs Wochen nicht gerecht werden konnte und daß Sport immer sehr wichtig für ihn gewesen sei. Als ich ihm unser Tages- und Wochenprogramm sowie die Unterteilung in Arbeitszeit und Freizeit vorstellte, wuchs seine Hoffnung, die kommende Zeit nicht mehr isoliert in einer Zelle verbringen zu müssen. Von diesem Zeitpunkt an nahm Achmed kooperativ am Aufnahmeprozedere teil und ließ sich interessiert über Regeln und Strukturen unseres Hauses informieren. Voller Erwartung betrat er das Haus.

Wie üblich wurde dieses Achmed von einem anderen Jugendlichen gezeigt. Von der Gruppe der Jugendlichen gut aufgenommen, fand er sich schnell zurecht, wenn er auch anfangs keine feste Position bezog. Achmed war offensichtlich erleichtert, in der DSW untergebracht worden zu sein. Auffallend war seine hohe Motivation und die erhebliche Anpassungsleistung, die er zu diesem Zeitpunkt erbrachte. In seinem Eintrittsbericht, den wir von jedem Jugendlichen erwarten, stellte er zwei Ziele in den Vordergrund: Erstens wolle er mit uns zusammen arbeiten und das Beste daraus machen. Zweitens strebe er an, alles so schnell wie möglich zu vergessen. Diese beiden Ziele begleiteten die Arbeit mit dem Jugendlichen. Allerdings wurde er in der folgenden Zeit immer wieder mit seiner Tat, dem Tathergang und der Tragweite eines Tötungsdeliktes konfrontiert. Seine Kooperationsbereitschaft kam uns insofern entgegen, als er bereitwillig die Gespräche mit dem internen psychologischen Dienst, dem Sozialpädagog-Innenteam und dem Psychiater führte. Achmed empfand sie als wohltuend, brachte zugleich aber zum Ausdruck, daß sie ihn ermüdeten und belasteten. Als Folge floh er in Wunschwelten und zog sich über Stunden in sein Zimmer zurück. Er beschäftigte sich vorwiegend mit dem Zeichnen von Graffitis, mit deren Hilfe er sich Phantasiewelten schuf. Ihn zur Teilnahme an unseren Programmvorgaben zu motivieren, erwies sich als schwierig. Mitunter war er nur mit Druck dazu zu bewegen, an den verpflichtenden Gruppenabenden teilzunehmen. Selbst auf diesen Druck reagierte er mit seiner freundlichen Art. Er vermied Auseinandersetzungen und zeigte keinerlei Konfliktbereitschaft. Zu diesem Zeitpunkt bestand die einzige Möglichkeit, mit ihm in Kontakt zu bleiben darin, ihn zur Teilnahme an Aktivitäten der anderen Jugendlichen und zu notwendigen Auseinandersetzungen mit diesen zu zwingen. Wir motivierten ihn, seine Zeichnungen und Graffitis öffentlich zu zeigen, boten ihm Leinwand und Farbe, um sich darzustellen. Achmed nahm die Einladung an, nutzte die aufgezeigten Handlungsmöglichkeiten und den ihm zur Verfügung gestellten Raum. In der Gruppe der Jugendlichen fanden sich schnell Gleichgesinnte, die mit ihm zusammen Graffitis erstellten.

Vier Wochen nach seinem Eintritt divergierte die Wahrnehmung Achmeds durch verschiedene MitarbeiterInnen erheblich. Einige sahen in seiner Kooperationsbereitschaft lediglich ein Kalkül. Für sie agierte der Jugendliche auf einer Hinterbühne (Goffman 1961) und übte einen negativen Einfluß auf die Gruppe aus. Die anderen MitarbeiterInnen nahmen die freundliche Art Achmeds durchaus als authentisch wahr. Seine Person, sein Verhalten und sein Handeln in den verschiedenen Bereichen löste wiederholt leidenschaftliche Diskussionen in der wöchentlichen Besprechung aus. Einen Vorfall, der zu einer dieser oft deutlich emotional aufgeladenen Diskussionen führte, soll hier geschildert werden: Achmed kämpfte mit zwei anderen Jugendlichen der Einrichtung gerne auf dem Boden. Bei einem dieser Kämpfe trug einer der Jugendlichen ein zerrissenes T-Shirt. Der andere Jugendliche ärgerte ihn und stach mit einem Bleistift in das T-Shirt, später dann Achmed mit dem Schraubenzieher. Dabei lag das weitgeschnittene T-Shirt nicht am Körper des Jugendlichen an, und Achmed, wie er im Nachhinein versichert, wollte ihn nicht verletzen. Der Werkstattleiter, der die Szene beobachtete und sofort intervenierte, brachte diesen Vorfall in die Jugendlichenbesprechung ein, nicht ohne darauf hinzuweisen, welches Bedrohungspotential Achmed darstelle.

Zu diesem Zeitpunkt nahm Achmed eine dominante Position in der Gruppe der Jugendlichen ein. Seine Möglichkeiten, in subkulturellen Gruppierungen einen hohen Status zu erwerben, kam ihm zur Hilfe. Seine Kunstfertigkeit im Erstellen von Graffitis wurde von den anderen Jugendlichen bewundert. Darüber hinaus war er ein guter Breakdancer und brachte es in jeder Ballsportart zu guten Leistungen. Durch seinen Einfluß gehörten diese Freizeitaktivitäten geraume Zeit zum Kulturprogramm der DSW. Achmeds Kreativität stand hier im Vordergrund, er fand immer Wege, andere Jugendliche zu motivieren und übernahm damit ein Stück Freizeitgestaltung in unserer Einrichtung.

Im Laufe der Zeit war nicht zu übersehen, daß sich Achmed in der Einrichtung wohl fühlte. Der ihm zur Verfügung gestellte Raum lud ihn ein, an frühere Fähigkeiten, an eine für ihn positiv besetzte Welt anzuknüpfen. Er konnte sich neu definieren, nahm auch seine positiven Seiten wahr und konnte besser über sich sprechen. Allmählich änderte sich seine Einstellung zu den Gesprächen mit den MitarbeiterInnen. Anfangs hatten sie ihn sehr belastet. Mitunter versuchte er, sich zu entziehen oder ließ sie nur über sich ergehen. Jetzt sah er in ihnen einen Ausweg und die Befreiung von einem permanenten Nachdenken über seine Tat. Er hatte gelernt, sich zu artikulieren und Stellung zu beziehen. Achmed handelte nun offensiver, erzählte von sich aus über seine Vergangenheit und stellte gezielte Fragen, die seine Zukunft, die Zeit nach der DSW, betrafen.

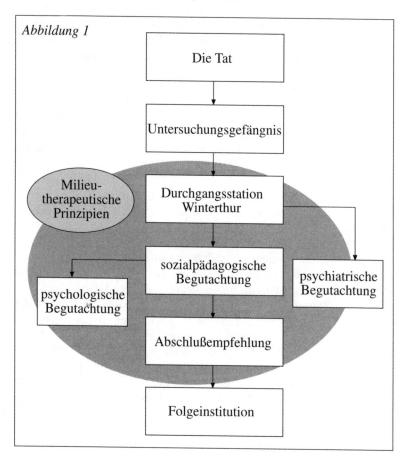

Abbildung 1

Die Tat

Untersuchungsgefängnis

Milieu-therapeutische Prinzipien

Durchgangsstation Winterthur

sozialpädagogische Begutachtung

psychiatrische Begutachtung

psychologische Begutachtung

Abschlußempfehlung

Folgeinstitution

Bisher war er mit der Frage nach seiner weiteren Unterbringung eher fatalistisch umgegangen. Er ging davon aus, daß er nach der DSW weiterhin eingeschlossen würde. Die Möglichkeit einer offenen Unterbringung beunruhigte ihn, ließ ihn aber erstmals konkret über seine Zukunft nachdenken. Weiterhin fiel seine freundliche und kooperative Art auf, die den alltäglichen Umgang mit ihm unproblematisch gestaltete.

Die zuständige Jugendanwaltschaft entsprach unserer Empfehlung, Achmed trotz der Schwere des Deliktes in einer offenen, stationären, sozialpädagogisch geführten Institution unterzubringen. Es handelt sich um eine Einrichtung, in der eine kontinuierliche Einzel- und gruppenpsychotherapeutische Betreuung gewährleistet ist, sowie parallel dazu eine interne Berufsausbildung ermöglicht.[2]

4. DIE INSTITUTION

Die Durchgangsstation Winterthur (DSW), in die Achmed überwiesen wurde, ist eine geschlossene Spezialeinrichtung der stationären Jugendhilfe und des Straf- und Maßnahmevollzuges des Kantons Zürich/Schweiz. Sie verfügt über neun Plätze für männliche Jugendliche, in der Regel zwischen 15 und 18 Jahren alt, die eine kurzfristige, in der Regel dreimonatige Unterbringung benötigen. Die Institution übernimmt für die Behörden folgende Aufgaben:

(a) Untersuchungs- und sog. Schutzhaft in einem pädagogischen Rahmen;
(b) Maßnahmeplanung für Jugendliche, die sich ohne geschlossene Unterbringung durch Flucht entziehen würden;
(c) Die Einrichtung bietet einen Schutzraum für Jugendliche bei sog. Selbst- und Fremdgefährdung.

In der DSW wird milieutherapeutisch orientiert gearbeitet.
Vier Prinzipien stehen dabei im Vordergrund (Abb. 2). Sie werden hier umschrieben mit:

---

[2] Achmed wurde vom zuständigen Jugendgericht des gemeinschaftlich begangenen Raubmordes für schuldig befunden. Da das Schweizer Jugendstrafrecht keinen eigentlichen Jugendstrafvollzug kennt, konnte Achmed in der DSW und anschließend in einer offenen Institution untergebracht werden.

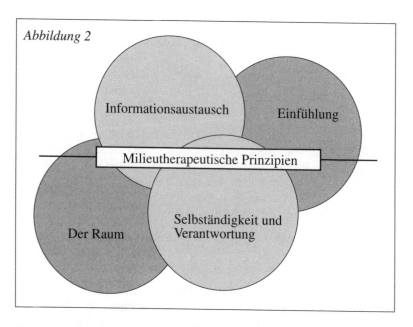

Abbildung 2

Informationsaustausch

Einfühlung

Milieutherapeutische Prinzipien

Der Raum

Selbständigkeit und
Verantwortung

Erstes Prinzip: *Planvolle Raumgestaltung.* Die Sensibilität für die Bedeutung von Räumlichkeiten für pädagogische Prozesse ist nicht zuletzt durch die Arbeiten Bettelheims erhöht worden. Die Umsetzung dieser Erkenntnisse läßt allerdings oft zu wünschen übrig. Wie in einer Institution mit den Räumlichkeiten umgegangen wird, läßt oftmals Aussagen über ihre „Kultur" insgesamt zu.
Die DSW ist in einen Aufnahme-, einen Wohn- und in einen Schul- und Arbeitsbereich unterteilt. Alle Abteilungen befinden sich in einem mitten in der Stadt gelegenen Gebäudekomplex. Der Wohnbereich der Jugendlichen weist eine klare Struktur auf. Er ist nur sparsam möbliert, wodurch Ordnung und Ruhe vermittelt werden sollen. Übersichtlichkeit entlastet den einzelnen Jugendlichen und trägt zu einem Gefühl persönlicher Sicherheit bei. Die Einrichtungsgegenstände befinden sich immer am selben Ort und werden bei Schäden sofort repariert. Den Übergängen zwischen den einzelnen Lebensbereichen wird große Beachtung geschenkt. Auch Bettelheim weist immer wieder auf die Bedeutung räumlicher und zeitlicher Passagen hin und spricht in diesem Zusammenhang von sog. Zwischenzeiten. Damit meint er die Zeiten, die im Tagesverlauf überbrückt werden müssen, wenn die Kinder von einer klar definierten und strukturierten Tätigkeit (beispielsweise dem Schulunterricht) zu einer anderen Tätigkeit übergehen (beispielsweise der Freizeitgestaltung). Bettelheim geht davon

aus, daß diese zeitlichen und räumlichen Passagen hohe Anforderungen an die Kinder stellen, da sie mit großen antizipatorischen Ängsten verbunden sein können. Darüber hinaus war für Bettelheim die Zeit, die die Kinder in der Orthogenic School verbrachten, eine Übergangszeit. Die Behandlung an der Orthogenic School sah er als „Bindeglied" zwischen einer durch massives Leiden gekennzeichneten Vergangenheit der Kinder und einer Zukunft, in der viele von ihnen in ein halbwegs normales Leben zurückkehren konnten (vgl. Bettelheim [1950] 1970, S. 118ff.).

Um die Bedeutung des zweiten Prinzips, das mit dem Wort *Informationsaustausch* zu beschreiben ist, näher zu erläutern, ist es nötig, kurz auf einen anderen Jugendlichen einzugehen, der vor Achmed in der DSW betreut wurde. Ein Jahr nach der Eröffnung der Institution, Mitte 1993, wurde der erste Jugendliche, der ein Tötungsdelikt begangen hatte, aufgenommen. Alle MitarbeiterInnen waren damals völlig unvorbereitet. Zu diesem Zeitpunkt konnte das Team nicht offen über die Phantasien und Ängste, die dieser Jugendliche auslöste, sprechen. Er hatte einen Mann erstochen und war, wie er von sich selbst sagte, ein ausgesprochener Messernarr. Einmal entwendete er aus dem verschlossenen Messerschrank der Hausküche ein Messer um, wie er sagte, nur mal zu testen, wie das Team reagieren würde. Durch ständige Drohgebärden und offenes oppositionelles Verhalten wurde das noch junge und instabile Team von dem Jugendlichen Schritt für Schritt unterhöhlt. Zwei Beispiele sollen das inkonsistente Verhalten des Teams verdeutlichen. Zum einen änderte der Jugendliche eines Tages das Namensschild an seiner Tür und ersetzte seinen Namen durch das Wort „Inferno". Das Team registriere dies sehr wohl, reagierte aber nicht darauf. Zum anderen schenkte seine damalige Bezugsperson dem Jungen, der immer nur schwarze Kleider trug, irgendwann einen schwarzen Teller, von dem er „exklusiv" essen konnte. Durch die genannten und andere Handlungsweisen entstand eine Atmosphäre, die der Jugendliche für sich ausnutzte und die den Arbeitsalltag zunehmend negativ bestimmte. Diese ersten wichtigen Erfahrungen haben allen Erwachsenen im Haus deutlich werden lassen, daß es sehr wichtig ist, die persönliche Scham zu überwinden und verstärkt über Ängste zu reden. Interessant war die Erkenntnis, daß es allen im Team etwa ähnlich ging. Auch Achmed drohte das Team immer wieder zu spalten.

Wie sieht es heute aus? Die genannten Erfahrungen verweisen auf die Bedeutung einer qualitativ und quantitiv intensiven Teamkommunikation. Das Kommunikationssystem der DSW wurde im Laufe der Zeit intensiver genutzt und immer dichter. Auf Achmeds Eintritt war

man jetzt besser vorbereitet. Die Strukturen sehen heute folgendermaßen aus:

(a) Neben den normalen Dienstagskonferenzen, an denen das gesamte Personal teilnimmt, finden täglich zwei Übergabekonferenzen (vor
Arbeitsbeginn und nach Arbeitsschluß) statt, bei denen das gesamte
diensttuende Team, die Heimleitung, der Lehrer und das komplette
Werkstatteam anwesend ist;
(b) die Hauswirtschaftsleiterin und die Sekretärin nehmen bei Bedarf
an der Supervision und an bestimmten Fachkonferenzen teil;
(c) das diensttuende Wohngruppenteam (bestehend aus drei SozialpädagogInnen), tauscht sich nach Arbeitsschluß gegen 21.45 intensiv
über die Ereignisse des Abends untereinander aus;
(d) die jeweilige Bezugsperson eines Jugendlichen hat mindestens
einmal pro Woche Kontakt mit den einweisenden Behörden; in der
Austrittsphase eines Jugendlichen auch mit der Nachfolgeinstitution;
(e) darüber hinaus ist, wie Bettelheim feststellt, eine ausführliche Dokumentation unverzichtbarer Teil jeder guten pädagogischen, klinischen Arbeit (Bettelheim [1974] 1990, S. 425).

Das dritte Prinzip *Selbständigkeit und Verantwortung* schließt sich hier
logisch an. Das Personal der Wohngruppe ist eines von sechs Subsyste-
men der Institution. In der konkreten Ausgestaltung der Arbeit ist das
Team völlig autonom. Wenn – wie Bettelheim behauptet – allein der
Einsatz der ganzen Persönlichkeit einer MitarbeiterIn positive Veränderungen bei schwer gestörten Klienten hervorbringt, müssen die MitarbeiterInnen auch die Gelegenheit erhalten, ihre individuellen Begabungen und Eigenheiten einbringen zu können. Im Sinne der betreuten Jugendlichen und nicht zuletzt auch im Sinne der Institution entspricht dem hohen Grad der Selbstständigkeit und Entscheidungsfrei-
heit der SozialpädagogInnen eine ebenso strenge Verpflichtung, über
getroffene Entscheidungen Rechenschaft abzulegen. Der Heimleiter
der DSW hat bei der Eröffnung des Hauses Strukturen geschaffen, die
von Anfang an ein prozeßhaftes, selbstverantwortliches Arbeiten ermöglichten. Dadurch ist das einzelne Teammitglied sowie die Organisation als Ganze in der Lage, in einen permanenten Lernprozeß einzutreten, sich gegenseitig zu stützen und zu entwickeln (vgl. Senge 1993).
Die Basis der Arbeit der DSW bildet das Gesamtteam. Hier wird alles
Wichtige gemeinsam entschieden. Die intensive Vernetzung aller Bereiche und ihre gute Koordination bildet eine wichtige Voraussetzung
für das Funktionieren dieses Systems. In den Konferenzen, informellen Gesprächen, aber auch in heftigen Auseinandersetzungen, sucht
das Team nach dem jeweils geeigneten Weg.

Das vierte Prinzip haben wir *Einfühlung* genannt. Für das Team der DSW ist die empathische Haltung der wichtigste Teil der milieutherapeutischen Arbeit. Gerade in schwierigen, krisenhaften Situationen ist der respektvolle Abstand zum Jugendlichen, eine wichtige Voraussetzung für gezieltes pädagogisches Handeln. Wut, Angst und Haß, die die Jugendlichen in den Erwachsenen auslösen, gilt es zu erkennen und kommunizierbar zu machen. Das klingt leicht, setzt aber ein hohes Maß an Selbsterfahrung und Reflexionsfähigkeit voraus. Im einfühlenden Verstehen geht es darum, in Kontakt mit einer eigenen Erfahrung zu kommen, die der, die wir im anderen verstehen möchten, möglichst eng verwandt ist. Einfühlendes Verhalten ist somit seinem Wesen nach eine Begegnung des Fremden in sich selbst. Es unterscheidet sich damit maßgeblich von einem alltäglichen Begriff von Einfühlung. Im alltäglichen Sprachgebrauch wird darunter ein Sich-in-den-Anderen-Hineinversetzen, also eine Form der projektiven Erkenntnis verstanden. Begreift man dies als eine fiktive horizontale Bewegung von sich selbst weg auf den anderen zu, so meint dagegen Einfühlung im Bettelheimschen Sinn, bei sich selbst zu bleiben, dem fremden Zustand in sich selbst begegnen, indem man gleichsam eine fiktive Bewegung in die eigene Tiefe vollzieht.

Wie aber läßt sich eine empathische Haltung operationalisieren? Bettelheim geht soweit, zwei Regeln für diesen Prozeß zu formulieren. Die erste besagt, daß es gelte, sich eigene existentielle Erfahrungen zu vergegenwärtigen, die denen, die wir verstehen möchten, entsprechen. Sollte dies nicht möglich sein, kann man – so die zweite Regel – eine Person empathisch verstehen, indem man sich fragt, was einen selbst dazu veranlassen könnte, sich so zu verhalten wie diese (Bettelheim 1966, S. 705). Darüber hinaus ist es uns wichtig, immer auch danach zu fragen, was den jeweiligen Jugendlichen trotz allem auch liebenswert macht.

Für den Erwachsenen gelten bei der Überprüfung seiner Arbeit die gleichen Fragen. Gerade wenn man sich in höchstem Maße provoziert fühlt, den Jugendlichen bestrafen oder Vergeltung üben möchte, gilt es zu erkennen, was in der Interaktion passiert. Neben der Bereitschaft und Fähigkeit zur Selbstreflexion sind dafür offene und herausfordernde Rückmeldungen von KollegInnen erforderlich. „Jeder Betreuer muß also in seiner Selbstanalyse durch seine Kollegen sowohl herausgefordert wie unterstützt werden" (Bettelheim [1974], 1990, S. 422). Der Weg, den das Team der DSW seit Gründung der Institution 1993 geht, ist neu. Derzeit existiert in der Schweiz keine Institution mit einem vergleichbaren konzeptionellen Ansatz. Eine theoretische Begründung der Arbeit leitet sich somit vornehmlich aus der systema-

tischen Reflexion gemachter Erfahrungen ab. Die vier hier dargestell-
ten Grundsätze sind in der Verbindung von intensivem Studium der
Bettelheimliteratur und der praktischen Anwendung in der Heimerziehung erarbeitet worden. Die Autoren sind überzeugt, daß die konsequente Umsetzung dieser Prinzipien in der Arbeit mit Jugendlichen,
bei denen eine erhebliche Störung des Sozialverhaltens vorliegt, zu
einer weiteren Professionalisierung der Arbeit im Heim beitragen
kann.

Wie eingangs erwähnt, handelt es sich bei der DSW um eine geschlossene Institution. Unsere Erfahrungen lehren, daß die vorübergehende
Einschließung der Jugendlichen, die sich vielfach in akuten Krisen
befinden, von ihnen als Schutz erlebt wird und maßgeblich zu einer
Beruhigung und Stabilisierung beiträgt. Erst dadurch wird eine Neu-
orientierung möglich.

Wir möchten unsere Ausführungen mit einem Zitat aus Reinhard
Lempps schon 1977 erschienen Studie „Jugendliche Mörder" beschließen. Es spiegelt auch unsere Erfahrungen mit dieser Personengruppe wider und konkretisiert zugleich jene professionelle Grundhaltung, die nach Bettelheim den paradigmatischen Kern seines Ansatzes
ausmacht (Bettelheim [1967] 1989, S. 13): „Und wenn uns eine solche
Tat völlig fern liegt und sie für uns unvorstellbar ist, so ist daran zu
erinnern, daß sie wohl auch einem großen Teil der hier geschilderten
jugendlichen Täter vor ihrer Tat unvorstellbar war. Sollten wir aber
tatsächlich Eigenschaften besitzen, und solche psychischen und sozialen Erfahrungen in unserer frühen Kindheit gesammelt haben, daß wir
auch in einer kritischen Situation nicht als Aggressor reagieren würden
dann sind auch diese Eigenschaften und diese Erfahrungen nicht unser
Verdienst" (Lempp 1977, S. 217f.).

II. Psychoanalyse,
Pädagogik und Extremsituation

Bruno Bettelheim: Das Konzentrationslager als psychoanalytische Erfahrung

Nina Sutton

Zuerst möchte ich Ihnen sagen, wie gerne ich zu einer dreitägigen Tagung komme, die der Aktualität Bruno Bettelheims gewidmet ist. Dies um so mehr, als in letzter Zeit alle ihn betreffenden Nachrichten in den USA und selbst in Frankreich, wo Bettelheim lange Zeit als große Autorität galt, mit den Anschuldigungen zu tun haben, die sein Andenken überschatten – was einen treffenden Eindruck davon vermittelt, über was ich hier sprechen möchte. Und selbst dann, wenn Bettelheim nicht der Brutalität und anderer Vergehen angeklagt wird, liegt es im Trend, ihn als „alten Hut" zu betrachten. Bestenfalls wird er als Relikt aus Pionierzeiten gesehen, dem man seinen Tribut zollt, um sich, wenn es um Behandlungskonzepte für psychische Erkrankungen geht, „moderneren" Autoren zuzuwenden.

„Modern" meint natürlich technologisch. Die meisten Menschen scheinen heute zu glauben, daß wir der Seele um so weniger Beachtung schenken müssen, je mehr wir über die physiologischen Details des menschlichen Gehirns wissen. Die Seele war jedoch das einzige, was Bettelheim interessierte. Wenn beispielsweise jemand darauf bestand, daß Autismus eine neurologische oder biochemische Störung sei, stritt er sich nicht mit ihm. Seine Antwort lautete: „Wenn Sie ein Medikament entwickeln, mit dem sich Autismus heilen läßt, werde ich es anwenden. Aber bis dahin, und unabhängig davon, ob sie nun organisch bedingt ist oder nicht, gehe ich davon aus, daß diese Isolation immenses psychisches Leiden verursachen muß. Und damit beschäftigen wir uns" (zit. nach dem letzten Interview mit dem französischen Filmemacher Daniel Karlin im Juni 1989).

Bettelheims Status als Psychoanalytiker ist diffizil. Er hatte keine formale Ausbildung absolviert, und doch gehörte er zur ersten Analytikergeneration. Auch deshalb suchte das psychoanalytische Establishment ihn auf Distanz zu halten; dennoch fand er nach und nach Eingang in zwei Psychoanalytische Vereinigungen – die von Chicago, die ihn 1946 als nichtmedizinisches Mitglied aufnahm, und die von Los Angeles, die ihn 1989 zum Ehrenmitglied ernannte. Wichtiger noch: Seine Schrift „Freud und die Seele des Menschen" ([1982] 1986) und seine Arbeit an der Orthogenic School zeugen von einem großen Verständnis der Freudschen Entdeckungen, das ihn heute als einen der besten Verteidiger der Psychoanalyse in den USA ausweisen sollte.

Es ist von höchster Bedeutung, dem technologischen Zeitgeist mit seinen äußerlichen und eindimensionalen Erklärungsmustern, etwas entgegenzusetzen und die Psyche zu verteidigen. Und in der Tat, nach fünf Jahren der Beschäftigung mit Bruno Bettelheim – seinen Büchern, privaten Briefen, Freunden, Feinden, seiner Familie, seinen Schülern und ehemaligen Patienten – nachdem ich ihn zuerst idealisiert, dann jedem seiner Worte mißtraut und ihn zeitweise sogar gehaßt habe, glaube ich, daß er moderner denn je ist. Angesichts der Aufgaben der nahen Zukunft bin ich von der Dringlichkeit seiner Botschaft überzeugt, denn Bettelheim wußte wie kein anderer, wie man das Subjekt, das menschliche Subjekt, unter den zerstörerischsten, dehumanisierendsten Bedingungen wiederherstellen und mit Leben erfüllen kann.

Bevor meine Bettelheim-Biographie in Paris erschien (Sutton 1996), hatte ich auch erwogen, den Untertitel von Peter Gays Freud-Biographie „A Life for Our Time" zu entleihen, den der französische Herausgeber nicht im Wortlaut übernommen hatte. Ich dachte, daß er auf Bettelheim in gewisser Weise noch mehr als auf Freud zutraf. Nicht wegen seiner gedanklichen Reichweite, sondern einfach deshalb, weil Bettelheim durch dieses mörderischste Jahrhundert der Menschheitsgeschichte hindurch niemals seine Augen von irgendetwas Menschlichem abgewendet hat, wie häßlich auch immer es gewesen sein mochte. Statt dessen hatte er der Barbarei ins Gesicht gesehen und unaufhörlich versucht, eine Lehre daraus zu ziehen – eine Lehre, die ihm und denjenigen, die unter seiner Obhut standen, helfen könnte, ein neues Leben zu beginnen.

Aus diesem Grund habe ich mich dafür entschieden, über die Beziehung zwischen Bettelheims Aufenthalt im Konzentrationslager und seiner psychoanalytischen Erfahrung zu sprechen. In dieser Beziehung liegt meiner Ansicht nach das Geheimnis seiner therapeutischen Qualifikation und außergewöhnlichen Intuition. Dies ist nur ein anderer Ausdruck für seine genaue Kenntnis der menschlichen Psyche, die ihm von allen, die ihn an der Orthogenic School lehren oder arbeiten sahen ebenso bescheinigt wird, wie sein Wissen darüber, wie schwerstgestörte Menschen erreicht und wie ihnen geholfen werden kann. Für mich besteht kein Zweifel darüber, daß es dieses einzigartige Zusammentreffen von Lagerhaft und psychoanalytischer Erfahrung ist, welches Bruno Bettelheim zu einer Art Prophet der Gegenwart werden ließ.

Das klingt vielleicht ein wenig zu dramatisch, aber bedenken wir auch, daß Bruno Bettelheim der erste war – und einer der wenigen blieb – die ihre psychoanalytischen Kenntnisse dazu benutzten, die Lager zu überleben und diese Erkenntnisse später konzeptionalisierte.

Dies ist kein unwesentlicher Aspekt, was auch immer die Verfechter der Orthodoxie einwenden mögen, wenn man Bettelheims Status als Psychoanalytiker hinterfragt. Freuds Entdeckungen sind von seinen Gegnern regelmäßig als „jüdische Wissenschaft" denunziert worden. Wir wollen diesen Vorwurf für einen Augenblick in eine Arbeitshypothese verwandeln und annehmen, daß die spezifische Situation der assimilierten Wiener Juden der Vorkriegszeit in einzigartiger Weise geeignet war, das Bedürfnis und den Wunsch zu wecken, das Innere der menschlichen Psyche begreifen zu wollen. Lassen Sie uns diese Hypothese sodann im Licht einer anderen Tatsache betrachten: daß nämlich der Versuch der Nazis, die Juden von der Erdoberfläche zu tilgen (dokumentiert durch ihre Vernichtungspolitik, die selbst vor Kindern und Neugeborenen nicht halt machte) – eine Spezifität des Zweiten Weltkrieges darstellte, welche diesem die Bezeichnung „Holocaust"[1] einbrachte. Bedenken sie, daß Hitler auf den ersten Seiten von „Mein Kampf" ausdrücklich hervorhob, daß die assimilierten Wiener Juden ihm besonders verhaßt waren. Damit wird auch deutlich, daß die Hitlersche Vernichtungspolitik vorrangig auf jene abzielte, die sich der Erforschung des Seelenleben widmeten. Diese wenig beachtete Tatsache trug sicher nicht unwesentlich zu Hitlers Erfolg im ausgelaugten und instabilen Deutschland der 20er und 30er Jahre bei. Treffen diese beiden Hypothesen zu, so avanciert die Verteidigung der Psychoanalyse zum Kampf gegen die Nazis und Bruno Bettelheim nimmt in diesem Kampf eine herausragende Position ein. Und deshalb ist sein Lebensweg, seine Lehre und auch das unaufgearbeitete Erbe, das sich in der Beschäftigung mit seiner Arbeit an der Orthogenic School offenbart, von dieser einzigartigen Bedeutung für die heutige Zeit.

Alles in allem hat mich die intensive Auseinandersetzung mit Bettelheims Leben und Werk davon überzeugt, daß er seine psychoanalytische Ausbildung durch seine Erfahrungen im Konzentrationslager erhielt: zum einen durch die Haft selbst und zum anderen in der eigenen analytischen Aufarbeitung seiner Erlebnisse, die sein gesamtes Leben begleitete. Mit seinen Worten: „Die Belastung, der ich im Konzentrationslager ausgesetzt war, bewirkte dagegen das, was eine jahrelange nützliche und erfolgreiche Analyse nicht hatte erreichen können"

---

[1] Welche Vorbehalte auch immer gegen diesen Begriff im Zusammenhang mit dem Massenmord der Nazis an den Juden vorgebracht werden – viele davon erwähnt Bettelheim selbst in seinem Aufsatz „Der Holocaust – Eine Generation später" (Bettelheim [1979] 1980, S. 96–118), spätestens seit der Einrichtung des Holocaust-Museums in Washington ist der Begriff etabliert.

(Bettelheim [1960] 1989, S. 18). Zugegeben, diese Ausbildung war unorthodox, aber wenn man Bettelheims Schriften über die Lager auswertet, bis hin zu den letzten, die er für „Erziehung zum Überleben" verfaßte, wird deutlich, daß sein mühevoller Aufarbeitungsprozeß nicht allein den Entdeckungen Freuds, sondern auch Bettelheims Art ihrer Anwendung geschuldet war.

Aber lassen Sie uns von vorne beginnen. Am 23. Mai 1938, als Bruno Bettelheim in seiner gediegenen Wiener Wohnung festgenommen wurde, war er ein recht wohlhabender, wenngleich etwas unglücklicher Geschäftsmann. Er hatte in Ästhetik promoviert und befand sich seit einigen Monaten in der Analyse bei Dr. Richard Sterba, der damals Schriftführer und jüngstes Mitglied der Wiener Psychoanalytischen Vereinigung war. Bettelheims Analyse bei Sterba war ein wenig unorthodox, weil dieser eine zeitlang auch Gina, Bettelheims Frau, analysiert hatte. Diese hatte inzwischen zu Sterbas Frau Editha gewechselt, der damaligen Direktorin der Kinderklinik der Psychoanalytischen Vereinigung.

Für Bettelheims Unglück existierten objektive Gründe: der Tod seines Vaters hatte ihn gezwungen, die Universität zu verlassen, obwohl es sein erklärtes Ziel gewesen war, Philosophieprofessor zu werden. Außerdem hatte er zwar Gina zur Heirat überreden können, aber er wußte, daß sie ihn nicht liebte. Um das Maß vollzumachen, war seine junge Frau zu dieser Zeit in Bereichen aktiv, die auch ihn interessierten – insbesondere Psychoanalyse und Erziehung. Unausgesprochen bestand zwischen den beiden Ehepartnern eine starke Rivalität.

Aber Bettelheims depressive Züge hatten tiefere Wurzeln, wie er in einer Tonbandaufnahme kurz vor seinem Tod seinen Kindern anvertraute. Während einiger Jahre seiner Jugendzeit „ging mir alle Lebenslust verloren. Ich saß viele Stunden lang in dunklen Räumen, ohne Licht. Ich weiß nicht, was ich damals dachte. Ich hatte keine Selbstmordgedanken, nur hatte mir das Leben nichts zu bieten, aber ich lebte weiter, ohne zu wissen wofür". Dies stand, so betonte er ausdrücklich, in Zusammenhang mit dem „peinlichen Geheimnis", das die chronische Erkrankung seines Vaters, die Syphillis, umgab.

Ein weiterer Grund für seine Depression scheint in der Beziehung zu seiner Mutter gelegen zu haben. Wie er des öfteren erwähnte, soll sie „Gott sei Dank, es ist ein Junge!" ausgerufen haben, als sie ihn das erste Mal angesehen hatte. Er schloß daraus, daß sie ihn sehr häßlich gefunden habe. Und wie um ihm zu zeigen, was für eine Enttäuschung er für seine Mutter darstellte, beschäftigte sie sich kaum mit ihm. Sie überließ ihn der Obhut einer Amme und widmete ihre Nachmittage der Pflege ihres despotischen und kränklichen Vaters.

Etwas mehr als ein Jahr vor seiner Verhaftung hatten sich die Dinge für Bettelheim jedoch zum Besseren gewendet: er hatte die Bekanntschaft von Trude Weinfeld gemacht, einer Sozialarbeiterin und Montessorilehrerin, die in den USA seine zweite Frau werden sollte. Das Vertrauen, das sie in ihn setzte, brachte ihn dazu, sein Studium wieder aufzunehmen und seine Dissertation zwei Monate vor dem Anschluß Österreichs abzuschließen. Noch bedeutsamer für sein späteres Leben war aber, daß Trudes Einfluß wesentlich zu Bettelheims Entscheidung beigetragen haben dürfte, sich in Analyse zu begeben.

So befand sich Bettelheim zum Zeitpunkt seiner Deportation nach Dachau mitten im analytischen Prozeß. Diese Tatsache ist für sein Erleben von großer Bedeutung. Auch wenn seine erste Sitzung mit Sterba nicht mehr genau datiert werden kann, ist anzunehmen, daß sie zwischen 15 Monaten und zwei Jahren vor seiner Inhaftierung stattfand. Unmittelbar nach dem Anschluß verließ Sterba Wien und informierte seine Patienten nur kurz telefonisch. Dadurch wurde Bettelheims Analyse in einem Augenblick abrupt unterbrochen, wo man berechtigterweise annehmen kann, daß er einen Teil seiner Widerstände aufgegeben hatte. Es gibt keine Regel dafür, wie lange ein Analysand nach den langen und schmerzvollen Bemühungen, Zugang zu seinem Unbewußten zu finden, braucht, um dieses immer unberechenbare Tor wieder zu schließen. Aber eines ist sicher: Es dauert länger als die zwei Monate, die zwischen Sterbas Abreise aus Wien und Bettelheims Deportation vergingen. Das mag Bettelheims Leben gerettet haben. Denn, wie er in „Aufstand gegen die Masse" schrieb, war in dieser Umwelt alles darauf ausgerichtet, die Häftlinge von der Außenwelt und im besonderen von der Sprache abzuschneiden. Letztlich war es das Gefühl, verrückt zu werden, das ihn veranlaßte, die Studie des Verhaltens seiner Mitgefangenen anzustellen, die vier Jahre später als „Individual and Mass Behavior in Extreme Situations" erschien (Bettelheim 1943).

Einen anderen wichtigen Gesichtspunkt von Bettelheims Inhaftierung stellt die Tatsache dar, daß er zu den ersten Verhafteten gehörte, die aus rein rassistischen Gründen deportiert wurden. Man könnte argumentieren, daß Menschen auch vor dem Anschluß auf der Basis der Nürnberger Gesetze aufgrund ihrer Rassenzugehörigkeit inhaftiert wurden. Aus analytischer Sicht liegt jedoch ein gewaltiger Unterschied darin, ob man für etwas bestraft wird, was man *tut*, oder für etwas, was man *ist* – wie illegitim auch immer die gesetzliche Grundlage dafür sein mag. Das daraus resultierende Gefühl ist nicht nur das der Ungerechtigkeit, sondern eines des völligen Unverständnisses. Dieses Gefühl einer verrückt gewordenen Welt, einer Welt, die plötzlich jede Sinnhaftigkeit eingebüßt hat, wurde zweifellos noch durch die Tatsache verstärkt, daß die in Europa mit am stärksten assimilierten Wiener Juden lange vor dem Anschluß Schwierigkeiten mit ihrer jüdischen Idendität hatten.

Im Konzentrationslager plagte Bettelheim die Angst, verrückt zu werden; zugleich stellte er beunruhigende Veränderungen an den Menschen in seiner Umgebung fest. Dies veranlaßte ihn, seine Studie zu beginnen, die, indem sie ihn geistig wach hielt, ihn trotz seiner physischen und psychischen Handicaps überleben ließ, und ihn später berühmt machen sollte. Im April 1945, als die Truppen Eisenhowers Buchenwald befreiten, war Bettelheims „Individuelles und kollektives Verhalten in Extremsituationen" der einzige in englischer Sprache verfügbare Text, der ihnen dabei helfen konnte, die Männer zu verstehen, die sie im Lager vorfanden.[2] Stärker jedoch als die öffentliche Reaktion auf seinen Aufsatz, soll uns hier die persönliche Verarbeitung seiner Erfahrung interessieren, über die Bettelheim sehr wenig geschrieben hat. Im besonderen will ich auf die beiden zentralen Konsequenzen zu sprechen kommen, die er aus der Lagerhaft zog.

Die erste findet sich sehr schön illustriert im vierten Kapitel von „Aufstand gegen die Masse" (1960 [1989]. Hier berichtet Bettelheim von einem Abend während seiner ersten Wochen in Dachau, an dem er in eine Schale widerlicher Suppe starrte und es nicht über sich brachte, sie zu essen. Ein Mitgefangener, der bereits seit Jahren in Haft war, gab ihm den Rat: „Hör zu, entscheide dich, ob du am Leben bleiben oder ob du sterben willst. Wenn es dir egal ist, dann iß das Zeug nicht. Willst du aber am Leben bleiben, dann gibt es nur einen Weg: bring dich dazu, zu essen, immer, wenn Gelegenheit dazu ist, und soviel du kannst, und wenn es noch so ekelhaft ist. Geh bei jeder Gelegenheit austreten, damit du eine Garantie hast, daß dein Körper arbeitet. Und jede Minute, die du für dich hast, quatsch nicht, sondern lies etwas oder hau dich hin und schlaf" (Bettelheim [1960] 1989, S. 162 f.). Von diesem Zeitpunkt an stellte das Essen einer ekelhaften Suppe nicht länger eine Quälerei der Nazis dar: als Konsequenz seiner Entscheidung leben zu wollen, war es zu einem Akt der Freiheit geworden.

In der Tat war die erste Entdeckung, die Bettelheim im Lager machte, die, daß er leben wollte. Unbeherrscht, gesundheitlich anfällig und

---

[2] Es ist bemerkenswert, daß die US Armee sofort den österreichischen Journalisten Eugen Kogon damit beauftragte, über die Geschichte des Lagers zu berichten. Der später unter dem Titel „Der SS-Staat" veröffentlichte Bericht bestätigt viele Ergebnisse, zu denen Bettelheim auch nach nur sechs Monaten in Buchenwald gekommen war.

stark fehlsichtig, war Bettelheim ohnehin schlecht gegen die Widrigkeiten des Lebens gewappnet, wie sein Freund Ernst Federn in „Witnessing Psychanalysis" (1990) schrieb. Mehr noch, seine unglückliche Kindheit und sein unbefriedigendes berufliches und privates Leben hatten ihn in einen Zustand chronischer Depression gestürzt. Sowohl physisch als auch psychisch zeigte er das typische Profil desjenigen, der die ersten Wochen der Gefangenschaft nicht überleben würde. Tatsächlich überlebte er nicht nur, sondern, wie er bei zahlreichen Anlässen äußerte (z.b. in seinem letzten Interview mit D. Karlin) bildete die Zeit seines Aufenthaltes in den Lagern die einzige Phase seines Lebens, in der er nicht an Selbstmord dachte.

Auf der Basis dessen, was Bettelheim später schrieb und in privaten Gesprächen äußerte, kann man sagen, daß er in Dachau und Buchenwald zum ersten Mal an sich selbst und in der Beobachtung anderer feststellte, daß ein Unterschied zwischen dem Ich und dem Unbewußten eines Menschen besteht – und dies stellt die Essenz psychoanalytischer Erfahrung dar. Indem er hinter seiner Depression – d.h. hinter seinem Selbstbild – seinen Lebenswillen entdeckte, erfuhr er in der Tat Freuds Entdeckung am eigenen Leibe, daß der Mensch von Kräften gesteuert wird, die sich seiner bewußten Wahrnehmung entziehen. Diese Erfahrung unterscheidet sich deutlich vom rationalen Wissen um diesen Zusammenhang oder der Lektüre von Büchern zu diesem Thema, wie sie Bettelheim in Wien praktizierte.

Während dieser Prozeß in seinem Inneren ablief, erfuhr Bettelheim auch eine der Grundlagen von Autonomie. Er betonte dies in seiner Schilderung des Vorfalls: „Hier zeigte sich, daß man sich, um zu überleben, gegen die größten Widerstände, Freiräume des Denkens und des Handelns erkämpfen muß, wie unbedeutend sie auch immer erscheinen mögen." Mit anderen Worten, das Überleben hing vollständig vom bewußten Willen ab.

Die zweite wichtige Entdeckung, die Bettelheim in den Lagern machte, bestand in der Identifikation der verschiedenen Kräfte – Freud nannte sie Triebe –, die den menschlichen Überlebenswillen ausmachen. Diesbezüglich schilderte er jedoch nicht explizit persönliche Erfahrungen. Aber wir wollen in Betracht ziehen, was er auf den ersten Seiten von „Erziehung zum Überleben" über die Schuld des Überlebenden sagt: „Ich glaube *aufgrund meiner eigenen Erfahrungen*, daß diese Schuld nicht aufgrund des Todes der anderen entsteht, sondern aufgrund des eigenen dadurch ausgelösten Gefühls" (Bettelheim 1968, Hervorhebung N.S.). Dieses Gefühl bestand nicht nur in der Erleichterung darüber, noch am Leben zu sein, während andere sterben mußten, sondern in einem „moralisch nicht akzeptablen Glücksgefühl", welches unkontrolliert aufstieg, sobald man gewahr wurde, daß ein anderer den Kürzeren gezogen hatte.

Auch im besten aller Fälle, in der Sicherheit des Behandlungszimmers des Analytikers, ist es eine erschreckende Erfahrung, schonungslos mit den archaischen Kräften der eigenen Psyche konfrontiert zu werden, sei es nun die Grausamkeit der Libido oder der Wunsch oder das Verlangen nach dem Tod eines Rivalen. Denn diese Kräfte sind ungezügelt, amoralisch, heftig und voller Haß gegenüber jedem, der sich ihnen in den Weg stellt. Sie kennen keine Schranken: sie sind wahrhaft „inakzeptabel" für jeden zivilisierten Menschen, dessen Ich für ein Leben innerhalb der Gesellschaft sozialisiert wurde. Diese Erfahrung in der Situation machen zu müssen, in der sich Bettelheim befand – halb analysiert und verzweifelt einsam in einer sinnlosen Welt – war zweifellos furchterregend.

Auch wenn er diese Erfahrung nicht explizit beschrieb, vermittelt seine Schilderung des „Autismus von innen" in „Die Geburt des Selbst" einen Eindruck davon. Das Bild, das er zeichnet, ist das von „überwältigender Angst", die aus dem Gefühl vollständiger Ohnmacht angesichts einer zerstörerischen Welt resultiert. Die Bedrohung, so schreibt er, muß nicht real gegeben sein, denn „innere Feindseligkeit kann gewaltige Angst erzeugen, wenn die Person davon überzeugt ist, daß sie durch eine Ventilierung dieses Gefühls zerstört werden würde" (Bettelheim [1967] 1989, S. 96). Wenn das Subjekt nicht mehr wahrnehmen kann, daß diese Aggression aus ihm selbst kommt, führt das zum Wahnsinn. Ohne Kontakt zur Realität findet es sich in einer sinnlosen und völlig unkalkulierbaren Umgebung wieder – ähnlich der des Konzentrationslagers. „Einige Opfer der Konzentrationslager hatten als Reaktion auf extreme Situationen ihre Menschlichkeit verloren. Autistische Kinder ziehen sich von der Welt zurück, bevor sich ihr Menschsein richtig entwickelt hat." Diese Verbindung, die das Markenzeichen Bettelheims bleiben sollte, kam nicht von einem Moment zum anderen zustande. Ein erster Hinweis darauf findet sich im Jahre 1956, nachdem die Orthogenic School zum ersten Mal einige schwer gestörte Kinder aufgenommen hatte (vgl. Childhood Schizophrenia as a Reaction to Extreme Situations). Der Gedanke war ihm, wie wir in „Die Geburt des Selbst" (S. 490 ff.; vgl. Sutton 1996, Kap. 13) nachlesen können, gekommen, als er zwei psychotische kleine Mädchen beobachtete, deren europäische Familien Opfer der Naziherrschaft waren, insbesondere die wilde Anna, deren wolfsartiges Verhalten er so anschaulich beschreibt. Zu diesem Zeitpunkt hatte er die Idee jedoch noch nicht als Konzept ausgearbeitet. Er benötigte zehn Jahre, um zu einem so tiefen Verständnis zu gelangen, wie er es in den ersten Kapiteln von „Die Geburt des Selbst" demonstriert.

Das ist kein Zufall, es verweist vielmehr auf den langen und schmerzvollen Weg, den Bettelheim all die Jahre hindurch gegangen war, um seine Erfahrungen aus den Konzentrationslagern zu verarbeiten. Einen lebhaften Eindruck davon vermittelt das Studium seiner diesbezüglichen Schriften in chronologischer Reihenfolge. Wie in einer regulären Psychoanalyse, war dieser Prozeß in Phasen gegliedert, in Entdeckungen, Widerstände, Rückschläge und Durcharbeitung. Der Prozeß hatte in den Lagern begonnen und wurde nach seiner Befreiung dadurch fortgesetzt, daß Bettelheim begann, über seine Erfahrung zu schreiben. Da niemand seinen ersten Aufsatz zum Thema veröffentlichen wollte, war er gezwungen, ihn zu überarbeiten. Um überzeugender zu wirken, mußte er einen objektiveren Standpunkt einnehmen. Zugleich wurde er von Alpträumen, vollkommen „inakzeptablen" Erinnerungen und einem wachsenden Schuldgefühl geplagt, weil es ihm noch nicht gelungen war, die amerikanische Öffentlichkeit davon zu informieren, was in Buchenwald passierte. Hinzu kam noch der allzu oft unterbewertete Schock, im Alter von beinahe 40 Jahren ein neues Leben in einem vollständig fremden Land aufbauen zu müssen.

Die Publikation seines Aufsatzes im Jahr 1943 und vielleicht noch stärker, das große Interesse, das er in den höchsten Kreisen der US-Armee erregte, beschwichtigte einige seiner Ängste. Hatte er gegen Ende der 40er und Anfang der 50er Jahre sehr viel über die Lager geschrieben, so kam es in der Folge zu einer Zäsur. Sie deutet zugleich auf eine Unterbrechung von Bettelheims Selbstanalyse hin. Zu Beginn der 60er Jahre wurde er dann gemeinsam mit Hannah Arendt zur Zielscheibe der Überlebenden aus den Todeslagern. Sie vermochten sich nicht mit dem Bild der Lagerinsassen zu identifizieren, das dieser Jude zeichnete, „der den Krieg in der Bequemlichkeit seines Heims in Chicago ausgesessen hatte", wie einer von ihnen schrieb (Donat 1964). Wenngleich Bettelheims reichlich arrogante öffentliche Erwiderung nichts davon spüren ließ, bringt die sorgfältige Lektüre seiner Texte aus dieser Zeit das Wiederaufflammen seines inneren Kampfes zum Vorschein. Und tatsächlich, nachdem er Arendts Buch über den Eichmann Prozeß im Juni 1963 rezensiert hatte[3], schrieb er vier Jahre lang nicht über den Nazismus und die Lager. Diese Zäsur fällt mit seinem Besuch in Israel – die Studien dort führten zu dem Buch „Die

---

[3] „Eichmann; the System; the Victims". In: New Republic, 148: (24) S. 22–33. Dt. Fassung, gekürzt und mit einigen Veränderungen: „Eichmann – Das System – Die Opfer". In: Bettelheim 1980, S. 266–284.

Kinder der Zukunft" – und der Niederschrift von „Die Geburt des Selbst" zusammen. Als er im Juli 1967 mit einer Rezension von Jean-Francois Steiners „Treblinka" wieder damit begann, über die Lager zu schreiben, hatte sich sein Ton deutlich verändert. Die Begriffe „Scham" und „Schuld" nahmen nun zentrale Positionen in seiner Argumentation ein (vgl. Bettelheim 1967).

Ohne zu tief in diese sehr bewegte und faszinierende Periode in Bettelheims Leben einzutauchen, können wir festhalten, daß er diese Zeit benötigte, um zu akzeptieren, daß er die extremste aller Situationen nicht erlebt hatte, daß Buchenwald nicht gleich Auschwitz war und daß all die Lehren aus seinen Erfahrungen in den Händen der Nazis, die zu ziehen ihn so viel Lebenszeit gekostet hatte, tatsächlich von denjenigen nicht akzeptiert werden konnten, die Lagern entkommen waren, deren Logik sich auf keine denkbare Art und Weise in den Dienst des Lebens stellen ließ. Wir wollen auch festhalten, daß Bettelheim in „Die Geburt des Selbst" erstmalig einen Begriff formal definierte, den er 1943 geprägt und seitdem immer wieder verwendet hatte: „Genau so sieht die psychische Extremsituation aus: wir reagieren auf eine – reale oder eingebildete Gefahr mit Manövern, die uns faktisch noch mehr erschöpfen" (Bettelheim [1967] 1989, S. 102).

Bettelheim war in zwei Konzentrationslagern interniert, in denen der Tod zwar an der Tagesordnung war, aber nicht den alleinigen Zweck darstellte. Dieser bestand vielmehr in der Erniedrigung, Entwürdigung, Demütigung und dem „modernsten" Verfahren, der Gehirnwäsche. Gerade deshalb war er in der Lage, aus diesen Erfahrungen ein Konzept zur Behandlung schwer gestörter Kinder abzuleiten. Diese Methode ist nicht nur an der Orthogenic School erfolgreich angewendet worden – wenn gleich auch nicht in dem Maße, in dem er es in seinem Büchern beschrieb –, sondern nahm weltweit entscheidenden Einfluß auf die Art und Weise wie psychiatrische Institutionen psychotische Kinder wahrnahmen. Darüber hinaus eröffnete sie der Psychoanalyse neue Anwendungsbereiche. Wie Bettelheim in seinem letzten Buch über die Orthogenic School schrieb, ist ein Therapeut für psychotische Kinder eine Person, die eine Brücke zwischen der Realität und der chaotischen Welt der Krankheit dieser Kinder zu schlagen vermag: „Der Unterschied zwischen Patient und Therapeut besteht darin, daß der Therapeut nach eigenem Willen über die Brücke hin und zurück gehen kann" (Bettelheim [1974] 1975, S. 286). Aber zuerst muß der Therapeut die Brücke in sich selbst gefunden haben, indem er sich den furchterregendsten inneren Dämonen gestellt hat. Bettelheim hat dies zeitlebens getan, nachdem er die Konzentrationslager hinter sich gelassen hatte.

Abschließend will ich meine Eingangsbemerkung, Bettelheim sei aktueller denn je, konkretisieren. Dies trifft nicht nur im Kontext psychischer Störungen zu, innerhalb dessen der wachsende Trend hin zu medikamentöser und verhaltensorientierter Therapie die Notwendigkeit verstärkt, sich für die Rehabilitation des dreidimensionalen Menschenbildes, das die Kräfte des Unbewußten nicht leugnet, einzusetzen. Aber Bettelheims Lehre ist auch auf unsere aktuelle politische und soziale Lage anwendbar; sie ist insbesondere dort hilfreich, wo wir mit dem erschreckenden Phänomen konfrontiert sind, das wir heute in allen demokratischen Staaten beobachten: dem Aufstieg populistischer, fremdenfeindlicher, rassistischer, ultrarechter Leitfiguren.

Ich will ein persönliches Beispiel erzählen. Wie auch andere französische Journalisten, befand ich mich längere Zeit in einem Dilemma: sollte ich Jean-Marie Le Pen, unsere lokale Verkörperung dieser widerwärtigen Brut, interviewen oder nicht? Wenn Sie ihn interviewen, ziehen Sie den Kürzeren: er ist ein Medienstar und weiß ganz genau, wie er schwierige Fragen ins Lächerliche ziehen oder umgehen kann. Aber wenn Sie sich gegen ein Interview entscheiden, liegen Sie genauso falsch: man kann nicht überzeugend für Meinungsfreiheit oder Demokratie eintreten, wenn man seinem Gegner das Recht, seine Überzeugungen zu vertreten, abspricht – insbesondere dann, wenn er 11–15% der Wählerschaft repräsentiert.

Dann begann ich zu verstehen, wovon Bettelheim sprach. Das half mir, die Gründe der Medienpopularität Le Pens – und seinesgleichen in anderen Ländern – zu begreifen: sie wenden sich direkt an unsere archaischsten inneren Dämonen – den Hasser in uns, den Killer, den Beziehungsunfähigen, den, der der Einzige sein will, besser noch der Herrscher –, und er fordert uns auf, diese Dämonen in uns zu verleugnen und auf andere zu projizieren. Die anderen sind leicht auszumachen, weil sie meist anderer Hautfarbe oder anderer Herkunft sind. Der Vorschlag ist verlockend, denn er befreit uns von der Notwendigkeit, diese Dämonen ständig in Schach zu halten, was das Entscheidende auf dem Weg zu einem zivilisierten, d.h. sozialen menschlichen Wesen ausmacht. Mir wurde daraufhin klar, daß jedes Mal, wenn man Le Pen und seinesgleichen den Respekt erweist, sie nach demokratischen Spielregeln zu behandeln – und Demokratie ist ein zivilisiertes Spiel – man sich zu seinem Verbündeten macht. Man beteiligt sich daran, die Zuhörer davon zu überzeugen, daß es in Ordnung sei, zu leugnen, daß in jedem von uns wilde Gelüste schlummern, deren Befriedigung auf zulässige Art und Weise sichergestellt werden muß.

Aus dem Englischen von Martina Boller

Das Trauma der Deportation in Bruno Bettelheims Pädagogik

Annette Schulte

1. Trauma Auschwitz

Menschliche Untat trifft das Opfer ungleich härter, als Naturkatastrophen es vermögen (vgl. Wolfenstein 1957). Die Opfer der Katastrophe, für die der Name Auschwitz steht, wurden planmäßig definiert, kalt und bürokratisch markiert, deportiert, selektiert und liquidiert – so nach Raul Hilberg der Vernichtungsprozeß (vgl. Hilberg 1982), dem im Psychischen eine Sequenz von Traumatisierungen entsprach. Und da die sogenannte „Rassenzugehörigkeit" entschied, war den Juden jeder Ausweg prinzipiell abgeschnitten.

Unter solchen Vorausetzungen ein knappes Jahr in den Lagern Dachau und Buchenwald überlebt zu haben, läßt Bruno Bettelheim von einer „existentiellen Belastung, die keine Lösung kennt", sprechen (Bettelheim 1980, S. 34). Noch ein halbes Jahrhundert später ist nichts vergessen, nichts verblaßt. „Ich denke, daß keiner, der in einem deutschen Konzentrationslager war – es muß nicht unbedingt ein Vernichtungslager gewesen sein – jemals das Gefühl von Schuld und Scham wieder loswird. [...] Das Problem ist, daß man fühlt, wie keiner wirklich versteht, was man durchgemacht hat" (Bettelheim 1991, S. 63). Schärfer noch hat Primo Levi, Überlebender von Auschwitz, es gesagt: „Gewiß fühle ich mich ohne Schuld, aber gleichzeitig war ich den Geretteten zugesellt und daher auf der ständigen Suche nach einer Rechtfertigung vor mir selbst und den anderen. Überlebt haben die Schlimmsten, und das heißt die Anpassungsfähigsten. Die Besten sind alle gestorben" (Levi 1990, S. 82). Während die Täter meist ungerührt dahinleben, muß der Überlebende, wie Bettelheim sagt, „sich mit alledem auseinandersetzen – und, was am schlimmsten ist: ganz allein" (Bettelheim 1980, S. 39).

Nicht nur seine Erfahrungen in Dachau und Buchenwald waren für ihn schockhaft. Ohne selbst in einem Lager gewesen zu sein, das die Massenvernichtung industriell betrieb, ist Bettelheim, wie andere Überlebende, vom Trauma „Auschwitz" getroffen. Auschwitz ist der kollektive Schock, der auch jene lebenslänglich traumatisierte, die zufällig selber vom Äußersten verschont blieben. Lebenslang bleibt davon eine Spur bei allen Überlebenden. Niederland hat sie „Todesprägung" genannt, „death imprint" (Niederland 1971, S. 7). Sie durchdringt alles. „In diesem einen Jahr habe ich viel gelernt", schreibt Bettelheim, „so viel, daß ich durchaus nicht sicher bin, ob ich die lehrreichen Erlebnisse in den Lagern schon in ihrer Tiefe erfaßt habe" (Bettelheim 1980a, S. 19).

2. Die Orthogenic School – Entwurf und Praxis aus dem Schock

Im amerikanischen Exil übernahm Bettelheim 1944 die Leitung der Orthogenic School für schwerstgestörte Kinder und Jugendliche. Mag auch Bettelheims eigene Kindheit, die wohl nicht glücklich war, ihn dazu geführt haben, sich gestörten Kindern zu widmen (vgl. Sutton 1996), so gibt das Trauma Auschwitz dieser Arbeit doch ihre spezifische Färbung. Er selbst hat diesen Zusammenhang unmißverständlich ausgesprochen: „Die Teilhabe an der neuerlichen Integration von bislang völlig desintegrierten Menschen und die eigene aktive Förderung einer solchen Integration entsprach einer nachträglichen Kompensation jener anderen Desintegration, die ich in den KZs selbst erlitten hatte, sowie der KZ-Erfahrung, die darin bestanden hatte, daß ich hilflos und untätig zusehen mußte, wie die Persönlichkeit von Menschen dadurch, daß sie unter schrecklichsten Bedingungen leben mußten, völlig zerstört wurde" (Bettelheim 1980, S. 127). Auch das Konzept seiner Pädagogik im therapeutischen Milieu ist ohne Frage aus dem Schock der Deportation entstanden. Das Lager mit seiner schnellen und weitreichenden Zerstörung der Persönlichkeit vieler Häftlinge habe ihn bewogen, auf die heilende Wirkung eines in jeder Hinsicht fördernden Milieus zu setzen (vgl. Bettelheim [1960] 1989, S. 20). In einem Vortrag formuliert er 1987 in Wien diesen Zusammenhang erneut und provozierend: „„Ich habe ein Jahr Konzentrationslager überwunden und es hat mich dazu bewogen, daß ich nach Amerika ging. Ich möchte ein anderes Konzentrationslager gründen. Ich will ein Heim gründen; da werden Kinder drin sein, die verloren sind, wie ich verloren war, mit einem Unterschied: Wir waren damals drin, damit wir niemals rauskommen sollen; ich aber werde eines schaffen, wo die Hilflosen nicht Gefangene sind, sondern sie sind Menschen, die sich einmal befreien können, denn wir werden ihnen helfen"" (Bettelheim, zit. nach Ekstein 1994, S. 11).

Extreme Selbstentfremdung als *kollektive* Erfahrung im Lager weckt also Bettelheims Anteilnahme an Kindern, die in seinen Augen vergleichbare Ausdrucksformen für ihre *individuelle* Traumatisierung gefunden haben. Den emotional gestörten Kindern soll das therapeutische Milieu der Schule allen Schutz schenken, den sie benötigen, um zur Ruhe zu kommen und zu sich zu finden. An Bettelheims Veröffentlichungen zur Schule läßt es sich ablesen: unzählige Male verwendet er die Worte „Schutz" und „schützen". Nicht nur die menschlichen Beziehungen zu allen, die dort arbeiten, sollen den Kindern Schutz vor äußerer und innerer Bedrohung bieten, sondern auch die räumliche Umgebung sowie die Organisation der Schule. „Je mehr die beschützende Funktion der Schule dem Kind deutlich macht, daß seine Grundbedürfnisse nach physischer Geborgenheit, nach Wärme, Nahrung und Ruhe immer erfüllt werden, desto mehr werden die fremden Gebäude langsam ‚sein Zuhause'" (Bettelheim [1955] 1973, S. 33). Bettelheims selbstgesetzte Aufgabe, gerade diese schwergestörten Kinder, die nur wie Schatten leben, zu schützen und zu verstehen, kam wohl aus der Erinnerung an diejenigen, die im Lager als „wandelnde Schatten" die Verlassensten waren (vgl. Bettelheim [1960] 1989, S. 168). Ex negativo aus dem Trauma der Deportation entsprungen, bildet das Motiv des Schutzes ein Zentrum in Bettelheims pädagogisch-therapeutischer Arbeit.

Die Verwandlung der Extremerfahrung in ein pädagogisch-therapeutisches Konzept aufzufinden, war mein Interesse. Dazu habe ich zentrale Elemente der Deportationserfahrungen untersucht und zu Szenen in der Orthogenic School in Beziehung gesetzt. Die beiden wichtigsten Texte für diese Arbeit waren Bettelheims frühestes Zeugnis über Extremsituationen, sein Aufsatz von 1943, steht er der Lagererfahrung doch zeitlich am nächsten, und sein erstes Buch über die Orthogenic School „Liebe allein genügt nicht", das eindrucksvoll bezeugt, wie Bettelheim der Erfahrung äußerster Gefährdung und Schutzlosigkeit einen pädagogischen Gegenentwurf abzuringen versucht, auf daß die Mörder nicht das letzte Wort behielten.

3. ZWEIERLEI ZEREMONIEN

Bettelheim spricht in seinem ersten Zeugnis ausführlich von seinem Transport ins Lager. Nach der Verhaftung war der Transport der zweite Schock; denn wie alle Gefangenen war Bettelheim, wie er berichtet, unterwegs „den ersten geplanten und zügellosen Akten der Tortur" ausgesetzt, bei der er einen Hieb über den Schädel erhielt und eine Stichwunde (vgl. Bettelheim 1943, S. 424). „Dieser Transport und die ‚Einführung' ins Lager ist oft die erste Tortur, die der Gefangene jemals erlebt hat und ist in der Regel physisch und psychisch die schlimmste Tortur, der er jemals ausgesetzt sein wird" (Bettelheim 1943, S. 424). Und so schreibt auch Primo Levi: „Fast immer steht am Anfang einer Erinnerungssequenz der Zug, der die Reise ins Unbekannte gekennzeichnet hat [...]. Es gibt kein Tagebuch und keinen Bericht unter den vielen, die von uns verfaßt oder erzählt wurden, in denen nicht der Zug auftaucht, der plombierte Waggon, der aus einem Beförderungsmittel für Handelswaren in ein fahrendes Gefängnis oder sogar in ein Tötungsinstrument umfunktioniert worden war" (Levi 1990, S. 108 f.). Und unverblümt konstatiert der Historiker Raul Hilberg: „Die Juden wurden als Menschen verbucht und als Vieh verladen" (Hilberg 1987, S. 41).

Ein erneuter Schock war die Ankunft im Lager. „Die Welt, in die man hineinstürzte, war nicht nur grauenvoll, sondern darüber hinaus auch noch unentzifferbar [...]" (Levi 1990, S. 35). Alle wußten, daß sie eine unmenschliche Zone betraten, wenn die Waggons geöffnet wurden. Die physische und psychische Transformation, die den Ankommenden bevorstand, wurde augenfällig, wenn sie den ersten Lagerhäftlingen begegneten. „Wir sahen uns wortlos an. Alles war unbegreiflich und irrsinnig, aber eines hatten wir doch verstanden: Das war die Metamorphose, die uns erwartete. Morgen würden wir auch so aussehen" (Levi 1991, S. 19). Schon unterwegs beobachtet Bettelheim beunruhigt seine beginnende Verwandlung. „Die Erfahrung während des Transports war eine von denen, die den normalen Bezugsrahmen transzendieren, und die Reaktion darauf kann als ‚unvergeßlich, aber unwirklich' beschrieben werden" (Bettelheim 1943, S. 433). Jahre später schreibt er im Gedenken an die Ermordeten: „Auf dem Transport in die Todeslager erst verwandelten sich diese Menschen in Schatten ihres einstigen Selbst, um schon sehr bald nur mehr Nummern zu sein, und das in einer Hölle, in der sie nie mehr als Personen galten, sondern immer nur als namenlose Körper, die ausnahmslos zerstört wurden" (Bettelheim 1980, S. 111).

Die Mißhandlungen unterwegs, die bereits wesentliche Elemente des Terror-Systems vermittelten, nennt Bettelheim ironisch „Zeremonie" (Bettelheim 1943, S. 429). Sie hatte den Charakter einer Einführung ins Lager. Dem ersten Schlag unter der Folter schreibt Jean Améry, ein anderer Überlebender von Auschwitz, eine vergleichbare Signal-Bedeutung zu: Der „erste Schlag bringt dem Inhaftierten zu Bewußtsein, daß er *hilflos* ist – und damit enthält er alles Spätere schon im Keime" (Améry 1977, S. 55). In einen entsetzlichen „Übergangsraum" verwandelten sich die Waggons. Denn in ihnen wurde bereits die Massenproduktion des Häftlings in Gang gesetzt. Schlagartig sollte er nach dem Willen der SS entstehen: schnell, hart, effektiv.

Bettelheims erster Bericht berührt schon einen Aspekt der industriellen Vernichtung, die sich damals noch im Stadium der Entwicklung befand: die Ausrichtung aller Aktionen nach dem Gesetz der Ökonomie. Diesen „Fließband"-Charakter des industriellen „Vernichtungsvorgangs" (vgl. Hilberg 1982, S. 654) wie die Degradierung der Menschen zu Material hat Raul Hilberg in der Sprache der Effizienz lakonisch zusammengefaßt: „Ein Mensch stieg am Morgen aus dem Zug, am Abend war sein Leichnam verbrannt, seine Kleidung für den Transport nach Deutschland verpackt" (Hilberg 1982, S. 585). Sparsam waren auf dem Transport die Mittel und ihr Einsatz; nichts wurde verschwendet. Die Waggons waren karg, für kein Bedürfnis wurde gesorgt.[1] Nichts diente den Menschen, alles ihrer Zerstörung. Reich bestückt dagegen war das Arsenal der SS. Ihre Techniken zielten, in schematischer Abfolge, direkt und hart auf Körper und Psyche. Kalkuliert erstreckte sich ihr Einsatz über viele Stunden und wurde manchmal im Lager fortgesetzt, wenn nicht alle Gefangenen während des Transports der „Zeremonie" unterworfen werden konnten (vgl. Bettelheim 1943, S. 429 f.).Die Gefangenen wurden als Material betrachtet, ihre Bewacher, die alle an den Mißhandlungen beteiligt waren, mußten wie Maschinen funktionieren und auf Befehl mit Prügeln aufhören können (vgl. Bettelheim 1943, S. 430). Das Einfrieren sadistischer Affekte wurde der SS bald nachdrücklich verordnet – aus Sorge um ihre Herren-Moral. Kalte Wut war erwünscht, Exzesse wurden untersagt (vgl. Hilberg 1982, S. 683 ff.).
Alle Ökonomie ist auch Zeitökonomie. Ohne Umschweife, ohne unökonomischen Zeitverlust, sollte den Häftlingen deshalb eingebleut werden, daß jeder Widerstand verhängnisvoll sei. Während die Täter sich einem strengen Zeit-Leistungs-Reglement beugten, um ihr Zerstörungswerk planmäßig zu erledigen, wurde den Gefangenen jede Möglichkeit genommen, über ihre Zeit zu verfügen, und zwar schon auf dem Transport, dessen Dauer ebenso ungewiß war wie die Dauer ihrer Inhaftierung. Im Lager durfte kein Häftling eine Uhr besitzen. „Man kann sich kaum vorstellen, wie groß die zusätzliche Belastung war, nicht zu wissen, wann die schreckliche Zwangsarbeit zu Ende sein würde. Man mußte mit seinen Kräften haushalten. […] Hatte man das Gefühl, man würde es nicht mehr lange aushalten, geriet man in Versuchung, die Flinte ins Korn zu werfen. Das tat man jedoch nicht,

---

[1] Primo Levi zählt Kargheit und Überfüllung der Waggons zu den „Konstanten" des Kalküls; vor allem auch den „scheinheiligen Rat", Wertsachen mitzunehmen, die den Gefangenen eine wertvolle Hilfe sein würden, in Wahrheit aber nur geplündert werden sollten (vgl. Levi 1986, S. 110).

wenn man wußte, daß der Feierabend in Sicht war. Die ‚Anonymität‘ der endlosen Zeit war also ein weiterer Faktor, der zur Zerstörung der Persönlichkeit beitrug, während die Möglichkeit, die Zeit einzuteilen, sich stärkend auswirkte; denn sie ließ Raum für Initiative und Planung [...]“ (Bettelheim [1960] 1989, S. 154f.). Durch solche Erfahrungen und durch den zunehmenden körperlichen Ruin verloren die alten Häftlinge das Verhältnis zu ihrer eigenen Lebenszeit: „Es war, als ob die Brücken ihres Gefühls zur Vergangenheit abbrächen“ (Bettelheim [1960] 1989, S. 184). Auch eine Zukunft in Freiheit konnten sie sich nicht mehr vorstellen und verloren alle Hoffnung (vgl. ebd., S. 180). Was es heißt, nicht Herr seiner Zeit zu sein, zeigt das rauhe Wecken im Lager. Viel zu früh wurden die erschöpften Häftlinge aus dem Schlaf gerissen, mußten ihre Betten „bauen“, die elenden Waschgelegenheiten und die entwürdigenden Massenlatrinen benutzen, und alles unter Zeitdruck. Es bedurfte „großer Erfahrung und Übung des Häftlings [...], um in der zur Verfügung stehenden Zeit alle erforderlichen Aufgaben zu erledigen. [...] Diese Art von Druck war ein weiteres Mittel, das die Häftlinge zwang, mit Präzision zu arbeiten wie Automaten [...]. Dies ließ keine eigenen Gedanken zu, und man konnte auch nichts in dem Tempo und in der Folge tun, wie man es selbst wollte. Alle Handlungen waren von außen geregelt, um jede Art von Autonomie des Häftlings zu verhindern. [...] Noch vor Sonnenaufgang hatte bereits ein Kampf aller gegen alle mit all seinen Spannungen, Erniedrigungen und Depressionen stattgefunden“ (Bettelheim [1960] 1989, S. 234ff.). Auch dies eine „Zeremonie“ zur Produktion des Häftlings.

Einen radikal anderen Umgang mit der Zeit veranschaulicht eine „Zeremonie“ ganz anderer Art: das morgendliche Erwachen in der Orthogenic School. Nichts ist hierbei nach dem Gesetz der Ökonomie organisiert, weder zeitlich noch materiell, nichts ist standardisiert. Das einzelne Kind mit seinen individuellen Bedürfnissen steht im Mittelpunkt. Jedes erfindet sich seine eigene Zeremonie, um aus Nacht und Traum in den Tag zu gelangen. Seine Betreuerin steht ihm darin bei, nimmt „das Kind gleichsam bei der Hand“, um „ihm den neuen Tag vorzustellen“ (Bettelheim [1950] 1970, S. 99), muß sie es doch überzeugen, „daß der neue Tag es willkommen heißt“ (Bettelheim 1970, S. 101). Zum Beispiel Tom: Als Stütze seines vom Schlaf wie vom Leben geschwächten Ich hört die Betreuerin die Alpträume seiner gequälten Nacht an, damit sein Inneres sich besänftigt. Wenn er dann seine Hand unter der Bettdecke herausstreckt, wie um den Tag zu prüfen, beschenkt sie ihn mit einem Keks – wie mit einem Gastgeschenk. Und an Walters Bettdecke wird mehrfach sanft geklopft, als bäte die Betreuerin ihn herauszukommen. Wieder anderen Kindern werden nacheinander alle ihre Kleider vorgeführt, damit sie sich für eine „Hülle" entscheiden, die sie für den Tag wappnet (vgl. Bettelheim [1950] 1970, S. 99 ff.). Das Erwachen hat in der Orthogenic School geradezu symbolischen Charakter. Das Verlassen der Nacht „bedeutet" die Möglichkeit der Gesundung: das vereinsamte Kind kann die Krankheit verlassen und in eine freundlichere Welt eintreten. Zugleich übt diese Zeremonie deutliche Kritik an der Produktion des „industriellen" Menschen, deren Extreme Bettelheim im Lager kennengelernt hatte.

Eine pädagogische Arbeit, wie sie mit der Zeremonie des Erwachens angedeutet wurde, braucht, neben den materiellen Bedingungen, Zeit und Geduld. Bettelheim wird nicht müde, dies immer wieder zu betonen. „Wir haben immer wieder festgestellt, daß es am besten ist, nicht sofort oder sehr früh den Versuch zu machen, mit dem Kind über seine dringlichen oder zentralen Probleme zu sprechen [...]" (Bettelheim [1950] 1970, S. 47; s. a. S. 27). „Es ist immer am besten zu warten, bis das Kind die Initiative ergreift, das zu besprechen, was ihm am wichtigsten ist" (ebd., S. 48). Und der französische Dokumentarfilmer Daniel Karlin schreibt: „In einer Gesellschaft, deren ständige Redensart lautet: Time is money, hat es mich stets beeindruckt, welche Bedeutung Bettelheim der Zeit beimißt, die er den Patienten widmet. An der Orthogenetischen Schule, könnte man meinen, gibt es für die Kinder die Vorstellung der Begrenztheit von Zeit und Geld nicht. Darin drückt sich aus, wie weit das Leben in der Schule nach meiner Ansicht von den Produktionsverhältnissen entfernt ist" (Bettelheim/Karlin [1975] 1984, S. 26).[2] Nur die geduldige Empathie der Betreuerinnen ermöglicht es den gestörten Kindern mit der Zeit, an der Gegenwart aktiv teilzunehmen, erstmals Erfahrungen zu machen, an die sie sich später gern erinnern werden, und eines Tages auch ihre Zukunft in den Blick zu nehmen. Deshalb soll, was eine „Industrialisierung" der Pädagogik und Therapie genannt werden könnte, in der Orthogenic School unbedingt ausgeschlossen werden: die Erfüllung fremdgesetzter Ziele in festgelegten Zeitsegmenten.

4. DIMENSIONEN DER ZERSTÖRUNG

Bereits die „Zeremonie" während des Transports offenbarte die Dimensionen der bevorstehenden Zerstörung. Sie zielte vorab auf die Menschen als Subjekte, auf ihre sozialen Impulse und geistigen Ver-

---

[2] Karlin ergänzt: „In diesem Sinne ist Bettelheims Institut auch eine amerikanische Gegengesellschaft" (Bettelheim/Karlin [1975] 1984, S. 26).

mögen.[3] Ehe das Opfer liquidiert wurde, sollte es zuvor als moralisches Wesen ausgelöscht werden. Hinzu kommt aber: Dieser von Menschen ins Werk gesetzten Katastrophe ausgeliefert zu sein, ohne sie aus eigener Kraft auch nur mildern zu können und ohne daß die übrige Menschheit ernstlich Einspruch erhoben hätte, dies stürzte die Betroffenen in die hoffnungsloseste Isolation. Die verzweifelte Gewißheit, von der Welt verlassen und vollkommen schutzlos zu sein, bestimmte als *kollektive* Erfahrung fortan die Häftlinge der Lager. Durch *individuelle* Erfahrungen verletzt, sind die Kinder der Orthogenic School, ähnlich wie die Gefangenen der Lager, „zu der Überzeugung gelangt, daß ihnen ständig die totale Zerstörung drohte und daß es keine Bezugsperson für sie gab, die ihnen Schutz oder emotionale Linderung hätte verschaffen können" (Bettelheim 1980, S. 131).

4.1 Die Zerstörung der sozialen Beziehungen

Die Waggons waren nicht nur karg, sie waren auch völlig überfüllt: „Männer, Frauen und Kinder, erbarmungslos zusammengedrängt, wie Dutzendware auf der Fahrt ins Nichts […]" (Levi 1991, S. 15). Kein Platz um zu schlafen oder auch nur zu ruhen, und keine Möglichkeit, unbeobachtet seine Notdurft zu verrichten. „Vier Tage und drei Nächte lang stehen wir schon ineinandergekeilt, sein Ellenbogen in meine Rippen, mein Ellenbogen in seinen Magen gepreßt. Damit er beide Füße richtig auf den Boden des Wagens stellen kann, bin ich gezwungen, ein Bein hochzuziehen. Wenn ich meinerseits Platz haben will, damit sich meine Wadenmuskeln ein wenig entkrampfen, hält er ein Bein in die Höhe. So gewinnen wir ein paar Zentimeter und ruhen uns abwechselnd aus" (Semprun 1981, S. 8). Im Lager dann überfüllte Baracken, überbelegte Betten, offene Latrinen. Es gab keinerlei Privatheit, von welcher Bettelheim sagt, daß sie „unter allen Umständen geschützt werden muß, besonders vor Übergriffen durch die Staatsmacht" (Bettelheim 1980, S. 367). Denn: „Absichtlicher Entzug jeglichen Privatraumes kann nicht nur für Zwecke der Entindividuali-

---

[3] „Wenn man die Ziele der Gestapo verstehen will und die Wege, wie sie erreicht werden, wäre es ein Fehler hervorzuheben, was einer einzelnen Person geschah. Der wohlbekannten Ideologie des Nazistaates entsprechend, existiert das Individuum als solches entweder nicht oder es ist ohne Bedeutung. Eine Untersuchung der Ziele der Konzentrationslager muß daher nicht einzelne Terrorakte hervorheben, sondern überindividuelle Ziele und Ergebnisse" (Bettelheim 1943, S. 418). Hilberg rechnet die Mißhandlungen auf dem Transport den „systembedingten Torturen" zu (vgl. Hilberg 1982, S. 610).

sierung, sondern auch der Entwürdigung und Entpersönlichung wie in den Konzentrationslagern dienen" (Bettelheim 1980, S. 372). Während die Zusammengepferchten jeder Privatheit beraubt waren, wurde zugleich das zerstört, was ihre Situation hätte erträglicher machen können: Achtung voreinander, Rücksichtnahme, gegenseitige Hilfe und Freundschaft. Auch hierin ging die SS perfide vor. Nicht nur schlug sie die Gefangenen, sie zwang sie auch, sich untereinander zu prügeln, und untersagte dann den Verletzten, die eigenen Wunden oder die eines anderen zu versorgen (vgl. Bettelheim 1943, S. 429). Aus Selbstschutz mußte der Impuls, dem Schwachen beizustehen, unterdrückt werden. Hilflos sah Bettelheim im Lager der Mißhandlung seines Cousins zu – und kam nie über seine Untätigkeit hinweg: „Das ist eine schwierige Erfahrung. Sehr beschämend" (Bettelheim 1991, S. 63). Selbst die seelisch und körperlich erschöpften „Schattenmenschen" fanden selten Hilfe. „Hilfserwartung, Hilfsgewißheit", die Améry zu den „Fundamentalerfahrungen des Menschen" zählt, werden vom „ersten Schlag" zerstört, und damit das „Weltvertrauen" (vgl. Améry 1971, S. 56f.).[4] Nicht nur die mitmenschliche Fürsorge, *alle* sozialen Beziehungen wurden im Lager systematisch verhindert oder zerstört. „Die Häftlinge mußten oft die Arbeitskolonne, in der sie arbeiteten, wechseln und ziemlich oft die Baracke, in der sie schliefen, denn die Gestapo wollte sie daran hindern, allzu vertraut miteinander zu werden [...]" (Bettelheim 1943, S. 422f.). Gruppenstrafen für „Vergehen" Einzelner brachten die Gefangenen zusätzlich gegeneinander auf (vgl. Bettelheim 1943, S. 436). Unter diesen Bedingungen waren viele Häftlinge bald „unfähig, dauerhafte Objekt-Beziehungen herzustellen. Freundschaften entwickelten sich ebenso schnell wie sie zerbrachen" (Bettelheim 1943, S. 445). Ihr Umgangston untereinander wurde zunehmend rüder. Es schien Bettelheim, als wollten sie „vermeiden, daß sie an jemand gefühlshaft Anteil nahmen. [...] wenn auch das Elend Gesellschaft liebt, so schafft das Elend doch keine Freunde. Echte Bindungen wachsen einfach nicht auf einem kahlen Feld von Erlebnissen, nur genährt von Gefühlen der Enttäuschung und Verzweiflung" (Bettelheim [1960] 1989, S. 251). Nie war ein Lagerhäftling allein, immer aber war er einsam. Das schwächte die Widerstandskraft. Denn mit der Zerstörung der ganzen Vielfalt sozialer Beziehungen zerbrach, was für Bettelheim das Leben des Men-

---

4   Jean Améry, der systematisch gefoltert wurde, schreibt: „Mit dem ersten Schlag der Polizeifaust aber, gegen den es keine Wehr geben kann und den keine helfende Hand parieren wird, endigt ein Teil unseres Lebens und ist niemals wieder zu erwecken" (Améry 1971, S. 57).

schen erst sinnvoll macht: die „tiefe Bedeutung seines eigenen Lebens in den Augen eines anderen" zu erkennen (Bettelheim 1980, S. 13). Wo mitmenschliche Beziehungen verhindert werden, dort geht auch verloren, was man den „sozialen Schutz" nennen könnte, die Gewißheit, nicht aus Welt und Zeit gefallen zu sein. „Daß wir uns umeinander kümmern sollen, daß wir mit unserer Besorgnis um den anderen der tödlichen Verzweiflung, daß sich niemand um ihn kümmert, entgegenwirken sollen, ist eine Wahrheit, die uns seit Anbeginn der Zeiten vertraut ist. Doch für jede Generation ist es ein bestimmtes Ereignis, durch das diese Lektion eine besondere Wichtigkeit gewinnt, so daß dieses Ereignis der Zeit einen spezifischen Charakter verleiht. Für dieses Jahrhundert besteht dieses Ereignis, so glaube ich, in der Ausrottung der europäischen Juden in den Gaskammern [...]" (Bettelheim 1980b, S. 116).

Auch die Kinder, die in die Orthogenic School kamen, waren zuvor allzu lange extrem belastenden Beziehungen ausgesetzt gewesen. Ihnen fehlte eine Mutter, die genügend gut für sie gesorgt und die Berührungen mit der Welt dosiert hätte, solange sie ihnen noch nicht gewachsen waren. – Denn die Mutter fungiert, im glücklichen Fall, als Hilfs-Ich, das die noch unvollkommenen Ich-Funktionen des kleinen Kindes unterstützt, als eine Art Schutzschild, „protective shield", wie Masud Khan es genannt hat (vgl. Khan 1963). – Die Kinder der Orthogenic School haben schlechte Erfahrungen gemacht mit Erwachsenen, die gleichgültig waren oder überfordernd. Zwangsläufig empfanden sie sich hilflos „jeglicher intimer positiver, persönlicher und bedürfnisbefriedigender Kommunikation beraubt" (Bettelheim 1980, S. 132). So ohnmächtig und schutzlos flüchteten sie sich in eine innere Welt, die sie mit anderen kaum teilen konnten.

Auf ihre Schädigung antwortet das gesamte Milieu der Schule. Entlastend wirkt nicht zuletzt die völlig zwanglose Art, in der ein Kind Beziehungen anknüpfen kann. Aus der Vielfalt der Möglichkeiten darf es frei wählen, ob es mit einem Erwachsenen, mit einem einzelnen Kind oder mit einer Gruppe sein möchte. Frei darf es auch Art, Dauer und Intensität der Beziehungen nach seinen Bedürfnissen bestimmen. Eine „flüchtige Bekanntschaft" (Bettelheim [1950] 1970, S. 27), einen Blick im Vorübergehen, mehr erträgt manch ein Kind anfangs nicht. Es geht darum, dem Kind überfordernde Beziehungen zu ersparen und zu warten, bis es selbst neue Erfahrungen mit Menschen machen möchte. Noch einmal zur Zeremonie des Erwachens. Im morgendlichen zwanglosen Hin und Her zwischen Kind und Betreuerin, das mit Winnicotts „Schnörkelspiel" eine gewisse Ähnlichkeit hat, macht das verletzte Kind die bedeutsame Erfahrung, daß es allein sein kann in der Gegenwart eines liebevollen anderen, in der es ausruhen darf, damit sein inneres Chaos zur Ruhe kommt. Die „Fähigkeit des Menschen zum Alleinsein" gilt Winnicott als „eins der wichtigsten Zeichen der Reife in der emotionalen Entwicklung" (Winnicott 1974, S. 36), die jedoch auf die Erfahrung einer genügend guten Umwelt und auf genügend gute Bemutterung angewiesen ist. Eben diese fehlende Erfahrung soll im gewährenden Milieu erst gewonnen werden. Fühlt sich ein Kind frei von Zwang und ist sein beschütztes Ich allmählich erstarkt, so beginnt es sogar anderen beim Erwachen zu helfen. „Manch ein Kind braucht eine Einladung zum Spielen von einem anderen Kind, bevor es sein Bett verlassen kann" (Bettelheim [1950] 1970, S. 107). Das gefestigte Kind weiß das nur allzu gut, es hat dies ja am eigenen Leib erfahren. Anteilnehmend setzt es sich an das Bett des Verängstigten, breitet Spielsachen auf der Decke aus, beginnt zu spielen, plaudert ein wenig und hilft nun seinerseits dem verkrochenen Kind in die Welt.

4.2 Die Zerstörung der personalen Integrität

Schon mit der Verhaftung und auf dem Transport begann, was für Bettelheim die „schändlichste Tat dieses Systems" war und der „wahrste Ausdruck seines Geistes": die „Entpersönlichung" (vgl. Bettelheim [1960] 1989, S. 258). Außer Kraft gesetzt wurden von Anfang an alle üblichen Zusammenhänge, die eine gewisse Lebenssicherheit ermöglichen. „Die Gefangenen wußten nicht genau, warum sie inhaftiert waren, und niemals wußten sie, für wie lange" (Bettelheim 1943, S. 417). Auch für die Mißhandlungen während der „Zeremonie" gab es keine Begründung; sie waren Ausdruck der Willkür des Systems. Beim Verladen, schreibt Primo Levi, „bekamen wir die ersten Schläge. Das war so neu für uns und so unsinnig, daß wir keinen Schmerz empfanden, weder körperlichen, noch seelischen. Nur eine tiefe Verwunderung: wie kann man einen Menschen schlagen, ohne zornig zu sein?" (Levi 1991, S. 14). Nach Devereux ist solche „zynisch kalkulierte Stummheit oft ein Einschüchterungsmittel und kalte oft erschreckender als flammende Wut, vielleicht weil der wutentbrannte Mensch seine Schläge vorher signalisiert, während einer, der von kalter Wut erfüllt ist, das nicht tut. Das läßt letzteren besonders gefährlich erscheinen, da sein kontrolliertes Verhalten keinen Hinweis auf das mutmaßliche Ziel oder die Natur der Aggression gibt" (Devereux 1984, S. 57). Viele Gefangenen fühlten sich, fassungslos, wie in einem Alptraum. Auch im Lager ständige Willkürakte der SS: sinnlose Anordnungen, sinnlose Arbeit (vgl. Bettelheim [1960] 1989,

S. 148, 223); demütig vorgetragene Bittgesuche der Häftlinge wurden von den Wachen entschieden, wie es ihnen gerade paßte. „Mit dem Zusammenbruch legaler Rationalität und ihrer klaren Bedeutung für das individuelle Schicksal wird dieses selbst undurchsichtig und verliert damit seine spezifische Sinnhaftigkeit. Der Einzelne weiß nicht, was ihm bevorstehen mag; und das bereits Erlebte hat jede Bedeutung für seine Person und seine Zukunft verloren" (Löwenthal 1988, S. 16). Auch ein Wahrnehmungsverbot gab es: „Um am Leben zu bleiben, mußte man tatsächlich vortäuschen, nichts zu wissen, was die SS nicht als wissenswert verlangte" (Bettelheim [1960] 1989, S. 169). Wer zuviel sah, hörte oder sagte, spielte mit seinem Leben und dem der anderen in seiner Gruppe. Blinde Fügsamkeit gegen die Anordnungen der SS trat an die Stelle eigener Entscheidungen; das war entwürdigend, vielleicht aber lebensrettend. „In einer terroristischen Gesellschaft, wo alles aufs sorgfältigste geplant ist, besteht der Plan für das Individuum darin, daß es keinen gibt; somit wird es zum bloßen Objekt, zum Bündel bedingter Reflexe, mit denen es auf unzählige manipulierte und kalkulierte Schocks reagiert" (Löwenthal 1988, S. 17). Um solchen Attacken überhaupt widerstehen zu können, mußte der Häftling von seinen Erfahrungen sich entfremden, sie dauerhaft abspalten. Angemessene Regungen wie Aggression und Mitgefühl mußten ebenso unterdrückt werden wie das ihnen entsprechende Handeln. Es nicht zu tun, wäre selbstmörderisch gewesen. Stummen Einspruch sich zu bewahren, gerade auch gegen das eigene Verhalten, war unter solchen Bedingungen die „letzte, wenn nicht vielleicht die höchste menschliche Freiheit [...]" (Bettelheim [1960] 1989, S. 174).

Auch das traumatisierte Kind fühlt sich von „gefühllosen, irrationalen und übergewaltigen Mächten" kontrolliert und für wertlos erklärt. Da niemand es tröstete, ihm Schutz bot und ihm das Gefühl völliger Ohnmacht nahm, verlor es alles: das Vermögen, „die Wirklichkeit richtig einzuschätzen" oder gar „seine Zukunft zu beeinflussen" (vgl. Bettelheim 1980b, S. 131), und schließlich die Hoffnung, sein Leben jemals in die eigenen Hände nehmen zu können. Und so kehrt es „der Menschheit und der Gesellschaft vorsätzlich den Rücken" zu (Bettelheim [1967] 1989, S. 6).

Wie aber diese verschlossenen Kinder verstehen, und wie ihnen helfen? Exemplarisch sei hier eine Szene wiedergegeben. Allnächtlich zieht sich ein Junge mit einem Schlüsselbund, seinem ständigen Begleiter, in einen Besenschrank zurück, wo er in endloser Wiederholung vor sich hinsagt: „Nimm mir meine schönen Schlüssel nicht weg." In einem doppelten Gehäuse hockt dieser Junge: eingeschlossen in seine Krankheit wie in einen Panzer aus Unglück, und verborgen in dem Besenschrank, von dem er eigenwilligen Gebrauch macht. Dieser Schrank ist ihm wohl beides: Abwehr der Außenwelt und zugleich ein geschützter Ort, von dem aus er Verbindung zur Welt aufnehmen kann. Gayle Shulenberger – sie hält aushilfsweise Nachtwache und wird später Betreuerin – ist ihm gefolgt und hat sich vor den Schrank gesetzt. Irgendwann beginnt sie ihm zu antworten: „Ich werde dir deine schönen Schlüssel nicht wegnehmen", und sie bemerkt, daß der Junge seinen Satz bald weniger oft wiederholt (vgl. Sutton 1996, S. 313f.). Intuitiv hatte die junge Frau erkannt, daß das Symptom des Jungen zugleich auch seine Möglichkeit sein könnte, zu kommunizieren. Ohne die Bedeutung seines Satzes wirklich zu verstehen, erkannte sie ihn doch als eine Form des Ausdrucks an und tat „auf Grund von vagen Ahnungen das Richtige" (Bettelheim [1950] 1970, S. 293): aus dem ritualisierten Monolog nämlich machte sie antwortend den allerersten Anfang einer Zwiesprache. Das Unverständliche furchtlos und ohne Vorbehalt anzuerkennen, ohne verstehbaren Inhalt die Kommunikation zu suchen, um irgendwann die Gefühle und Motive des Kindes „von innen her" empfinden und verstehen zu können – dies war hier der Weg: Empathie, zur Methode gemacht. Eine schwierige Balance; denn obgleich die Betreuer die Welt des Kindes empfindsam teilen – also nicht in gesellschaftlich herrschenden Vorstellungen und Wertungsschemata denken –, so dürfen sie die Kriterien vernunftgeleiteten Urteilens und Handelns doch nicht aufgeben. Bewahren muß der Erwachsene, in relativer Differenz zum Kind und in dessen Interesse, die rationale Kompetenz, ohne aber das mimetische Vermögen einzuschränken. Nur wenige Worte wechseln der Junge und Gayle Shulenberger, und sie muten an wie ein Zitat aus einem absurden Theaterstück. Aber mit ihrer Antwort erreicht die Betreuerin das ferne Kind tatsächlich: es wiederholt seinen Satz nicht mehr ganz so oft und nimmt sogar von dem Essen, das ihm vor die Schranktür gestellt wird. Was Peter Weiss von dem kleinen Kind im dunklen Zimmer sagt, es gilt ebenso für das gestörte Kind: Es „muß allen Mut aufbringen, um die Stille zu durchbrechen und mit dem Schrei seine Gegenwart in der Dunkelheit darzustellen. Der Laut der eigenen Stimme im Dunkeln ist erschreckend. Das Wagnis ist nur zu ertragen, wenn es die Hoffnung gibt, daß jemand mit der Stimme zu erreichen sei. Der Schrei verstummt, wenn sich das Zimmer nicht öffnet und erhellt" (Weiss [2]1981, S. 171).

4.3 Die Zerstörung der Physis

Noch einmal die „Einführung" ins Lager durch die Tortur. Sprechen ist dem SS-Mann nur in Befehlsform erlaubt, als Gebrüll, Berührung nur als Schlag, als Mißhandlung. Verpönt sind alle humanen Äußerungen durch Hand, Stimme oder Lächeln. Sie sollen allesamt ausgemerzt werden. Die Tortur attackiert zuerst die Physis, den „Ort" früher Phantasien über das Selbst. Zwar schreibt Bettelheim, daß er sich an seine Gefühle während der Mißhandlungen gut erinnere, doch auch er spricht nur andeutungsweise von ihnen. Ein anderer, Jean Améry, hat seine Empfindungen unter der Folter auszudrücken versucht, in einem quälenden Text. „Die Grenzen meines Körpers sind die Grenzen meines Ichs. Die Hautoberfläche schließt mich ab gegen die fremde Welt: auf ihr darf ich, wenn ich Vertrauen haben soll, nur zu spüren bekommen, was ich spüren *will*. Mit dem ersten Schlag aber bricht dieses Weltvertrauen zusammen. Der andere, *gegen* den ich physisch in der Welt bin und *mit* dem ich nur so lange sein kann, wie er meine Hautoberfläche als Grenze nicht tangiert, zwingt mir mit dem Schlag seine eigene Körperlichkeit auf. Er ist an mir und vernichtet mich damit. Es ist wie eine Vergewaltigung [...]" (Améry 1971, S. 56).

Angst vor körperlicher Berührung erfüllt viele traumatisierte Kinder in der Orthogenic School. „Paul war eins von den Kindern, die am Anfang ihres Aufenthalts an unserer Schule nie irgendeine Dienstleistung akzeptieren konnten, die mit direkter physischer Berührung verbunden ist. [...] Er erlaubte seiner Betreuerin nie, ihn zu berühren [...]. Aber immer, wenn seine Betreuerin sich mit seinen Kleidungsstücken befaßte, beobachtete er sie sehr aufmerksam. [...] Das erste Zeichen des Vergnügens darüber, daß jemand für ihn sorgte, bestand darin, daß er langsam zu lächeln begann, während er seiner Betreuerin zusah, wie sie sich um seine Kleidung kümmerte, um das, was gleich nach seinem Körper kam. Erst sehr viel später erlaubte er ihr, sich um seinen Körper zu kümmern. Paul und viele andere Kinder betrachteten die Behandlung ihrer Kleidung, sobald sie sie abgelegt hatten, als eine Art Testfall" (Bettelheim [1950] 1970, S. 296 f.). Einfühlsam erkennt Gayle Shulenberger, Pauls Betreuerin, das Schutzverlangen des Jungen, das sich in seiner Berührungsscheu ausdrückt. Sie berührt das seelisch verletzte Kind nur vermittelt und erspart ihm so alle überfordernde körperliche Nähe.[5]

Der Lagererfahrung, der Erfahrung brutaler Zerstörung in ihren drei Dimensionen – Zerstörung der sozialen Beziehungen, Zerstörung der Individualität, Zerstörung der Physis – entspricht in Bettelheims pädagogischem Denken die ins Auge springende Betonung des Schutzes und der Freiheit. Die zwanglos gewährende Beziehung, in der alle Ausdrucksformen des Kindes, seine seelisch-geistigen wie auch seine

---

[5] Zur psychischen Bedeutung der Haut vgl. Anzieu [3]1992.

körperlichen, geachtet werden, soll das Kind so beschützen, daß es sich zu guter Letzt als Individuum entfalten kann.

5. SCHLUSSBEMERKUNG

Naturkatastrophen sind nicht selten mit einem Phänomen verbunden, dessen Bedeutsamkeit die bloße Rettung von Leben bei weitem übersteigt. Es ist die Erfahrung, daß die menschliche Gesellschaft im Augenblick höchster Gefahr zusammenrückt und über die tätige Hilfe hinaus für einen Moment humane Anteilnahme am Schicksal des andern fühlbar wird. In diesem Moment liegt das stille Versprechen aller beschlossen, daß nichts mehr sein soll, wie es vordem war. Es ist das Versprechen einer versöhnten Welt. Man spricht daher von einem kollektiven „post-desaster utopia" (vgl. Wolfenstein 1957, Barton 1969, Luchterhand 1971). Und ist dieser Augenblick, wie die Erfahrung zeigt, auch flüchtig –: den Überlebenden der Katastrophe bedeutet er doch Trost und Ermutigung. Auschwitz dagegen, von Menschen geplant und vollstreckt, kennt kein *kollektives* post-desaster utopia. Überleben war kaum mehr als Zufall. Statt humaner Anteilnahme am Los der Betroffenen herrschte allgemeines Schweigen und Vergessen. Die Gewaltbereitschaft der Täter aber überlebt im Vergessen ihrer Opfer.
Unerwartet scheint für Bettelheim die frühe Arbeit in der Orthogenic School zu einer Art *individuellem* post-desaster utopia geworden zu sein; denn hier sah er die Möglichkeit, seine Gegenwelt zu schaffen, zum Lager wie überhaupt zu dem, was er die „Massengesellschaft" nennt. In dieser Gegenwelt sollen die individuellen Bedürfnisse des Einzelnen und das gemeinsame Interesse aller gleichermaßen zu ihrem Recht kommen (vgl. Bettelheim [1950] 1970, S. 9ff.). Die Atmosphäre von Gemeinsamkeit vermittelt das Buch „Liebe allein genügt nicht" in besonderer Weise, denn es ist ein Text aus vielen Stimmen, eine Montage aus Berichten und Beobachtungen der Betreuerinnen und Betreuer, die namentlich genannt werden. Zum Bericht eines einzigen fiktiven Tages der Kinder und Betreuerinnen zusammengefügt, verzichtet der Text auf jede subsumierend-stillstellende Diagnose mitsamt der klinisch-theoretischen Begrifflichkeit. Statt ihrer tritt die Seite der Anschauung hervor.[6] Aus der unmittelbaren Beziehung der Betreuerinnen zu den Kindern geschrieben, soll das Buch diesen eine eigene Stimme geben, mit der sie aus ihrer Erkrankung sprechen. Aus

---

[6] Zu „Sprache und Methode bei Bruno Bettelheim" vgl. Schmauch 1994.

den Berichten der Betreuerinnen, die Bettelheim zitiert, spricht deren Freude über glückliche Momente in der Entwicklung der Kinder wie über neugewonnene Einsichten als Zeichen der eigenen Entwicklung. Bettelheims Orthogenic School erscheint in diesem Buch als eine humane Welt im kleinen, wo zu leben sinnvoll ist.

Eine wahr gewordenen Utopie? Über Schwierigkeiten seiner Arbeit hat Bettelheim sich in der Öffentlichkeit ausgeschwiegen und dieses Schweigen mit den Worten erklärt: „[…] leider machen wir auch Fehler. Es erschien uns jedoch überflüssig, den Leser mit einer Aufzählung unserer Mißerfolge zu belasten". Begangene Fehler seien Anregungen, zu lernen, sie seien Grund, sich beim Kind zu entschuldigen, und diese Irrtümer überbrückten obendrein die Kluft zwischen Kind und Betreuer (vgl. Bettelheim [1950] 1970, S. 24f.). Fritz Redl, mit dem Bettelheim aus Wiener Tagen befreundet war, hat die Fragwürdigkeit solchen Verschweigens sehr wohl gesehen und ein zentrales Problem auch gleich benannt. Folgender Dialog zwischen Redl und Bettelheim wird berichtet: „Dein Buch ist großartig, Bruno […]. Aber warum hast du ein Märchen daraus gemacht? […] Warum hast du nicht über das Schwierigste gesprochen? Warum hast du nicht das Problem der Disziplin angesprochen?" Bettelheim soll, irritiert, sinngemäß geantwortet haben: „Weil die Leute nicht verstehen würden, was ich zu sagen versuche. Weil sie es als Entschuldigung gebrauchen würden, um ihre eigenen Kinder zu mißhandeln" (Sutton 1995, S. 271f.). Durch das Verschweigen der Probleme in der Institution hält Bettelheim das Bild seiner Gegenwelt frei von Aggression, deren *allgemeine* Existenz – im Sinne der Freudschen Triebtheorie – er nicht bestreitet. Die emotionalen Konflikte jedoch, in die Menschen geraten können, wenn sie im therapeutischen Milieu mit schwerstgestörten Kindern und Jugendlichen hingebungsvoll arbeiten, werden auf diese Weise geleugnet und können nicht bearbeitet werden, weder individuell, noch kollektiv, weder praktisch, noch theoretisch – was zum Wohl der Betreuer wie der Betreuten unverzichtbar wäre (vgl. Gantheret, 1991, S. 339). Vielleicht ging es Bettelheim tatsächlich um den Schutz seiner Arbeit vor Mißverständnissen und damit auch um den Schutz der Kinder (vgl. Sutton 1996, S. 352). Vielleicht aber drückt sich in Bettelheims Schweigen auch die Schockerfahrung der Deportation aus. „Erniedrigung ertragen, ohne in einem ständigen Zustand der Wut zu sein, der alle seelische Energie aufzehren würde", dies betrachtete auch Bettelheim als eine seiner Anpassungsleistungen im Lager (Bettelheim 1991, S. 64). Der eiserne Zwang zur immerwährenden Reglementierung und Unterdrückung der eigenen altruistischen und besonders der aggressiven Affekte war in den Lagern eines der traumatisierenden Momente (vgl. Niederland 1971, S. 7). Die Folgen dürften an Bettelheims manchmal schwierigem Verhältnis zu aggressiven Tendenzen – auch den eigenen – nicht unbeteiligt gewesen sein.[7] Mit autoritärem Gestus jedenfalls trachtet er das Bild seiner Gegenwelt rein zu bewahren. Nein, die Orthogenic School war nicht die realisierte Utopie. Wie auch hätte sie es sein können, inmitten der falschen Verhältnisse? Vielleicht in Überschätzung individueller Wirkungsmöglichkeiten, ganz gewiß aber in Trauer und Empörung über den Zustand einer Kultur, die Auschwitz hervorgebracht hat, unternahm Bruno Bettelheim seinen einsamen Versuch, einigen Opfern des schlechten Bestehenden nach seinen Kräften Schutz und Hilfe zu geben. Denn es ist wohl diese letzte Möglichkeit humanen Handelns, worin das Utopische heute ein unscheinbares Dasein fristet.

---

[7] Henry Krystal, Arzt und Therapeut und selbst ein Überlebender, schreibt, daß es für extrem traumatisierte Überlebende angesichts ihrer Erfahrungen schwierig sein könne, nach ihrer Rettung ein ausgeglichenes Verhältnis zu den destruktiven Impulsen zu gewinnen. „Since it was necessary to repress the aggression during the persecution, the individuals acts as though they had to deal with an inordinate amount of aggression subsequent to their liberation. At the same time, the destructive experience which they witnessed, and the death of their families and communities, make it impossible for them to gain any security vis-à-vis the desructive powers of their wishes" (Krystal 1968, S. 3). Bettelheims Attacken gegen die Frank-Familie (vgl. Bettelheim 1980b, S. 252 ff.) wie gegen die revoltierenden Studenten der sechziger Jahre und den mit ihnen sympathisierenden Herbert Marcuse waren so aggressiv wie autoritär (vgl. Dempsey 1970). Und einige ehemalige Schüler erinnern sich in ihren Berichten an Ausbrüche Bettelheims, die sie noch als Erwachsene nicht vergessen können (vgl. Angres 1990, Jatich 1991, Pekow 1990 und 1991). Andererseits zeigt Bettelheim in seinen Texten über die traumatisierten Kinder ganz unverhüllt und glaubhaft den intensiven Wunsch, ihnen uneigennützig und liebevoll zu helfen. Eine derart auffällige Widersprüchlichkeit der Affekte – von der im übrigen auch die Gesellschaft im ganzen bekanntlich nicht frei ist – kann nach dem bisher Gesagten nicht als eine bloß individuelle Unzulänglichkeit aufgefaßt werden.

Bruno Bettelheims Begriff der Extremsituation
Eine psychoanalytisch-pädagogische
Betrachtung

Robert Wunsch

In den fast 40 Jahren seiner Verwendung hat der Begriff der Extremsituation in Bettelheims Werk unterschiedliche Nuancen erhalten. Die Bandbreite ist groß, fast zu groß, um noch von einem heuristisch brauchbaren Begriff zu sprechen. Ursprünglich diente er zur Charakterisierung der psychologischen Auswirkung der Inhaftierung in Konzentrationslagern (vgl. Reich 1994). Doch Bettelheim erkannte zunehmend die Stärken dieses Begriffs für eine zeitgemäße Ätiologie funktioneller Störungen. Die Extremsituation diente ihm zunehmend als Ausgangspunkt zur Beschreibung einer verstörten psychosozialen Verfassung, die nur in Wechselwirkung von Individuum und Umwelt angemessen verstanden werden könne. Die Extremsituation wird nun von ihm als eine Seinsform, ein Weltverhältnis des Individuums begriffen. Bettelheim versucht diagnostische Verkürzungen zu umgehen, die entstehen, wenn der Mensch nur als Anlage- oder nur als umweltdeterminiert begriffen wird und für psychische Störungen nur intrapsychische oder nur interpersonelle Ursachen verantwortlich gemacht werden. Mit einer solcher Art vorgenommenen Interpretation der Extremsituation läßt sich m.E. ein Zugang zu der „Einheit" des Werkes Bettelheims finden. Ich möchte wesentliche Implikationen dieses Begriffs für aktuelle Fragen in Erziehungswissenschaft und Psychoanalyse herausarbeiten. Welche regulativen Kategorien bietet er der psychoanalytischen Pädagogik?

Die These von der zentralen Stellung der Extremsituation in Bettelheims Gesamtwerk kann am ehesten verifiziert werden, wenn man – gleichsam über einen Umweg – auf Bettelheims Verständnis der Integration zu sprechen kommt. Der Integration oder besser Reintegration von Extremsituationen spricht er nämlich eine fast „mirakulöse Wirkung" zu. Extremsituationen können – nicht grundsätzlich, sondern unter bestimmten Bedingungen – von Individuen so integriert werden, daß sie diesen zu einem Entwicklungssprung verhelfen. Von der Reintegration einer Extremsituation sagt Bettelheim, daß sie eine „größere Sinnerfüllung in sich birgt als die Integration vieler Menschen, denen ein extremes Erleben erspart wurde" (Bettelheim 1980, S. 44). Menschen könnten sich dabei „neu strukturieren" oder „neu geboren werden" (a.a.O., S. 138). Sie hätten nicht mehr „das gleiche Leben führen können, und vieles sei schwieriger und in mancher Beziehung komplizierter geworden", aber das Leben würde auch eine „größere Sinnerfüllung" mit sich bringen (a.a.O., S. 43). Ein Junge berichtet seiner Betreuerin nach einem solchen Vorgang: „Ich habe mir selbst ein Ei gelegt, ich habe mich selbst ausgebrütet und mich selbst geboren, weißt Du das passiert nur ganz wenigen Menschen" (a.a.O., S. 138).

Die Reintegration von Extremsituationen kann den Menschen, das war Bettelheims Hoffnung, besser schützen und ihm eine stärkere Persönlichkeitsstruktur verleihen. Er selbst hatte die Bedingungen, die dafür notwendig sind, mehr zufällig in seiner eigenen Biographie aufgespürt und sich zunehmend mit diesen beschäftigt. Die Extremsituation stellt für Bettelheim eine Welterfahrung dar, die, so zerstörerisch diese ist, (unter optimalen Bedingungen, die genauer Erkundung bedürfen) einem neuen „tiefergehenden" Leben Platz machen kann. Die Erlebnisse, die mit „Reintegration" und mit „Extremsituation" bezeichnet sind, stellen also mehr als Freud und Leid, Glück und Unglück oder Gesundheit und Krankheit dar. Es sind psychosoziale Grenzverfassungen, denen Bettelheim mit einer vielschichtigen Metaphorik näher kommen will. Die Reintegration muß als ein „neues Leben" verstanden werden, das mit einer ungeahnten Fülle und Breite der Erfahrungsmöglichkeiten aufwartet, während die Extremsituation eine Todeskonfrontation darstellt, die mit grenzenloser Verzweiflung und Auslieferung an den eigenen Sterbensprozeß einhergeht.

Hier kann nur ein kleiner Ausschnitt dessen behandelt werden, was zwischen Extremsituation und Reintegration wissenschaftlich zu erkunden ist. Es soll gezeigt werden, daß die Extremsituation als Weltverhältnis eines Individuums eine pädagogische Perspektive ebenso enthält wie eine psychoanalytische. Im Rahmen des diagnostischen Prozesses muß man (nachdem neurologische Ursachen im engeren Sinne ausgeschlossen werden können) nach der aktuellen Extremsituation des Betreffenden fragen und in eine Auseinandersetzung mit seinem psychischen Leid treten. Gleichzeitig muß sich die Aufmerksamkeit aber auch auf die Fragen richten, welche Bedingungen nötig sind, um dieses Leid zu beenden, wie die Entwicklungspotentiale dieses Menschen gefördert werden können, damit er ein „neues Leben" beginnen kann.

In einem ersten Schritt kann ich mich dem Begriff der Extremsituation nur annähern was als Hinweis darauf aufzufassen ist, daß ein Bewußtsein der Grenzen sprachlichen Ausdrucks (vgl. Bettelheim 1980, S. 110) ebenso notwendig ist wie ein Bewußtsein der Gefahren, die ein „gesellschaftlichen Schweigen" (Becker 1992, S. 223) über dieses Phänomen in sich birgt. In einem zweiten Schritt möchte ich zeigen, warum sowohl eine pädagogische als auch eine psychoanalytische Sichtweise dem Phänomen Extremsituation gerecht wird. In einem dritten Schritt will ich schließlich zeigen, inwiefern der Begriff der Extremsituation den Diskurs der psychoanalytischen Pädagogik bereichern könnte.

I

Von Extremen sprechen wir, wenn etwas die äußerste Grenze erreicht. Die Extremsportarten wie Extrembergsteigen oder Extrembiking lösen ebenso Kopfschütteln aus wie faszinierende Neugier. Das Extreme ist fremd und bekannt, es ist abstoßend und anziehend. Das Faszinierende am Extremen ist dessen Nähe zum Absturz, zur Katastrophe. Im Fernsehen nehmen Darstellungen von Lawinenunglücken und Massenkarambolagen zu, sogenannte Reality-TV-Sendungen verzeichnen stetig wachsende Zuschauerzahlen. Der Zuschauer kann kurz hinschauen und durchspielen, wie er sich selbst in der Katastrophe verhalten würde, um dann wieder in die Geborgenheit seines Alltags zurückzukehren. Vielleicht würde Bettelheim im Impuls, fremdes Leid zu suchen, unser verdrängtes Wissen um wirkliche Extremsituationen erkennen, das Wissen um die ständige Gefährdung unseres Lebens. In der „Risikogesellschaft" (Beck) wird uns ständig die Labilität unserer sozialen Strukturen vor Augen geführt. Die Gefährdung unserer psychischen Konstitution und die ständige Präsenz der Möglichkeit, wahnsinnig zu werden, lassen uns neugierig werden und fragen, welche Situationen uns wohl in die Verrücktheit treiben könnten. Gleichzeitig scheuen wir vor dem Gedanken zurück, weil er uns zu sehr mit der Welt der psychischen „Hölle" in Verbindung bringt. Der Impuls, die Extremsituation zu suchen, zeigt uns, daß Menschen die Gefahren ihrer Existenz erblicken wollen, um sich dann um so fester an ihre Geborgenheit zu klammern. Aber eben diese Sicherheit oder auch nur die Ahnung späterer Sicherheit ist in der Extremsituation, wie Bettelheim sie versteht, völlig verloren gegangen. Extremsituationen sind keine Ausflüge oder Experimente, und sie stellen auch keine Lebensumstellungen oder soziale Veränderungen dar. Sie besitzen eine Eigendynamik, die nicht mehr kontrollierbar ist und keine Sicherheiten mehr ermöglicht. Kontrolle und Handlung, Beeinflußbarkeit und Veränderungsmöglichkeit sind verschwunden. Das Individuum sieht keine Möglichkeiten mehr, eine Extremsituation abzubrechen oder zu beenden. Die Dinge laufen und spulen ihr Programm ab, dessen Teil man ist ein Programm, das völlig unabhängig von unserem Willen und unseren Bedürfnissen abläuft. Mit der absoluten Auslieferung und der Unmöglichkeit, irgendeinen Einfluß auf den weiteren Verlauf nehmen zu können, ist der Umschlag eines Erlebnisses oder einer Sensationssuche zur Extremsituation bezeichnet.

Die Extremsituation ist eine Zwangssituation, der der Mensch durch welche Gründe auch immer nicht entfliehen kann. Der unmittelbare Zwangscharakter macht dabei nur einen Teil der Unkontrollierbarkeit aus. Gegenüber Zwang könnte man sich noch durch einen Rückzug wehren. Man könnte sich psychisch oder körperlich zusammenrollen und versuchen, die Bedrohung zu überstehen. Der Zwang in der Extremsituation hat aber noch ein anderes Gesicht, nämlich die Unberechenbarkeit. Der indirekte Zwang und die Bedrohung durch unvorhersehbare Gefahren führen zum Schrecken. Mißhandlungen und Bombenhagel werden durch ihr überraschendes Eintreten zur permanenten Bedrohung, obwohl sie doch eigentlich nicht vorhanden sind. Setzen sie ein einziges Mal überraschend ein, ohne angekündigt worden zu sein, dann sucht das Individuum nach Anzeichen, nach subtilen Warnsignalen und Hinweisen für neue Attacken. Die Feuerbrunst, die fast erstickt war, flammt dann im Geiste wieder auf, das abklingende Erdbeben steigert sich plötzlich zu neuen Stößen. Es läßt sich keine Vorhersage machen, das Ende ist nicht abzusehen, die Zeit wird zur Jetztzeit. Mit der Möglichkeit der Vorhersage der Ereignisse schwindet auch noch die persönliche Zukunft und damit das Bild der eigenen Vergangenheit. Der Mensch in der Extremsituation hat keine Biographie. Mit dem Verlust der Beeinflußbarkeit von Zeit und Raum schwindet die Personalität. Die Angst steigt mit der Orientierungslosigkeit. Der Mensch in der Extremsituation hat keinen Raum, und ohne Vorhersagemöglichkeiten erfährt er keine Zeit mehr. Er ist verlassen von beidem.

Wolfgang Sofsky beschreibt in seinem „Traktat über die Gewalt", wie das Entsetzen in einer solchen Verfassung wächst: „Jählings verkehrt sich die vertraute Welt ins Ungewisse, das Unterste ist zuoberst gekehrt. Es ist, als tue sich plötzlich ein Abgrund auf. Die Welt bietet keinen sicheren Boden mehr, weder Schutz noch Obdach. Dennoch gibt es kein Entrinnen. Die Angst umklammert ihr Opfer. Nicht der Mensch hat Angst, sie hat ihn. Es ist nicht entscheidend, ob er tatsächlich in eine Zelle gesperrt ist. Wo die Angst grassiert, zieht sich die Welt auf die unmittelbare Nahwelt zusammen. Der Angstgepeinigte ist an den Fleck gebannt wo er ist. Er will der Gefahr entfliehen, aber er kann es nicht. Der Impuls zur Flucht ist blockiert. Denn die Angst ist ja nichts anderes als dieser Antagonismus von Lähmung und Flucht. Sie kettet den Menschen fest und löst in seinem inneren Kerker Chaos aus. Die Angst heftet den Menschen ans Hier und Jetzt. Es gibt nichts jenseits der Angst. Die Zeit schrumpft zum Jetztpunkt zusammen. Wissen und Erfahrungen sind entwertet, nur Erinnerungsfetzen rasen durchs Gehirn, Hoffnungen sind getilgt. Angst ist kein negativer Erwartungsaffekt. Erwartungen richten sich auf die Zukunft. In der Angst aber kehrt sich die Richtung der Zeit um. Die Gefahr stürzt auf den Menschen zu, raubt ihm die Luft, verschlingt ihn. Für Erwartungen fehlt der Abstand. Die Zukunft wird vernichtet. [...] Die Bedrohung ist unfaßbar, aber allgegenwärtig. Sie umstellt den Menschen von allen Seiten. Die Angst verliert ihre intentionale Richtung, sie ist nicht mehr Angst vor etwas. Sie explodiert zur Panik" (Sofsky 1996, S. 71 f.).

Will man Zugang zu den psychischen Abwehrmechanismen und zu den Fluchten und Projektionen finden, dann muß man sich ein Stück weiter in die Extremsituation hineinversetzen: Welche Möglichkeiten der Reaktion verbleiben dem Menschen noch, wenn die Bedingungen unabänderlich Angst, Verlorenheit und Schrecken produzieren?

Erst dadurch läßt sich diese Situation nicht als Krise verklären, die im Sinne Eriksons auf eine höhere Entwicklungsstufe hinführt (vgl. Erikson 1973). Es ist auch nicht die Erfahrung einer Grenzsituation, wie Friedrich Bollnow sie sieht, die „ihre Bedeutung in der unmittelbaren Erfahrung von Existenz hat" (Bollnow 1978). Es offenbart sich in der Extremsituation keine Existenz mehr: was erfahren wird, ist die Nicht-Existenz. Die „Betroffenen haben erfahren, daß ihr Tod Teil ihres psychischen Innenlebens geworden ist" (Becker 1992, S. 220). Und: „Es war der eigene Tod der den Überlebenden von nun in den Gliedern steckt" (Sofsky 1996, S. 82). Wenn Persönlichkeit sich auflöst, kann und darf man nicht mehr auf ein Gutes verweisen – es entsteht die absolute Nutzlosigkeit der Pein; Leid hat keinen Sinn, offenbart keinen höheren Zweck. Mit der Unmöglichkeit, Sinn zu finden und die Situation in einen größeren Zusammenhang einzuordnen, tritt eine neue Dimension hinzu.

Die Sinnlosigkeit des Leids unterscheidet sich von der Sinnlosigkeit des Todes. Der Tod stellt eine unabänderliche Tatsache dar. Im Leid aber muß die Frage nach den Gründen gestellt werden. Wie konnte das geschehen? Für Bettelheim muß neben den äußeren immer auch nach den eigenen Anteilen gefragt werden (vgl. Bettelheim 1980, S. 250). Wie konnten die sozialen Strukturen und die Persönlichkeitsstruktur, die der Mensch sich geschaffen hat, so schnell zusammenbrechen und keinen Schutz mehr bieten?

Der Mensch in der Extremsituation erlebt die Brüchigkeit und Zerstörbarkeit des Alltags und der Lebensvollzüge. Hinzu tritt die Offenbarung, daß uns „unsere alten Anpassungsmechanismen und Wertvorstellungen nicht mehr helfen, ja [...] sogar einige von ihnen unser Leben gefährden" (Bettelheim 1980, S. 20). Es zeigt sich plötzlich die Doppeldeutigkeit von Umgangsformen und Anpassungsleistungen. Sie gelten unter bestimmten Bedingungen, werden aber unter anderen zu einem gefährlichen Instrument, wenn man sie nicht schnell genug abstreifen kann. Es ist buchstäblich Wahnsinn, im Falle einer Feuersbrunst ordnungs- und pflichtbewußt seinen Dingen nachzugehen. Können wir uns von bestimmten Tugenden nicht schnell genug trennen, führen sie uns in die Katastrophe.

Die schnelle realistische Einschätzung, die an sich schon schwer genug ist, wird durch gelernte Verhaltensmuster und trainierte Automatismen verhindert. Der Mensch in der Extremsituation erlangt somit ein Wissen über die Doppelbödigkeit von Werten; er merkt nicht nur, wie schwer ihm eine ruhige, angemessene und alle Gegebenheiten der Situation berücksichtigende Einschätzung fällt; er gewinnt auch Einsicht in die Dysfunktionalität seines Wertesystems. Damit entsteht aber ein neues Selbstbild: Er sieht nicht nur die Werte fallen, mit denen er sozialisiert wurde; er sieht auch sich selber neu. Er sieht, wie unvorbereitet er auf die Bedrohungen ist, die er erfährt. Er bemerkt, wie er selbstsicher in seinen sozialen Bezügen Sicherheiten erlangt zu haben glaubte, die ihm in der Extremsituation eher hinderlich vorkommen. Seine Stabilität entpuppt sich als Schein; sie geht plötzlich verloren, löst sich in Nichts auf. Auf die Gefahr weiß er keine Antwort mehr zu geben. Er ist ausgeliefert und kann nur sprachlos seine eigene Auflösung bemerken. Das ist der „Ruin der Selbstgewißheit" (Sofsky).

Bettelheim bestimmt die Extremsituation desweiteren als Wechselwirkung zwischen Mensch und Welt. Der Mensch lebt in einer lebensbedrohlichen Umwelt, die ihn zu Reaktionen zwingt. Die Extremsituation reißt das Selbst zunehmend in den Sog der Geschehnisse und löst es damit immer mehr auf. Mit der zunehmenden Panik wächst die Fehlerquote im Umgang mit der Situation. Die Angst wächst mit der Uneinschätzbarkeit der Lebensbedingungen. Wenn körperliche Distanzierung nicht möglich ist und alle neuen Anpassungsleistungen das Grauen nicht reduzieren, muß der Mensch psychisch reagieren: Die Außenwelt wird abgespalten, der Mensch trennt sich in ein Innen und Außen, er lebt im „Modus der Differenz" (Winkler 1988, S. 153). Es sind die Bedingungen oder die auf diese Weise erfahrenen Bedingungen, die den Menschen dazu treiben, auf seine Weise dem Verhängnis zu entgehen. Die Reaktionen schützen den Menschen. Wird die Gefahr größer bringen psychische Abspaltungen das Selbst zunehmend in die Isolation: Der Mensch kreist nur noch um sich selbst, und das entfernt ihn der Welt noch mehr. Seine Vorkehrungen werden ihm zum Verhängnis; es sind „unbewußte Beiträge zur eigenen Vernichtung" (Bettelheim 1980, S. 247).

Entscheidend ist nun, daß ein derart selbstruinöser Prozeß, ist er einmal in Gang gesetzt, vom Betroffenen selbst nicht mehr beendet werden kann. Das Individuum befindet sich in einem katastrophalen Teufelskreis mit seinen Lebensbedingungen. Die Beseitigung der Faktoren, die zur Extremsituation geführt haben, ist die notwendige Bedingung, um ein neues Leben zu beginnen. Im konkreten Fall der überlebenden KZ-Insassen, der Gefolterten und der mißhandelten Kinder heißt dies: Die Bestrafung der Schuldigen ist nicht nur eine humanitäre Pflicht und rechtliche Notwendigkeit; es ist auch die erste Maßnahme zur Rehabilitierung der Opfer. „Ohne Haß keine Versöhnung", betitelt David Becker seine Monographie über die therapeutische Arbeit mit chilenischen Folteropfern (Becker 1992, S. 222).

Aber mit der Beseitigung des Anlasses für die Extremsituation ist für die Individuen die Situation nicht ausgestanden. Denn es stellen sich Schwierigkeiten ein: Zum einen weiß das Individuum nicht, ob das Ende der Bedrohung wirklich erreicht ist oder es nur mit einer List konfrontiert ist, die es aus seiner Verteidigungshaltung locken soll. „Sein altes Gefängnis kennt der Patient schließlich, so schrecklich es ist, und er hat es irgendwie gelernt, sich durch seine Symptome gegen das Schlimmste zu schützen. Diese Symptome seine Schutzmaßnahmen soll er aufgeben, das weiß er. Wie kann er uns trauen, wenn wir so böse Absichten haben" (Bettelheim [1974] 1990, S. 13)? Zum anderen „ist es nicht so sehr das traumatische Erlebnis an sich, das entscheidend ist, sondern die Art und Weise, in der man Tag für Tag darauf reagiert" (a.a.O., S. 385). Es läßt sich gar nicht mehr genau sagen, was der Auslöser und eigentliche Grund der Extremsituation ist und was sich nun genau verändert haben soll. Das Problem der Beendigung wird ungleich dramatischer, wenn es nicht aus der Perspektive des betroffenen Individuums, sondern von Unbeteiligten beurteilt werden soll. Wenn keine für jedermann ersichtliche Bedrohung vorhanden ist, wird das Verstehen schwierig. Extremsituationen als individuelle Verfassung und Weltverhältnis sind empirisch nicht zugänglich, dennoch gibt es für das gestörte Individuum nichts anderes; es ist seine „Seinsform". Mit dem Verschwinden des äußeren Anlasses ist die Situation nicht beendet, sie dauert weiter an, vielleicht ein Leben lang. Die Extremsituation wird zur Sichtweise, die einem Erlebnis entstammt, das wahrscheinlich nie mehr genau rekonstruiert werden kann, dessen Existenz für das Individuum aber alles andere überlagert. Die Menschen vor dem Erleben einer Extremsituation und danach sind nicht mehr die gleichen.

II

„Die strukturellen Voraussetzungen menschlicher Existenz treten in dem Augenblick in aller Schärfe hervor, in dem sie zerstört werden" (Peukert 1989, S. 130). Der Mensch kann in eine Extremsituation versetzt werden, weil er als weltoffenes Wesen auf Wechselseitigkeit für seine Individuation angewiesen ist. Es ist gerade die Abhängigkeit des Menschen von Welt, die ihn in einer radikal zerstörerischen Umwelt zu Reaktionen zwingt, die der Erhaltung seiner psychischen Konstitution dienen. Ein Verständnis für „funktionelle Störungen" wird erst aufgrund dieser Grundstruktur möglich. Der „Teufelskreis" von Abspaltungsmechanismen und der damit einhergehenden Umweltabkapselung wird erst verständlich, wenn man die dem Menschen innenwohnende Aufgabe sieht, seine Umwelt zu bearbeiten. Wenn die Welt den Menschen in eine autistische Eigendynamik treibt, erfährt dieser das „Paradox des Lebendig-Tot-Sein" (Becker 1992, S. 220).

Es gibt jedoch einen Ausweg aus dem Teufelskreis. Die Wechselwirkung ermöglicht zunächst einmal prinizipiell und begrifflich eine Umkehrung. Aus der zerstörerischen kann eine belebende werden. Das Verhältnis, das Mensch und Umwelt zunehmend voneinander trennt, birgt in sich ex negativo die Möglichkeit bereichernder Kommunikation. „Die Antithese", wie Bettelheim sagt, kann und muß für ein Überleben wieder zur „Synthese" (Bettelheim [1967] 1989, S. 101) geführt werden.

Ich meine, daß in dem Begriff „Extremsituation" die pädagogische Perspektive schon enthalten ist. Denn Bettelheim postuliert damit, daß mit dem Menschen und seinen Schwierigkeiten immer auch dessen Bedingtheit mitgesehen werden muß. Es werden niemals nur allein die Verhaltensformen und die persönlichen Eigenheiten des Menschen gesehen, sondern immer auch die Umstände und Wirklichkeitsausschnitte, auf die dessen Verhalten Reaktion und Antwort sein könnte. Ein pädagogischer Blick setzt an „die Stelle des Begriffs der Anlagendetermination […] vielmehr […] das Prinzip der Bildsamkeit, an die Stelle des Begriffs der Umweltdetermination das Prinzip der Aufforderung zur Selbsttätigkeit" (Benner 1987, S. 56). Es wird nicht so sehr nach familiären Systemen oder Klassenstrukturen gefragt sondern nach dem Austausch Mensch-Welt. Der Mensch reagiert und damit wird ihm eine Eigenheit, sogar dem Säugling schon eine „Subjektivität" zugesprochen. Bettelheim spricht davon, daß mit der „Geburt die Individuation mit ihrer ganzen Mühsal einsetzt" (Bettelheim 1980, S. 129). Geht man aber davon aus, daß das Kind aktiv seine Umwelt beeinflußt, daß sein Lächeln Reaktionen evoziert, daß kleinste Regungen Einfluß ausüben, dann muß auch in Betracht gezogen werden, welche Konsequenzen es hat, wenn keine Reaktionen erfolgen. Hier stellt Bettelheims Pädagogik die entscheidende Frage: Welche Erfahrungen könnten die Aktivität eines Kindes beendet haben? Dadurch wird eine andere Perspektive eingenommen als die der klinischen Diagnostik. „Wissenschaftliche Kenntnisse in Pathologie und Psychologie sind äußerst wertvoll, belehren uns jedoch nur über den Menschen im allgemeinen und nicht über den besonderen Menschen in einem bestimmten Augenblick seines Lebens, in einer ganz spezifischen Beziehung zu einer bestimmten Person" (Bettelheim [1974] 1990, S. 350). Es wird auf die Entwicklungspotentiale und den fördernden Austausch des Menschen mit der Umwelt gesehen – also „das Gute in den Menschen hineinprojiziert" (Makarenko). Das macht allerdings Diagnose in einem anderen Sinne nicht überflüssig. Ganz im Gegenteil: Sie ermöglicht sie erst. Die Wechselwirkung von Mensch und Welt und die Suche nach den Möglichkeiten von Aktivität machen eine genaue Beobachtung des Menschen in dieser Umwelt notwendig – aber eben mit dem Wissen, daß es der Austausch mit dieser Umwelt und diesen Bedingungen ist. Es ist eine „Diagnostik von Lebenslagen der Individuen" (Mollenhauer/Uhlendorff 1992, S. 12).

Aber Bettelheim geht noch weiter. Er sagt: „Diagnose ohne Behandlungsplan ist im Grunde ohne jeden Nutzen" (Bettelheim [1974] 1990, S. 260); d.h.: In dem Moment, in dem ein Wissen um Faktoren besteht, die bei einem anderen Menschen zu psychischen Störungen, Ängsten führen und das Gefühl der Ausweglosigkeit hervorrufen, ist es pädagogisch unverantwortlich, diese bedrohliche Wechselwirkung nicht zum Thema ernsthafter Bemühungen zu machen. Wer diagnostiziert, muß gleichzeitig die Situation ändern; wer Ängste und Störungen beobachtet, muß den Ursprüngen auf den Grund gehen und alles in seiner Macht stehende tun, um neue Bedingungen zu schaffen. Was uns im alltäglichen pädagogischen Umfeld als selbstverständlich erscheint, wird bei psychischen Störungen vernachlässigt. Die Pädagogik braucht keine allzugroßen psychologischen Instrumentarien, um an die Arbeit zu gehen. Natürlich entlastet es den Erzieher oder den Sozialpädagogen, wenn er weiß, daß es sich um Übertragungen handeln könnte; er kann Gegenübertragungen schneller erkennen; auch hilft ihm das Wissen um Projektionen und Reinszenierungen (abgesehen davon, daß sie sich aus keiner „guten" Praxis wegdenken lassen). Aber: Wenn ein Erzieher erfährt, daß er mit dem Täter von Mißhandlungen identifiziert wird, kann und darf er sich weder mit diesem Wissen überhaupt zufrieden geben noch damit, daß es sich um eine Übertragung handelt: Er muß gleichzeitig sein Bemühen dahin lenken, seinen Austausch mit dem Kind in eine andere Richtung zu lenken. Eine Beratung, die allein die Übertragungsphänomene thematisiert, wird weder dem Kind gerecht noch dem pädagogischen Ethos des Erziehers. Letztlich weist der Satz „Diagnose ohne Behandlungsplan ist ohne Nutzen" auch auf die Verantwortung hin, die jeder Mensch übernimmt, wenn er sich einer Sprache bedient, die auf Beurteilungen, Einschätzungen und Zuschreibungen hinausläuft. Pädagogik blickt auf die immer anzunehmende Wechselwirkung von Mensch und Umwelt, definiert diese im Falle einer zunehmenden Trennung als Extremsituation und verlangt damit nach einer würdigen und angemessenen Förderung des Menschen, um dessen erfahrene Unzulänglichkeit zu überwinden und ihm Möglichkeiten zu verschaffen, die Gestaltung von Situationen zu übernehmen. Nicht mehr die Auslieferung an Situationen, sondern die Einflußnahme auf diese ist das Ziel von Pädagogik. Trotzdem ist bei der Untersuchung von Extremsituationen nicht allein die Pädagogik gefragt, denn: Kann die Pädagogik das „schlummernde" und immer schon anzunehmende „Vermögen zur Reife" durch die Thematisierung der Unterstützungsbedingungen erreichen und dafür an der zur Extremsituation zugehörigen Tatsache der Wechselwirkung anknüpfen, so scheint dies dem Phänomen doch nicht letztlich gerecht zu werden. Es bedarf des psychoanalytischen Verständnisses, um die unterschiedlichen Verkleidungen von Leid zu erkennen. Die Psychoanalyse kann aufdecken, wie die Menschen von längst überwunden geglaubten Triebstrukturen bestimmt werden, wie Konflikte und Primärprozesse wieder entfacht werden. Der überdeckte, inkommensurable Anteil des Menschen, auch dessen Unbehagen wird in der Extremsituation deutlich. Die Psychoanalyse kann zeigen, daß das Sich-Arrangieren mit Leid zum Wesen der Extremsituation gehört und daß dieser Aspekt von der Pädagogik nicht erfaßt wird.

Die erste Studie Bettelheims richtet sich auf die Untersuchung von Traumatisierungen, Regressionen und psychischen Abspaltungen in der Extremsituation. Später verlagert er das Gewicht auf die Bedeutung des Phänomens für eine Ätiologie psychischer Störungen in modernen Gesellschaften. Extremsituationen können aus dynamischen und enttraditionalisierten Gesellschaften nicht weggedacht werden. Sie sind deren Bestandteil und zeigen ihr Janusgesicht: Zum einen reißen moderne Gesellschaften Menschen immer wieder aus ihren Bezügen heraus und setzen sie neuen, unbekannten Verhältnissen aus. Zum anderen existiert in der Neuzeit kein Weltbild mehr, in dem die erfahrenen Rückschläge aufgehoben wären. „Das von Gott verhängte Leid zu tragen, ohne sich dagegen aufzulehnen, galt als ein Beweis der Glaubenstärke des Betroffenen und somit der Festigkeit der Integration" (Bettelheim 1980, S. 18). Das Leid war als Gottes Prüfung immer anerkannt und brachte sogar ein gewisses Privileg mit sich. „Genau das Gegenteil gilt für die Katastrophe der Neuzeit. Weit davon entfernt, in unser Weltbild oder in unsere Idealvorstellung vom Menschen integriert werden zu können, wirken sich beide ganz und gar zerstörerisch aus (a.a.O., S. 19). Bettelheim drängt als Psychoanalytiker darauf, die psychischen Reaktionen auf erfahrenes Leid vor allem anderen erst einmal zu respektieren auch um der Verfassung traumatisierter Menschen gerecht zu werden.

Heute kann dem Individuum die Verarbeitung erfahrenen Leids nicht mehr abgenommen werden. Leid kann nicht mehr als eine von Gott vorgenommene Prüfung erklärt werden. Wird die Extremsituation dennoch in einem größeren Sinnzusammenhang gestellt oder einfach verdrängt, dann hat das Konsequenzen. Diese sind auf gesellschaftlicher und therapeutischer Ebene zu beobachten, und sie haben zudem Auswirkungen auf die Selbstklärung des Traumatisierten.

(1) Für den Traumatisierten führt es dazu, daß dieser versucht, „ein Leben wie bisher" zu führen, wie Bettelheim sagt. Er versucht sich zu resozialisieren, erfährt dabei aber immer wieder Rückschläge und innere Konflikte, weil er die Bedeutung der Extremsituation für die Persönlichkeitsstruktur leugnet. Bettelheim sagt derartige Menschen führten ein „Kartenhausleben" (Bettelheim 1980, S. 42).
(2) Für den therapeutischen Prozeß führt es dazu, daß der Therapeut sich dem Grauen und Schrecken entzieht. Er versucht mit Abwehrmechanismen wie der Intellektualisierung dem Leid des Traumatisierten zu entfliehen.
(3) Für gesellschaftliche Diskussionen führt die Verdrängung von Extremsituationen zu Anfälligkeiten und Konflikten, gerade wenn Gruppen oder einzelne die Verantwortung der Täter einfordern.

Will man einen Zugang zur Extremsituation bekommen, darf man sich weder der subjektiven Bedeutung der Katastrophe für das einzelne Subjekt entziehen noch der Provokation, die sie für jedes soziale Gefüge enthält. Man darf dem Individuum die Aufgabe nicht abnehmen, das Verhältnis von Selbstverschulden und Fremdverschulden, von richtigem Verhalten und Fehlverhalten zu klären. Man muß ihm die Möglichkeit geben, das vor- und nachherige Selbstbild mit dem Selbstbild in der Extremsituation in Einklang zu bringen, und ihn selbst klären lassen, inwieweit die drohende Katastrophe vorhersagbar war und inwieweit sie unabänderlich und unvorhersehbar war. Und schließlich: Man muß ihm die Möglichkeit geben, sich angemessen auf neue Extremsituationen vorzubereiten. Die Extremsituation in ihrem zerstörerischen und leidvollen Charakter muß respektiert werden; man muß sich ihr stellen.

Die Psychoanalyse kann mit dem Wissen um die Abspaltungsmechanismen und die Mechanismen der Verdrängung von Leid aufklären. Der Respekt vor dem Leid und der mit ihm einhergehenden Abwehr kann Auswirkungen auf die Selbstklärung und die Form des therapeutischen Umgangs haben, aber er kann auch Anstöße geben für gesellschaftliche Aufklärung. Wenn ich Bettelheim richtig verstehe, möchte er dies nicht als Kultur- oder Gesellschaftskritik verstanden wissen, sondern als grundsätzlichen Hinweis darauf, daß menschliches Leben ohne eine differenzierte Wahrnehmungsmöglichkeit der gesellschaftlichen und psychischen Realität von Extremsituationen um einen wesentlichen Teil reduziert wird.

III

Wenn sich Psychoanalyse und Pädagogik nicht vorschnell annähern, sondern die Extremsituation aus ihrer je eigenen Perspektive betrachten, dann eröffnet sich die ganze Spannweite des Phänomens. Auf der einen Seite wird die Nutzlosigkeit des Leids gesehen; auf der anderen Seite wird die Suche nach Sinn und eigenen neuen Persönlichkeitszielen zutage gefördert. Es ist die Spannung zweier Leben im Betroffenen – einem vorherigen Leben, das den Tod als Ende im Bewußtsein trägt, und dem neuen Leben, das diesen Tod gleichsam erfahren hat. Weil der Mensch durch einen tiefen Riß geteilt ist, müssen es „parallele Bemühungen" (vgl. Bettelheim 1980, S. 248) sein, die um eine neue Einheit ringen. Knüpft die Pädagogik an das Entwicklungsbedürfnis an und versucht sie die Aktivität in der Welt, die noch so verborgenen Regungen aufzunehmen und ihnen zu Einfluß zu verhelfen, so bemüht sich die Psychoanalyse um die verschlungenen Wege des verletzten Ich-Gefühls und respektiert dessen Symptome als lebenswichtige Mechanismen. Auch wenn es parallele Bemühungen sind, so sind sie dennoch aufeinander verwiesen: das eine ist nicht denkbar ohne das andere. David Becker schreibt dazu: „Patient und Therapeut müssen anhand ihrer gemeinsamen Verletzlichkeit die Realität der externen Realität erkennen können, während sie gleichzeitig Liebe und Haß als Bestandteile ihres innerpsychischen Erlebens und intersubjektiven Handelns verstehen und akzeptieren lernen: Nicht nur weil das Leben überhaupt so ist, sondern vor allem, weil nur das gemeinsame Akzeptieren des internalisierten Todes sowie des im Psychischen schon immer existierenden Todes die Perspektive eröffnet gegen die Zerstörung" (Becker 1992, S. 226).

Ein psychoanalytisch-pädagogisches Verständnis von Extremsituationen kann zeigen, daß die gesellschaftliche, therapeutische wie selbstklärende Anerkennung von Katastrophen und Traumatisierung kein einmaliger Vorgang ist, sondern ein geschichtlich-biographischer und damit letztlich unabschließbarer Prozeß.

Das hat Auswirkungen: Die Aufarbeitung von Extremsituationen kann nicht nur durch die Bewußtwerdung von Traumatisierungen geschehen. Diese Aufarbeitung hängt davon ab, ob das Individuum in der Lage ist, sich dem Vorgang überhaupt zu stellen. Gerade bei der Arbeit mit Kindern ist es wichtig, diese nicht zu schnell mit dem vollen Ausmaß ihrer eigenen Desintegration zu belasten. Zuerst müssen Bedingungen geschaffen werden, die eine wirkliche Erholung und soziale wie psychische Entlastung der Traumatisierten gewährleisten. „In einer [...] wohltuenden Umgebung kann es sein, daß das Kind sein Leben neu beginnt. Es ist merkwürdig, aber wir haben herausgefunden, daß ein schizophrenes Kind ungefähr genau soviele Jahre braucht, um diesen Punkt zu erreichen, wie ein normales Kind für seine Persönlichkeitsentwicklung braucht. Eine solche normale Entwicklung erfordert zwei, drei oder vier Jahre, in denen das Kind ununterbrochen in einer physischen und humanen Umgebung lebt, die die Entwicklung seiner autonomen Persönlichkeit fördert. Die gleiche Zeit und die gleichen Lebensbedingungen braucht das schizophrene Kind, um seine neue Persönlichkeit zu entwickeln. Erst dann fühlen sich diese Kinder neugeboren, erst dann können sie ein neues eigenständiges Leben in Angriff nehmen" (Bettelheim 1980, S. 138).

Stabilisierung und Persönlichkeitsentfaltung sind ohne Phasen der Aufarbeitung und Regeneration undenkbar. Die Pädagogik verfügt über ein anderes Verständnis von der Extremsituation als die Psychoanalyse; beide sind aber aufeinander angewiesen und ergänzen sich. Die Extremsituation wird sich im Laufe eines Lebens in der Wahrnehmung des Betroffenen verändern; es gibt Erlebnisse, die nicht integrierbar sind und deren Schrecken mit der Zeit eher zunehmen. Andere werden aus neuen Perspektiven gesehen und gleichsam zu neuem Leid. Das Leben nach dem Trauma bringt „größere Schwierigkeiten" mit sich, wie Bettelheim sagt. Wahrnehmung der Abwehrmechanismen, die in der Extremsituation entwickelt wurden und Persönlichkeitsentwicklung wechseln einander ab. Eine Reifung Traumatisierter ist ohne die Verarbeitung der Verletzungen undenkbar (zumindest schwieriger), und diese Verarbeitung läuft ohne eine damit einhergehende Persönlichkeitsentwicklung ins Leere: das eine ist nur möglich, wenn das andere entwickelt wurde.

Was Bettelheim unter der Reintegration einer Extremsituation versteht, und damit komme ich auf den Anfang meines Vortrages zurück, kann nun als die Erfahrung zweier Leben (vgl. Semprun 1995) bezeichnet werden: Zum einen das Leben der Abwehr des Schreckens, und zum anderen das Leben der Persönlichkeitsentwicklung, bei dem das „Wagnis" auf sich genommen wird, auf die Welt zu wirken. Die Reintegration ist das Wissen um diese Differenz: nicht nur in dem Betroffenen selbst, sondern auch in unserem gesellschaftlichen Alltag. Es ist das Wissen darum, daß „diese Welt nicht diese Welt ist" (vgl. Peukert 1991), daß im Hintergrund eine andere Welt des Schreckens und der Zerstörung lauert und jederzeit zum Vorschein kommen kann (vgl. Bauman 1992).

Bevor ich zum Schluß komme, will ich noch kurz zeigen, daß nicht nur ein psychoanalytisch-pädagogisches Verständnis einen angemessenen, nicht-verkürzenden Begriff von Extremsituationen ermöglicht, sondern daß sich in der Extremsituation als Zugangsmöglichkeit zu einer psychosozialen Verfassung auch ein Regulativ für eine psychoanalytische Pädagogik findet. Zum einen sehe ich in der Extremsituation eine sinnvolle und zeitgemäße Ergänzung von Siegfried Bernfelds Begriff des „sozialen Ortes der Neurose". Die „Tantalussituation", wie sie Bernfeld in seinem sozioökonomischen Ansatz herausarbeitet, wäre Bettelheims „Kartenhausleben" an die Seite zu stellen. Analysiert Bernfeld die Auswegslosigkeit benachteiligter und ausgegrenzter Individuen gegenüber der Bedürfniserzeugung in kapitalistischen Gesellschaften, so beschreibt Bettelheim die Auswegslosigkeit der Verdrängung von Persönlichkeitseinbrüchen angesichts der Stabilitätsversprechungen moderner Gesellschaften. Für ein Verständnis psychoanalytischer Pädagogik läßt sich der Begriff der Extremsituation als Hinweis darauf verstehen, daß es sinnvoll ist, beiden Disziplinen einen gleichwertigen Status zuzuschreiben. Eine Hierarchie, in der entweder die Pädagogik oder die Psychoanalyse eine Vorherrschaft über die andere Disziplin genießt, wird einer Reihe von Erfahrungen nicht gerecht. Extremsituationen, so scheint mir, sind erst zu begreifen aus einem Streit zweier Disziplinen, die sich ihrer „Grundlagen" und „einheimischen Begriffe" stärker zu versichern suchen.

III. Milieutherapie in historischen und theoretischen Kontexten

Bruno Bettelheim, Milieu und Krisenintervention mit Kindern der Gewalt

Bertram J. Cohler, D. Patrick Zimmerman, Jim Crowe

Der Einfluß der Umgebung auf die Persönlichkeitsentwicklung und -veränderung bleibt ein zentrales Thema der Entwicklungspsychologie und Psychopathologie. Besonders im Hinblick auf Förderung oder Veränderung von Verhaltensweisen konzentrieren sich traditionelle psychodynamische und behavioristische Modelle gleichermaßen auf das einzelne Kind. Ihr Hauptaugenmerk gilt einem Verständnis des Kindes, der Kontrolle störender Verhaltensweisen, größerem Wohlbefinden und gelungenerer Persönlichkeitsintegration. Beispielsweise betrachtet die traditionelle Kinderpsychotherapie, wie sie die child-guidance clinics und andere klinische Settings anbieten, den therapeutischen Prozeß hauptsächlich als ein Mittel, das Kind besser zu verstehen. Dies gilt in ähnlicher Weise auch für familientherapeutische oder kognitiv-verhaltensorientierte Ansätze. Ein alternativer Zugang stellt die therapeutische Intervention in den Kontext eines Gruppensettings und der Bedeutungen, die das Kind dem komplexen Lebensumfeld beimißt. Dies schließt die physikalische Umwelt, die Beziehung zu den Mitarbeitern sowie die zu anderen Kindern ein. Der folgende Beitrag beschäftigt sich mit einigen Grundzügen dieses stellenweise als „Milieutherapie" bezeichneten Ansatzes und seiner Bedeutung für die therapeutische Arbeit mit stärker gestörten Kindern und Jugendlichen.

1. Therapeutische Umwelt und Persönlichkeitsentwicklung

Als frühe Versuche, ein Konzept von Milieu-Behandlung in den Vereinigten Staaten zu entwickeln und zu etablieren, können die beiden innovativen stationären Behandlungsprogramme für Kinder und Jugendliche gelten, die aus der Zusammenarbeit Bruno Bettelheims an der Universität von Chicago und Fritz Redls und David Winemans an der Wayne State Universität hervorgingen. Unmittelbar nach dem Zweiten Weltkrieg entwickelten sie das Konzept des Milieus als therapeutisches Mittel: Bettelheim an der Sonia Shankman Orthogenic School der Universität von Chicago, Redl und Wineman im Pioneer House in Detroit und später Redl an der stationären Kinderabteilung des Nationalen Institutes für seelische Gesundheit in Bethesda, Maryland. Die Arbeit von Bettelheim, Redl und Wineman war in ähnlicher Weise durch eine Synthese von Psychoanalyse und Pädagogik inspiriert, über die zuerst Aichhorn ([1925] 1979) im Zusammenhang seiner Arbeit mit delinquenten Jugendlichen in Wien berichtet hatte. Daneben wurde sie durch Anna Freuds und Dorothy Burlinghams (1944) Arbeit mit Kindern in Kriegskinderheimen beeinflußt, die während der Bombardierung Londons von ihren Eltern getrennt worden waren. Die Art der Anwendung und Etablierung des Milieu-Konzeptes resultierte jedoch in weiten Teilen aus den besonderen Erfordernissen der Arbeit mit gestörten Kindern und Jugendlichen.

Während Bettelheims Interesse am Einfluß der Umwelt auf seine Erfahrungen in den Nazi-Konzentrationslagern für politische Gefangene in den späten 1930er Jahren zurückging, war Redls und Winemans Arbeit wesentlich durch die Arbeit von Kurt Lewin und seinen Mitarbeitern am Forschungszentrum für Gruppendynamik der Universität von Michigan beeinflußt. Bettelheims besonderes Interesse galt der Rolle der Umwelt für die Stärkung von Individualität. Vor dem Hintergrund seiner eigenen Erfahrungen in der persönlichkeitszerstörenden Umwelt der Konzentrationslager ging es Bettelheim ursprünglich um die Rolle der Umwelt für die Förderung von Ich-Kontrolle und Integrität. An der Universität von Minnesota konzentrierten sich Redl und Wineman und später auch Gisele Knopka neben dem sogenannten therapeutischen Programmieren auf den Einsatz der Gruppe und des Gruppenprozesses als Medium persönlicher Veränderung. Redl und Wineman arbeiteten schwerpunktmäßig an der Frage, wie der Prozeß, der zu Gruppenentscheidungen führt, initiiert werden kann und welche Rolle dem einzelnen Kind dabei zukommt.

Diese Milieu-Perspektive erfuhr in den beiden Jahrzehnten nach dem Zweiten Weltkrieg eine Renaissance; zahlreiche Kinder-Zentren profitierten von der humanistischen Perspektive des Milieu-Ansatzes (Trieschman/Whittaker/Brendtro [1969] 1975). Während es in der stationären psychiatrischen Arbeit mit Erwachsenen nur selten Anwendung findet, hat das Konzept von Milieutherapie die sozialwissenschaftliche Analyse der psychiatrischen Kliniken beeinflußt (Greenblatt/Levinson 1957) und bleibt ein relevanter Ansatz in spezialisierten Einrichtungen wie Langzeitstationen für Erwachsene oder ältere Menschen, die institutioneller Betreuung bedürfen (LaCocque 1995).

Zu den wichtigsten Beiträgen der Sozialwissenschaften zu Untersuchungen der Persönlichkeitsentwicklung gehören Arbeiten über die Bedeutung der gesamten Lebensumwelt. Für jeden von uns gewinnen Erfahrungen spezifische Bedeutungen. Diese subjektiven Sinngebungen entstehen auf der Basis individueller Erfahrungen innerhalb eines sozialen und materiellen Kontextes (Geertz 1978, Csikszentmihalyi/ Rochberg-Halton 1980; Kernberg 1980). Die intakte Gedächtnisfunktion vorausgesetzt, spiegelt dieses komplexe Verständnis von Selbst, Anderen und Umgebung die Gesamtheit der Lebenserfahrungen (Benedek 1973) und motiviert menschliches Handeln. Der Sozialpsychologe Kurt Lewin (1943, 1944) bezog sich mit dem Begriff des „Lebensfeldes" auf die Totalität dieser Erfahrungen und stellte heraus, daß ein bestimmtes Verhalten in der Verbindung von Person und psychologisch relevanter Umwelt entsteht. Alle Aspekte von Intention und Handlung werden von den Bedeutungen bestimmt, mit denen das Kind psychologisch relevante Erfahrungen zu einem bestimmten Zeitpunkt unterlegt. […] Während die Vergangenheit, wie sie in der Gegenwart erlebt wird, eine überaus wichtige Größe der aktuellen Erfahrung des Lebensfeldes darstellt, liegt der Schwerpunkt auf der Erfahrung dieses Lebensfeldes als dem gegenwärtigen psychologisch bedeutsamen Determinanten von Intention und Handlung. Tatsächlich hat Lewin (1941) im Detail die Implikationen des Konzeptes des psychologisch bedeutsamen Aktivitätsfeldes für das Verständnis von Regression im psychischen Entwicklungsprozeß diskutiert.

Das Konzept des Lebensfeldes, wie es Lewin vorgestellt hat, verdeutlicht, auf welche Art und Weise Umwelt und Person miteinander verwoben sind. Lewin hat erkannt, daß die Vergangenheit einen wichtigen Co-Determinator gegenwärtiger Erfahrung von Intention und Handlung darstellt: „[…] das psychologische Feld, das zu einem gegebenen Zeitpunkt existiert, beinhaltet auch die Sichtweise des Individuums von seiner Zukunft und Vergangenheit. Das Individuum sieht nicht nur seine gegenwärtige Situation; es hegt bestimmte Erwartungen, Wünsche, Ängste, Tagträume bezüglich seiner Zukunft […] es ist wichtig, sich klarzumachen, daß die psychologische Vergangenheit und die psychologische Zukunft zugleich Bestandteil des psychologischen Feldes zu einem bestimmten Zeitpunkt sind […]" (1943, S. 53 f.).

Einen wichtigen Aspekt des Lebensfeldes stellt die Gruppe dar (Lewin 1947). Lewin betonte, wie wesentlich in diesem Zusammenhang die Wahrnehmung der eigenen Person durch andere Gruppenmitglieder ist. Die gegenseitigen Wahrnehmungen in der Gruppe können nicht nur den Gruppenprozeß, sondern auch die Selbst- und Fremdwahrnehmung der Gruppenmitglieder verändern. Lewin bezeichnet diesen Gruppenprozeß als „soziales Feld" einer bestimmten Umwelt, das die individuellen und kollektiven Handlungen bestimmt. Die weitverbreiteten Studien über demokratische und autokratische Klimata (Lippitt

1940, Lippitt/White 1943) haben gezeigt, daß Führungsstile direkt vom Gruppenprozeß und den wechselseitigen Wahrnehmungen der Gruppenmitglieder untereinander abhängen. Themen wie Strategien zur Entscheidungsfindung variieren signifikant als Folge eines Führungsstils.

2. DIE GRUPPE ALS MEDIUM DER VERÄNDERUNG: REDL UND WINEMAN UND DAS PIONEER HOUSE EXPERIMENT

Während Lewins Pionierarbeit zur zeitgenössischen Sozialpsychologie und zum Studium von kollektiven Verhaltensweisen, wie sie Redl und Wineman ([1951] 1979, [1952] 1986) interpretiert haben, führte, bot der Fokus auf das persönlich bedeutsame Lebensfeld und die Wechselwirkung zwischen Lebensfeld und Gruppenprozeß ein Modell für die Arbeit mit gestörten jungen Menschen, die unfähig waren mit anderen zusammenzuleben und unter persönlicher Desintegration litten. In ihren Bemühungen um gestörte Kinder nutzten Redl und Wineman Lewins Konzept des Lebensfeldes und kombinierten seine Erkenntnisse über die Erfahrung von Selbst und Anderen in Gruppe und Gesellschaft mit der aufkommenden Ich-Psychologie der Nachkriegszeit. Sie richteten ein Kinderzentrum ein, das die Ich-Kontrolle bei Kindern stärken sollte, die aufgrund der frühen Erfahrung von Armut und sozialer wie familialer Desintegration über kein funktionsfähiges Ich verfügten. Ihre Arbeit im Pioneer House stellte den Versuch dar, den zuerst von Aichhorn (1925) formulierten Ansatz der Arbeit mit delinquenten Kindern, die von Anna Freud initiierte Tradition der Verbindung von Psychoanalyse und Erziehung, sowie die Erkenntnisse von Lewin und Mitarbeitern zu integrieren. Und in der Tat eröffneten Redl und Wineman (1951) ihr erstes Buch mit einer ausdrücklichen Würdigung Aichhorns, einem Pionier der Psychoanalyse, der zu den ersten gehörte, die psychoanalytische Erkenntnisse auf die Erziehung anwandten und der als erster versuchte, Delinquenz als neurotisches Symptom zu verstehen.

Für den Wiener Emigranten Redl, der zuerst als Lehrer an einer kleinen, von Anna Freud, Dorothy Burlingham und ihren Freunden gegründeten Montessori-Schule arbeitete, stand das Pioneer House in direkter Tradition der frühen Wiener Studien Anna Freuds und August Aichhorns zur Ich-Entwicklung in der frühen Kindheit. Insbesondere gilt das für ihre Versuche, das nicht funktionsfähige Ich zu verstehen. Redl und Wineman bauten auf Arbeiten Anna Freuds auf, verbanden sie mit gruppendynamischen und milieutherapeutischen Ansätzen und entwickelten Erklärungsmodelle für delinquentes Verhalten sowie eine Methode, die die Ich-Kontrolle von Impulsen und Aktionen durch die therapeutische Nutzung von Alltagserfahrungen zu stärken suchte (Redl/Wineman 1952).

In einer Zeit, in der verhaltenstherapeutische Methoden psychoanalytische Ansätze in der stationären Arbeit weitgehend verdrängt haben, erscheint es ebenso paradox wie bemerkenswert, daß Redls und Winemans Methode des life-space- oder marginalen Interviews in vielen Institutionen die bevorzugte Technik des Krisenmanagements geworden ist. So basieren beispielsweise die vom Projekt „Therapeutische Krisenintervention" an der Cornell Universität entwickelten und in amerikanischen Kinderzentren bundesweit angewandten Methoden ausdrücklich auf einem Bündel von Techniken, wie sie Redl und Wineman (1952) [...] für die therapeutische Nutzung alltäglicher Begebenheiten beschrieben haben. Redl und Wineman haben darauf hingewiesen, daß die Psychoanalyse uns nicht nur die über die Dynamik der Motivation Aufschluß bieten kann, sondern auch Ansätze zum Verständnis von Wunsch und Absicht im Umgang mit problematischem Verhalten enthält.

Diese Perspektive ist in der Arbeit mit Kindern von ungeheurer Bedeutung. Nur zu oft sind Lehrer, Therapeuten und andere mit unerwünschten Verhaltensweisen in der Familie oder dem Klassenzimmer konfrontiert. Redl und Wineman (1952) beschrieben achtzehn „Techniken", um störendes Verhalten zu steuern. Sie reichen von einem bewußten Ignorieren von Versuchen, Erwachsene zu provozieren bis zu expliziten Grenzsetzungen. Diese „Interaktionstricks" können dem Kind helfen, seine Anteile an der Situation innerhalb des Gruppenzusammenhanges zu verstehen. Sie alle sind Teil eines „Einmassierens der Realität" (reality rub), das die Fähigkeit von Jugendlichen fördert, ihre eigenen Anteile an Gruppenkonflikten zu verstehen.

Ein Beispiel aus unserer Arbeit mit jungen Menschen an der Orthogenic School soll den Gebrauch von Gruppenprozeßtechniken illustrieren, um mit Verhaltensweisen umzugehen, die eine Gruppe zu sprengen drohen. An der Orthogenic School leben die Kinder zu siebt oder acht in einem kombinierten Wohn-Schlafraum. Jeder dieser Räume ist individuell gestaltet und eingerichtet, um die negativen Auswirkungen institutioneller Erziehung zu minimieren. Jedes Kind verfügt über einen persönlichen Bereich, der sein Bett, eine Kommode und die angrenzenden Wandflächen einschließt. Diese werden mit individuell ausgesuchten Postern, Fotos oder anderen persönlich bedeutsamen Dingen dekoriert, die das Kind wertschätzt und der Gruppe zeigen möchte.

Einer von uns (Cohler) tat „Dienst" als Krisenmanager für den Nachmittag und Abend. Die erfahrenen Mitarbeiter der Schule bieten den weniger erfahreneren KollegInnen einen Rückhalt, wenn das Verhalten unserer Kinder außer Kontrolle zu geraten droht. Von den erfahrenen MitarbeiterInnen wird erwartet, daß sie durch eine Intervention den Frieden im Schlafraum wiederherstellen und es den mit der Gruppe arbeitenden BetreuerInnen zugleich ermöglichen, die Krise zu verstehen und daraus zu lernen. Als ich im Mitarbeiterzimmer saß, kam ein Kind der „Entdecker-Gruppe" atemlos angelaufen und erklärte, daß die Gruppe außer Kontrolle geraten sei und Hilfe benötigt werde. Die Gruppe hatte beschlossen, die Zeit zwischen Schulschluß [...] und Abendessen in der kleinen Turnhalle zu verbringen.[1] Neben einem Bereich für ruhige Spiele stehen dort ein alter Pool-Billard Tisch, ein Hockey Spiel und eine Tischtennisplatte.

Der Alltag in der „Entdecker-Gruppe" verläuft sehr konkurrent. Die vorpubertären und pubertierenden Jungen betreiben am liebsten Sportarten, die viel Muskelkraft erfordern wie beispielsweise Baseball und Basketball. Diese Spiele geraten jedoch leicht außer Kontrolle, wenn die Jungen intensiv miteinander konkurrieren, um ihre körperlichen Kräfte zu demonstrieren. Darüber hinaus bestehen innerhalb der Gruppe deutliche Differenzen bezüglich der motorischen Geschicklichkeit, die auf Unterschiede in der Entwicklung und unterschiedliche natürliche Begabungen zurückzuführen sind. An besagtem Nachmittag spielten zwei Jungen Tischtennis, während die anderen Gruppenmitglieder herumtobten, ein bißchen Billard spielten und auf ihren Einsatz im Tischtennis Ausscheidungsturnier warteten. Einer der Jungs, Steve, ist ein geborener Athlet. Trotz seines impulsiven Temperaments, das häufig dazu führt, daß ihm der Kragen platzt und er das Spiel abbricht oder in Zeiten besonderer Rage gar wegläuft, zeigt Steve ein bemerkenswertes athletisches Potential. Beim Tischtennis-Turnier hatte er all die anderen Jungen aus seiner Gruppe geschlagen. Die anderen waren sehr enttäuscht darüber, wieder einmal von der Sportskanone besiegt worden zu sein. Billy, ein intelligenter, wortgewandter und cholerischer Zehnjähriger, der von seiner drogenabhängigen Mutter verlassen und von anderen Verwandten zurückgewiesen, lange Zeit seines Lebens unter den Tischen in Obdachlosenunterkünften gelebt hatte, hatte daran gearbeitet, über sein Gefühle zu sprechen anstatt immer in Rage zu geraten, wenn er frustriert war. Durch die Niederlage gegen Steve fühlte er sich gedemütigt und vernichtet und es überkam ihn die Wut. Er

---

[1] An der Orthogenic School dauert der Schulunterricht in der Regel bis 15.00 Uhr (Anm. des Übersetzers).

zerstampfte den Tischtennisball, schmiß die Platte um, schleuderte seinen Schläger durch die Gegend und lief aus der Turnhalle.

Zum Zeitpunkt der Krisenintervention befand sich die Gruppe in einem Zustand völliger Auflösung. Steve war wütend hinausgerannt, weil Billy durch sein Verhalten seine Bemühungen, seine sportlichen Fähigkeiten zu demonstrieren, zunichte gemacht hatte. Die anderen Jungen reagierten aufgeregt auf die zunehmende Gewalt und das Chaos. Die Jungen wurden auf dem Bürgersteig vor der Schule zusammengetrommelt. Durch die Ankündigung, den Ereignissen auf den Grund zu gehen und indem ihnen zusätzlich Eis versprochen wurde, konnten die Jungs dazu bewegt werden, in ihren Gruppenraum zurückzukehren. Dort setzten sich einige von ihnen an den Gruppentisch, während Steve und Billy schmollend auf ihren Betten kauerten. Die Besprechung begann mit einer „Reportage" darüber, wer, was, warum, wann und wo getan hatte. Oft ist dies das wichtigste Element des Gruppenprozesses, denn es zwingt die Kinder, sich über die Abfolge der Ereignisse zu einigen, was einen wichtigen Schritt hin zur realitätsgerechten Wahrnehmung der Situation darstellt. In diesem Fall entstand eine hitzige Debatte darüber, welche Vorkommnisse dazu geführt hatten, daß Billy die Fassung verlor. Im Laufe der Diskussion drückte Frank seine Frustration darüber aus, daß, was immer die Gruppe auch tat, Steve an diesem Tag gewann. Ob sie im Schlafraum Monopoly gespielt hatten oder Basketball auf dem Seitenplatz der Schule, immer mußte Steve beweisen, daß er der Beste sei. Andere Jungen bestätigen, daß dies ein großes Problem für die Gruppe darstelle und sie sich schon vor Beginn jeden Spieles angespannt fühlten. Für Steve war dies ein ernüchternder Moment. Billy erzählte, wie schlecht er sich gefühlt hatte, als Steve ihn beim Tischtennis von der Platte gefegt hatte. Billy, drei Jahre jünger als Steve und von viel kleinerer Gestalt, konnte hier mitteilen, wie enttäuscht er darüber war, daß er mit der Gruppe nicht mithalten könne, wenn die älteren Jungen miteinander konkurrieren. Ein anderer Junge bemerkte, daß die konkurrente Atmosphäre in der Gruppe viele gemeinsame Aktivitäten verdarb. Daraufhin räumte Steve ein, daß er oft deprimiert sei und sich nur dann integriert fühle, wenn er konkurriere und Sport treibe.

Als die Jungen im anschließenden Gruppengespräch über ihre Gefühle sprachen, konnte Steve zum ersten Mal den Einfluß seiner konkurrenten Haltung und seines verbissenen Siegeswillens auf die anderen Jungen erkennen. Billy gelang es, sein Minderwertigkeitsgefühl und seine Frustration angesichts seiner Unterlegenheit den älteren Jungen gegenüber zuzugeben. Die anderen Gruppenmitglieder waren ihrerseits wütend darüber, daß Billy im Jähzorn Dinge zerstörte, die ihm und den anderen etwas bedeuten. Billy war nun gezwungen, sich den Konsequenzen seiner Wut und Verzweiflung zu stellen. Durch diese Gruppendiskussion erfuhren die anderen Jungen erstmalig, daß Steve Gefühle drohenden Chaos mit Demonstrationen sportlicher Leistungen abwehrte und daß diese Gefühle auf eine schreckliche, durch psychische Krankheit in seiner Familie, körperlichen Mißbrauch, Vernachlässigung und Verlassenwerden gekennzeichnete Lebensgeschichte zurückgingen. Steve erkannte, daß er durch seine Versuche der Selbstvergewisserung den anderen Gruppenmitgliedern das Leben sehr schwer machte. Auch Billys Anstrengung, mit den anderen mitzuhalten, wurde zum ersten Mal wahrgenommen. Als Ergebnis des Gruppengesprächs beschlossen die Jungen, weniger konkurrenten Sport zu treiben und eher Aktivitäten wie Rad- und Wandertouren zu planen, die nicht so offensichtlich zum Wettbewerb herausforderten. Steve und Billy erhielten Rückmeldung über die Auswirkungen ihres Verhaltens auf die Gruppe, während diese zum ersten Mal den Schmerz wahrnehmen konnte, den Steve und Billy aufgrund ihrer chaotischen Lebensgeschichte mit sich herumtrugen.

Diese gruppendynamischen Grundmuster, die der geschilderte Konflikt offenbart hatte, wiederholten sich in den folgenden Monaten viele Male. Währenddessen diente die Gruppendiskussion dazu, zu verstehen, wie die einzelnen Jungen das Gruppenleben erlebten und auf die Entscheidung hinzuarbeiten, das Gruppenklima zu verändern. Das im Anschluß an einen konfliktreichen Zeitabschnitt geführte Life-Space-Interview beginnt mit einer konsensorientierten Phase darüber, was eigentlich vorgefallen ist und fragt dann nach den Gründen dieser Schwierigkeiten. Die teilnehmende Gruppe besteht aus sechs sehr gestörten Jungen, die alle von mehreren Institutionen als zu schwierig zurückgewiesen worden waren; jeder einzelne hat eine furchtbare Vorgeschichte und wurde als tendenziell nicht behandelbar eingeschätzt.

Die heftige Gruppendiskussion zeigt, daß es selbst Kindern, die als psychisch zu stark gestört gelten, um auf psychodynamische Interventionen anzusprechen, mit Hilfe des Life-Space-Interviews gelingen kann, ihre eigenen psychologischen Prozesse zu reflektieren. Innovatives therapeutisches Handeln im Pioneer House und an der Sonia Shankman Orthogenic School haben gezeigt, daß Kinder, die im DSM-IV als verhaltensgestört dargestellt werden, beachtlich von einer Umwelt profitieren, die eine verstärkte persönliche Integration durch Gruppenarbeit im therapeutischen Milieu fördert und mit intensiver Arbeit in individuellen Behandlungssitzungen kombiniert (Jenuwine/Cohler 1996). Während Redl und Wineman zum einen von

Bettelheims und Sylvesters Darstellungen der Arbeit im therapeutischen Milieu und zum anderen von Lewins Definition von Lebensraum und Gruppenprozeß beeinflußt wurden, ging Bettelheims Konzept eines therapeutischen Milieus auf seine eigenen tragischen Erfahrungen in den Konzentrationslagern für politische Gefangene im Zweiten Weltkrieg zurück.

3. BETTELHEIM UND DAS KONZEPT EINES THERAPEUTISCHEN MILIEUS

In seinen Reflexionen über das ungeheure persönlichkeitsverändernde Potential der Konzentrationslager (Bettelheim 1943, [1960] 1989) erkannte Bettelheim die Macht einer totalen Umwelt, Verhalten zum guten oder schlechten zu verändern. Das Konzept eines totalen Milieus schließt sowohl die Welt der interpersonellen Beziehungen als auch die physikalische Umgebung, in der die Intervention stattfindet, ein. Eingedenk des oft abstumpfenden Einflusses institutionellen Lebens, gestaltete Bettelheim unverwechselbare, aber thematisch verbundene Räume, die Kindern helfen, den Kontakt mit der Welt zu halten. Weil die Kinder an der Schule, wie viele „normale" Kinder auch, den Übergang von einer Aktivität zu einer anderen als schwierig erleben, wie beispielsweise im Wohnraum an einem Modell zu arbeiten und dann wegen des Abendessens aufhören und den Raum wechseln zu müssen, sind die Gänge und Treppenhäuser hell und farbig gestaltet. Darüber hinaus berücksichtigte Bettelheim auch die besonderen Bedürfnisse von Kindern, die in Gruppen leben. Die Schlafräume enthielten sechs oder sieben individuell gestaltete Betten und Kommoden sowie Gruppentische, deren Maße auf die Anzahl der Kinder abgestimmt sind.

Wie gesagt, erscheinen Bettelheims frühe Schriften über die Behandlung gestörter Kinder sehr stark von seinem Austausch mit einer kleinen Gruppe psychoanalytisch orientierter Kliniker aus Wien und vom Kreis um Anna Freud beeinflußt, zu dem auch Fritz Redl gehörte, der wiederum später eng mit David Wineman kooperierte (Ekstein 1990). Bettelheim arbeitete auch mit Rudolf Ekstein (The Menninger Clinic) und seiner Kollegin an der Orthogenic School, Emmy Sylvester, zusammen. Seine klinischen Schriften erschienen etwas später als seine politischen, die ihn ursprünglich bekannt gemacht hatten. Bettelheims frühes Werk konzentriert sich in weiten Teilen auf den Versuch, das Konzept eines therapeutischen Milieus zu definieren und weiterzuentwickeln und insbesondere darauf, aus einer theoretischen Perspektive seine Implementation und Anwendung mit emotional gestörten Kindern an der Orthogenic School zu beschreiben (Bettelheim 1948, 1949, Bettelheim/Sylvester 1947, 1948, 1949a,b, 1950). Obwohl konzeptionelle Überlegungen und das Bestreben, die therapeutische Bedeutung des Milieus aufzuzeigen, Bettelheims gesamte klinische Schriften durchziehen, kann man argumentieren, daß eine durchgängig systematische und strukturierte Darstellung seines Verständnisses des Milieus der Orthogenic School bis zum Erscheinen von „Der Weg aus dem Labyrinth" im Jahre 1974 – mehr als fünfundzwanzig Jahre nachdem er angefangen hatte über Milieutherapie zu schreiben – nicht vorlag.

4. DIE GRUNDLAGEN DER MILIEUTHERAPIE

In seinen frühen klinischen Schriften räumte Bettelheim ein, daß Milieutherapie keine neue psychotherapeutische Technik sei. Er wußte, daß Anna Freud früher, wenn auch mit Vorbehalt, stationäre Behandlung als eine mögliche Erweiterung der Kinderanalyse für Kinder erwogen hatte, die unter schweren psychopathologischen Störungen litten (A. Freud 1954). Wie erwähnt, wußte Bettelheim auch von August Aichhorns Bemühungen, das therapeutische Potential eines sorgfältig gestalteten institutionellen Settings in einem Erziehungsheim für Jugendliche zu entwickeln. Weiterhin war er zu dem Zeitpunkt, als er seine therapeutischen Ideen an der Orthogenic School zu entwickeln begann, gut über die Arbeit Fritz Redls informiert, der schon zu diesem Zeitpunkt spezielle milieutherapeutische Techniken in der Arbeit mit gestörten Kindern im Pioneer House anwandte und der einige Zeit vor Bettelheims ersten therapeutischen Behandlungsversuchen begonnen hatte, seine Ergebnisse zu publizieren (Redl 1942, 1943, 1944, 1949). Einen Schwerpunkt in Redls Schriften bildete die Entwicklung von Methoden der Verhaltenskontrolle, die Entwicklung des Interviews als Interventionsmethode, sowie von Strategien, um die Struktur des Milieus zu entwickeln und aufrecht zu erhalten. An der Orthogenic School jedoch galt die Struktur des Milieus als gegeben, sie beruhte maßgeblich auf der Anwesenheit Bettelheims als autoritativem Direktor der Schule.

Aichhorn versuchte, die Freudsche Triebtheorie auf ein rekonstruierendes Verständnis von Delinquenz anzuwenden und entsprechende Behandlungstechniken im Rahmen eines totalen Milieus für delinquente Jugendliche zu entwickeln (insbesondere die Förderung und den Gebrauch der positiven Übertragung). Viele seiner Schriften über die Arbeit mit solchen Jugendlichen konzentrierten sich auf das genuin psychodynamische Verständnis des Individuums im weitergefaßten Rahmen des umgebenden Settings. Redls Schwerpunkt lag dagegen sehr viel stärker auf Techniken zur Steuerung des Gruppenprozesses (einschließlich der Ausarbeitung des Konzeptes „Life-Space-Interview") und Untersuchungen zum Einfluß der Gruppe auf das Individuum. Im Unterschied dazu befassen sich viele von Bettelheims milieutherapeutischen Schriften mit der Struktur und den Auswirkungen einer schon bestehenden, umfassenden, einfach organisierten, therapeutischen Umgebung auf den emotionalen Prozeß der Rehabilitation. Eher als eine Ausarbeitung praktischer Strategien oder Techniken zur Stabilisierung des therapeutischen Settings, bieten Bettelheims Schriften eine Fülle hoch detaillierten psychodynamischen Fallmaterials. Wie Redl – und im Gegensatz zu Aichhorns klassischem Triebmodell – benutzte Bettelheim in seinen Fallschilderungen Begriffe aus der Ich-Psychologie.

Trotz der genannten Abweichungen ist es offensichtlich, daß Bettelheim in der Tradition Aichhorns und Redls stand. Die Betonung der Bedeutung des Milieus in seinen Schriften und sein urspüngliches Interesse an der Arbeit mit delinquenten Kindern und Jugendlichen weisen darauf hin (Bettelheim 1948, 1949, [1955] 1973, Bettelheim/ Sylvester 1949 a,b, 1950). In diesem Zusammenhang beschäftigte sich Bettelheim in seinen frühen Schriften über Milieutherapie mit der Frage offener oder geschlossener Behandlungssettings für delinquente Kinder und Jugendliche (Bettelheim 1948a), mit ihren moralischen Werten (Bettelheim/Sylvester 1950) sowie mit somatischen Symptomen, die Kinder entwickeln, wenn sie aufhören, Spannungen über deliquentes Verhalten zu entladen (Bettelheim 1948b, Bettelheim/Sylvester 1949 b).

In der weiteren Arbeit mit diesen Kindern verlagerte Bettelheim den Schwerpunkt seines Interesses auf die Entstehung schizophrener Störungen und die milieutherapeutische Behandlung schizophrener Kinder. Die zugrundeliegende paradoxe Verbindung zwischen Bettelheims Konzept eines therapeutischen Milieus und seinen Erfahrungen in den deutschen Konzentrationslagern beschrieb er in einem seiner meistgelesenen frühen Aufsätze über Kindheitsschizophrenie „Schizophrenie als Reaktion auf Extremsituationen" (1956). Der Titel stellte nur eine leichte Variation des Titels seines ersten Aufsatzes über die desintegrierenden psychologischen Effekte der Konzentrationslager der Nazis dar (1943). Bettelheim war davon überzeugt, daß die Parallele zwischen den beiden Situationen darin bestand, daß „das Kind, das der Schizophrenie zum Opfer fällt, genau die gleichen Gefühle gegenüber sich selbst und seinem Leben zu entwickeln [scheint] wie der KZ-Häftling: es fühlt sich der Hoffnung beraubt und völlig ausgeliefert den zerstörerischen irrationalen Mächten, die ihm dadurch, daß sie es rücksichtslos für ihre eigenen Ziele benutzen, jeglichen Freiraum nehmen" (Bettelheim 1956, S. 512). Daher schloß Bettelheim: „Die psychologische Ursache der Kindheitsschizophrenie ist in dem subjektiven Gefühl zu suchen, daß man permanent in einer Extremsituation lebt – daß man völlig hilflos ist angesichts tödlicher Drohungen, daß man gefühllosen Mächten ausgeliefert ist, die nur ihren eigenen Launen gehorchen und daß man jeglicher bedürfnisbefriedigender zwischenmenschlicher Beziehung beraubt ist" (Bettelheim 1956, S. 513).

Darüber hinaus sah Bettelheim eine enge Verbindung zwischen dem, was er als schizophrene Reaktion seiner Mithäftlinge während seiner eigenen Internierung beobachtet und interpretiert hatte und den Symptomen autistischer und schizophrener Kinder, die an die Orthogenic School überwiesen wurden. Beides, die durch die Konzentrationslager verursachte psychologische Verwüstung und die Symptomatologie von Kindheitsschizophrenien erschienen Bettelheim als Folge einer massiven Regression (Bettelheim [1956] 1980). Bettelheims Studien der Erfahrungen von Lagerhäftlingen führte ihn zu der Schlußfolgerung, daß ein als das *Gegenteil* des Lagermilieus konstruiertes Milieu die psychologische Rehabilitation wirksam fördern könne. Dabei hob er die These eines anderen Autors heraus: „Wenn man gesehen hat, wie die Häftlinge, mit den Bedingungen des Lagers konfrontiert äußerste Entbehrung erlitten und wie schnell sie nach der Befreiung, als sie sich relativ sicher und angemessen versorgt fühlten, ihre menschlichen Qualitäten wiedererlangten, ahnt man, wie eine Welt aussehen könnte, in der jedes menschliche Wesen die absolute Sicherheit hat, daß die soziale Struktur sein Leben und die Erfüllung seiner Bedürfnisse garantiert, anstatt sie zu gefährden" (Bettelheim 1947, S. 637).

Allgemein versuchte Bettelheim in seinen frühen Schriften die positiven Gruppeneffekte der Milieutherapie auf das Individuum zu spezifizieren (Bettelheim/Sylvester 1947), einige allgemeine Merkmale und Indikationen für Milieutherapie zu beschreiben (Bettelheim/Sylvester 1948, 1949a) und zwischen einem therapeutischen „Heim", einem psychiatrischen Behandlungszentrum und einer psychiatrischen Heimschule zu unterscheiden (Bettelheim 1949). Hinsichtlich der allgemeinen Merkmale eines therapeutischen Milieus betonte Bettelheim wiederholt die Notwendigkeit einer jeweils individuell zu gewährleistenden überreichlichen Befriedigung kindlicher Grundbedürfnisse, eines sicheren und beschützenden Settings und sorgfältig bemessener Konfrontationen mit der Realität. Spezifischer definierte Bettelheim sein Konzept eines therapeutischen Milieus in seinen frühen Schriften unter drei Gesichtspunkten:

(a) dem Patiententypus für den Milieutherapie indiziert ist;
(b) den Unterschieden zwischen traditioneller Psychotherapie und Milieutherapie und
(c) der zeitlichen Dimension von Milieutherapie.

5. KIND UND MILIEU: GRUPPEN- UND EINZELINTERVENTION

Bettelheim hält Milieutherapie sowohl bei Kindern für sinnvoll, deren Fähigkeit, Kontakt zu Elternfiguren aufrechtzuerhalten, katastrophal zerstört worden war, als auch für solche, die die Fähigkeit, eine solche Beziehung aufzubauen, nie entwickeln konnten (Bettelheim/Sylvester 1949a). Nach Bettelheim war daher Milieutherapie in den Fällen angezeigt, in denen die Grundbedürfnisse der Kinder so vernachlässigt worden waren, daß das Kind schon auf der prägenitalen Stufe keine psychologische Integration hatten erlangen können. Für Kinder, die eine höhere Stufe der Integration erreicht haben und stärker an neurotischen Störungen leiden, kann Psychotherapie ausreichen, beispielsweise, wenn eine Störung in der ödipalen Phase eine Regression und Fixierung auf frühere Entwicklungsstufen bedingt. In diesen Fällen konnte – Bettelheim zufolge – erwartet werden, daß das Kind eine Beziehung zu seinem Psychotherapeuten entwickelt, die es erlaubt, die frühere Traumatisierung zu bearbeiten.

An anderer Stelle beschrieb Bettelheim die wichtigsten Unterschiede zwischen individueller psychiatrischer Behandlung und Milieutherapie (Bettelheim 1949). Erstens hob er hervor, daß die gängigen Behandlungsmethoden in der Behandlung Erwachsener entwickelt worden waren und sich auf das Aufdecken von Verdrängtem und die Veränderung abweichender Persönlichkeitsstrukturen konzentrierten. Bettelheim nahm jedoch an, daß Kinder am ehesten einer milieutherapeutischen Behandlung bedürften, deren emotionale Schwierigkeiten sowohl von ihrer grundlegenden Unfähigkeit herrührten, ihre Persönlichkeiten überhaupt zu integrieren als auch aus der Abwesenheit repressiver Abwehrmechanismen. Nach Bettelheim „liegt die therapeutische Aufgabe einer psychiatrischen Heimschule darin, Ordnung in ein Chaos zu bringen und nicht einen falsch zusammengesetzten Kosmos zu reorganisieren" (Bettelheim 1949, S. 91). Anders ausgedrückt: Während die traditionelle oder klassische psychiatrische

Behandlung häufig darauf hinarbeitet, durch die Aufhebung von Verdrängungen größere Triebbefriedigung zu ermöglichen, zielt die Erziehung in einer psychiatrischen Heimschule stärker auf die Sozialisierung von wilden, überschießenden Triebtendenzen. Bettelheim revidierte seine Einstellung zur Verdrängung ein paar Jahre später, als er über den infantilen Autismus zu schreiben begann. Die Linderung der Folgen massiver und dysfunktionaler Verdrängungen wurden zu einem Ziel seiner Behandlungstheorie für autistische Kinder.

Zweitens betrachteten, Bettelheim zufolge, die maßgeblichen psychiatrischen Schulen seiner Zeit die Übertragungsbeziehung und speziell die Entwicklung und Auflösung der Übertragungsneurose als zentralen Bestandteil einer erfolgreichen psychoanalytischen Behandlung. Damit setzten sie die Existenz wichtiger früher Beziehungen als Grundlage für das Zustandekommen von Übertragungen auf den Therapeuten voraus. Dies führte Bettelheim zu der Ansicht, daß sich die stationäre Behandlung weitgehend auf die Gegenwart konzentrieren sollte, auf die Förderung von Ich-Stärke im Kontext alltäglicher Lebensaufgaben. Er begründete diese Überzeugung damit, daß Kinder, die der stationäen Behandlung bedürfen, keinerlei Beziehungen erlebt hätten, die sich zur Übertragung eigneten. Aus diesem Grund sollte Milieutherapie nach Bettelheim sehr viel Wert auf die Erfahrungen in der Gegenwart legen, während individuelle Psychotherapie sich stärker mit der Vergangenheit befaßt.

Eine psychiatrische Heimschule muß schwerpunktmäßig versuchen, dem Kind dabei zu helfen, die Welt der Gegenwart zu ordnen, während die Aufgabe der psychiatrischen Behandlung darin gesehen wurde, Fehlinterpretationen vergangener Erfahrungen aufzulösen. In Bettelheims „Milieusetting" wird dem Kind geholfen, erfolgreich in der Gegenwart zu leben anstatt die pathogene Vergangenheit wieder zu durchleben. Überzeugende Demonstrationen von Ich-Stärke treten an die Stelle von Spekulationen über die potentiellen Quellen der Schwächen (Bettelheim 1949, S. 93). Aber auch diese Hypothese schien Bettelheim später zu modifizieren, als er spezifischer über die Behandlung von autistischen Kindern schrieb ([1967] 1989).

Bettelheim widmete dem Spannungsverhältnis zwischen individueller Psychotherapie und Milieutherapie besondere Aufmerksamkeit, aber seine Ausführungen zu diesem Thema erscheinen zum Teil widersprüchlich und zweideutig. Die Spannung zwischen individueller und Gruppenbehandlung durchzieht das Behandlungssetting der Orthogenic School als eine ungelöste Polarität. Womöglich ist sie für stationäre Behandlungssettings insgesamt charakteristisch. Bettelheims Ablehnung individueller Therapie innerhalb der stationären Behandlung beruhte auf den spezifischen klinischen Störungsbildern der Kinder, deren stationäre Behandlung er besonders befürwortete. Wie schon erwähnt war er davon überzeugt, daß individuelle Psychotherapie, so wie er sie verstand, durch die Aufhebung von Verdrängung, durch die Entwicklung einer Übertragung in der Behandlungsbeziehung und die Konzentration auf die Vergangenheit charakterisiert sei. Diese Elemente der individuellen Psychotherapie schienen mit Milieutherapie unvereinbar, die die Stärkung der Ich-Kontrolle über triebhafte Impulse anstrebte und sich stärker auf das Leben in der Gegenwart ausrichtete. Im Gegensatz zu Bettelheims Argument, daß individuelle Psychotherapie Kindern, die stationären Behandlung bedürfen, nur wenig zu bieten habe, wurden in seinen frühen Jahren einige Kinder in der Orthogenic School individuell psychoterapeutisch behandelt, auch durch externe Therapeuten. Zum Beispiel scheint eine der ersten detaillierten Fallgeschichten Bettelheims auf Erkenntnissen aus der individuellen Psychotherapie des Jungen zu beruhen. Möglicherweise wurde die Behandlung von Dr. Emmy Sylveser durchgeführt (Bettelheim/Sylvester 1950). In der Tat wurde die Klarheit und Überzeugungskraft des erzählenden Stils dieser Behandlungsgeschichte zum Vorbild für Bettelheims spätere Berichte über delinquente, schizophrene und autistische Kinder. Wenn Bettelheim in seinem ersten Buch über die Schule „Liebe allein genügt nicht" ([1950] 1970) anmerkte, daß das Kind im Prozeß seiner Rehabilitation irgendwann lernen müsse, länger andauernde, intensivere und reifere Beziehungen einzugehen als es in der Gruppe möglich ist, so schien er damit seine Ablehnung von Psychotherapie zu modifizieren.

Wie sich herausstellte, brauchten die Kinder tatsächlich die Erfahrung einer intensiven, langfristigen Beziehung zu einem Erwachsenen, um früheste Störungen aufarbeiten zu können. Während jedoch die sogenannten individuellen Sitzungen viele Gemeinsamkeiten mit der Kinderpsychotherapie aufwiesen, spürte Bettelheim, daß sie in ihrer Funktion über gewöhnliche Kinderpsychotherapie hinausgingen. Dazu zählten die Bereitstellung eines separaten Settings, das das Ausleben starker Aggressionen und Destruktivität ermöglichte, den Rückzug in regressive Verhaltensweisen gestattete und erzieherische Hilfe beim Erwerb grundlegender sozialer Kompetenzen bot.

Die individuellen Sitzungen unterschieden sich von traditioneller Psychotherapie darüber hinaus in weiteren Aspekten. Erstens dadurch, daß sie von MitarbeiterInnen geleitet wurden, die keine ausgebildeten Therapeuten waren. Zweitens durch die ausgesprochen enge Verbindung zwischen der individuellen Behandlungserfahrung und dem Gruppenleben (dadurch konnte es vorkommen, daß ein Mitarbeiter zugleich als

Gruppenleiter und Einzel „therapeut" eines Kindes fungierte). In seinem Modell der Einzelsitzungen versuchte Bettelheim die Spannung zwischen individueller und Milieutherapie durch den Kompromiß der „individuellen Behandlungsstunden" zu lösen. Sie wiesen einige Gemeinsamkeiten mit individueller Kinderpsychotherapie auf, unterschieden sich in anderen Hinsichten aber deutlich davon.

Aber auch Bettelheim vermochte das Spannungsverhältnis zwischen individueller Psychotherapie und Milieutherapie niemals vollkommen zu lösen. Hartnäckig taucht diese Spannung selbst heute noch in methodischen Fragestellungen auf, beispielsweise in der subtilen Überzeugung, daß individuelle Therapie sich hauptsächlich mit dem Innenleben der Kinder beschäftige, während sich Milieutherapie mit ihren Erfahrungen mit anderen und der äußeren Umgebung befasse. Tatsache ist hingegen, daß jede Therapieform mit beiden, sowohl mit inneren wie äußeren Aspekten der kindlichen Erfahrung zu tun hat, was die Verbindung beider Therapieformen in der Praxis allerdings noch erschweren kann.

Auch in anderen methodischen Fragen scheint diese Polarität auf. Zum Beispiel, wenn nach dem Verhältnis von Nähe und Vertrauen in der individuellen therapeutischen Beziehung im Kontext eines größeren Gruppensettings gefragt wird, das eine intensive Kommunikation aller Mitarbeiter einschließt. [...] Eine weitere, mit dem scheinbaren Gegensatz von Individuum/Gruppe häufig verbundene Schwierigkeit stellt die unterschiedliche Definition von Behandlungszielen für ein bestimmtes Kind dar (etwa die schnelle Veränderung von Verhaltensweisen versus längerfristigem inneren Wachstum). Diese Ziele resultieren oft aus dem Wunsch milieutherapeutischer MitarbeiterInnen, störende Verhaltensweisen im Gruppensetting schnell durch Einzeltherapiesitzungen zu beseitigen. Es hat sich als schwierig erwiesen, Methoden und Interaktionsweisen der Einzeltherapieerfahrungen den anderen MitarbeiterInnen im Gruppensetting detailliert und fruchtbar zu vermitteln, während das Alltagsleben weiterläuft. Dieses Problem spiegelt sich auch im Bestand der Literatur zur stationären Behandlung wider. Dieser ist über die Jahre hinweg von einem eklatanten Mangel an veröffentlichtem klinischen Material zum konkreten Verhältnis von individueller Kinderpsychotherapie und Milieutherapie gekennzeichnet.

5. SCHLUSSFOLGERUNGEN

Im Zeiten des Kostendruckes und der verkürzten Behandlungszeiten für gestörte Kinder und Jugendliche sind wir paradoxerweise mit einer größeren Anzahl von zumeist in städtischer sozialer Desorganisation und persönlicher Verzweiflung geborener Kinder konfrontiert. Sie sprechen nicht auf traditionelle Behandlungsformen an und wurden von Redl und Wineman (1951, 1952) treffend als „Kinder, die niemand will" bezeichnet. Diese sogenannten „Wegwerfkinder" sind seit frühester Kindheit psychisch beschädigt; zu viele Professionelle aus dem Bereich der Kinder- und Jugendhilfe haben sie als unter primären Bindungsstörungen leidend beschrieben, was ihre Förderung verhinderte. Da sie auf kognitiv-verhaltensorientierte Ansätze nicht ansprechen, entwickeln sie sich häufig zu nicht behandelbaren Erwachsenen mit oft erschreckenden kriminellen Karrieren. Der hier vorgestellte Ansatz bietet eine Perspektive. Die Erfahrungen aus mehr als einem halben Jahrhundert des Studiums und der Behandlung dieser Kinder haben gezeigt, daß Gruppenarbeit innerhalb eines wohlwollenden Settings, das den gesamten Alltag der Kinder so organisiert, daß sie verstärkt Erfahrungen des Bewältigens und des Wachstums machen, einem Teil dieser Kinder eine psychische Nachreifung, die Entwicklung von Ich-Kontrolle und persönlicher Integrität ermöglicht.

Der Gruppenprozeß in einem pädagogischen Setting, in dem alle Aspekte sowohl der sozialen als auch der materiellen Umwelt so organisiert sind, daß sie psychische Entwicklung fördern, vermag diese Kinder, die niemand will, in wesentlichen Punkten zu fördern. Die institutionelle Organisation ist bewußt einfach gestaltet, damit die Kinder die soziale Welt, in der sie leben, besser verstehen. Aufgaben werden prinzipiell nur soweit aufgeteilt wie unbedingt nötig und erforderliche Regelungen auf ein Minimum beschränkt. Das minimiert den organisatorischen Aufwand insgesamt. Selbst dem kleinsten Detail des Lebensraumes wird große Aufmerksamkeit gewidmet, um Institutionalismus, dauerndem Unbehagen und Hoffnungslosigkeit vorzubeugen. Die MitarbeiterInnen, die mit diesen Kindern in den Schlafräumen und Klassenzimmern arbeiten, erhalten selbst kontinuierlich Unterstützung. Sie versuchen auftretende alltägliche Probleme und Konflikte als Möglichkeiten für Persönlichkeitsveränderungen zu nutzen. Ein grundlegendes Mittel dieses Veränderungsprozesses ist das Life-Space oder marginale Interview wie es Redl und Wineman (1951, 1952), Lewins (1947) gruppendynamischen Erkenntnissen folgend, dargestellt haben. Zusammen mit der Betreuung durch einen Stab von in Gruppenarbeit mit Kindern ausgebildeten „Betreuer-Therapeuten" und „Lehrer-Therapeuten" und zusätzlich unterstützt durch einsichtsorientierte Psychotherapie ist es möglich, viele dieser Kinder der Gesellschaft als umsichtige und produktive Mitglieder einer komplexen sozialen Welt zurückzugeben.

Wenn der hier vorgestellte intensive, gruppenorientierte Ansatz auch nicht für die Behandlung aller gestörten Kinder das Mittel der Wahl darstellt, so hat er sich doch in der Arbeit mit solchen von der Gesellschaft verstoßenen Kindern als effizient erwiesen, deren emotionale und Verhaltensprobleme sich gegenüber weniger intensiven Ansätzen als ziemlich widerständig erwiesen haben. Auch wenn ein solch intensives Behandlungsprogramm gewisse Kosten verursacht, sind sie vermutlich geringer als die gesellschaftlichen Kosten, die entstehen, wenn man auf solche Behandlungen verzichtet. Da vieles darauf hinweist, daß verhaltensauffällige Kinder sich oftmals zu antisozialen Erwachsenen entwickeln, werden diese Kinder, die niemand will, im Erwachsenenalter zu einer Bürde der Gesellschaft (Jenuwine/Cohler 1996). Aber auch jenseits der Kostenfrage enthät dieser gruppenorientierte Ansatz wichtige Implikationen für die Erziehung von Kindern und Jugendlichen in Großstädten.

So wurden die MitarbeiterInnen der Orthogenic School von öffentlichen Schulen gebeten, auf der Basis ihrer Arbeit mit dem life-space-Interview und anderen Techniken der Krisenintervention (Family-Life Development Center 1993), Fortbildungen für Lehrer in gruppenorientierter Krisenintervention anzubieten. Zur Zeit wenden die MitarbeiterInnen der Orthogenic School die Erkenntnisse und das Vermächtnis einer Tradition, die Anna Freud und August Aichhorn in Wien begründeten und die in den USA durch die Arbeit von Redl, Wineman und Bettelheim verbreitet wurden, auf die Erfordernisse der öffentlichen Schulen an, in denen antisoziales Verhalten ein großes Problem darstellt. In der Gruppenarbeit mit Kindern liegt eine zukunftsweisende Entwicklungsrichtung.

Aus dem Amerikanischen von Franz-Josef Krumenacker

Bruno Bettelheim und John Dewey – Milieutherapie und Progressive Education

Franz-Josef Krumenacker

„Das bloße Vorhandensein der sozialen Atmosphäre, in der das Individuum lebt, sich bewegt, existiert, ist die dauernde und wirksame Macht, die seine Betätigung dirigiert"
John Dewey ([1916] 1993, S. 48).

Das Bettelheimsche Konzept von Milieutherapie gilt als ebenso eigenwillig wie einmalig. Vor allem aber erscheint es als untrennbar mit seinen Reflexionen zu einer Psychologie der Extremsituation verknüpft. Diese wiederum gründen in den selbsterlittenen Erfahrungen des Wiener Juden in den Konzentrationslagern Dachau und Buchenwald. Vor diesem Hintergrund liegt ein Zugang zum pädagogischen Denken Bettelheims über seine Psychologie der Extremsituation nahe (vgl. die Beiträge von Annette Schulte, Nina Sutton und Robert Wunsch in diesem Band). Eine solche Annäherung ist ohne Frage ebenso notwendig wie erhellend, sie weist allerdings auch einen Nachteil auf. Indem sie das Einmalige des Bettelheimschen Ansatzes unterstreicht, läuft sie Gefahr, die Einflüsse, die andere prominente Pädagoginnen und Pädagogen auf Bettelheim ausgeübt haben, zu verfehlen. Wenn diese Beeinflussungen nicht auf den ersten Blick in Erscheinung treten, dann deshalb, weil Bettelheim die unterschiedlichen „Bausteine" zu einem einheitlichen Ganzen integriert hat: seine Theorie und Praxis sind einheitlich und eklektisch zugleich.

Komplementär zu den Beiträgen von Schulte, Sutton und Wunsch in diesem Band suche ich hier einen stärker an pädagogischen Traditionen orientierten Zugang zum Werk Bettelheims. Den größten Einfluß darauf übte ohne Zweifel die Psychoanalyse aus. Ohne den Einfluß von Sigmund und Anna Freud, August Aichhorn und Fritz Redl ist sein Werk in der heute vorliegenden Form nur schwer vorstellbar. Bei eingehender Beschäftigung damit lassen sich in Bettelheims Ansatz aber auch deutliche Einflüsse nicht psychoanalytisch argumentierender Pädagogen nachweisen. Zu nennen sind in diesem Zusammenhang beispielsweise Johann Heinrich Pestalozzi (1746–1827), Maria Montessori (1870–1952) oder John Dewey (1859–1952). In diesem Beitrag soll nun der tiefgreifende Einfluß des amerikanischen Philosophen und Pädagogen John Dewey auf Bettelheims pädagogisches Denken nachgewiesen und rekonstruiert werden (zum Einfluß Pestalozzis und Montessoris auf Bettelheim vgl. Krumenacker 1996).

Meine Argumentation erfolgt in vier Schritten: Zunächst nähere ich mich dem Verhältnis beider pädagogischer Werke über die lebensgeschichtlichen Erfahrungen Bettelheims an. Anschließend wende ich mich seiner ausdrücklichen Dewey-Rezeption zu. In einem dritten Schritt vergleiche ich überblicksartig die Schultheorien beider Pädagogen, um – viertens – nachzuweisen, daß zentrale Prinzipien der Progressive Education Eingang in Bettelheims Konzept von Milieutherapie gefunden haben. Der Beitrag schließt mit einer thesenhaften Charakterisierung von Milieutherapie als Synthese modifizierter psychoanalytischer und modifizierter Positionen der Progressive Education.

1. LEBENSGESCHICHTLICHE ANNÄHERUNG

Unter theoretisch-systematischen Gesichtspunkten erweist sich ein gemeinsamer Zugang zu den Werken Deweys und Bettelheims zunächst als sperrig. Zu naiv und einseitig auf die rationale Selbst- und Weltkontrolle fixiert erscheint der pädagogische Optimismus Deweys; zu skeptisch und von der größeren Bedeutung unbewußter gegenüber bewußten Prozessen überzeugt, präsentiert sich dagegen Bettelheims Ansatz. Vor allem aber: zu nahe scheint der Protagonist der Progressive Education der Reiz-Reaktionspsychologie zu stehen, die zu kritisieren der jüdische Analytiker keine Gelegenheit ausließ.

So verborgen aus theoretisch-systematischer Perspektive der Einfluß Deweys auf Bettelheim aber zunächst bleibt, so nahe legt ihn der Lebens- und Bildungsweg des Wiener Emigranten. Seit Erscheinen des Essaybandes „Themen meines Lebens" wissen wir, daß Bettelheim Deweys Philosophie schon während seines Studiums kennenlernte (Bettelheim 1990, S. 118/123). Nach eigenen Angaben „konvertierte" er als Student von Wyneken zu Dewey, dessen Reformpädagogik ihm im Vergleich mit dem „tiefschürfenden Denken" des Amerikaners oberflächlich erschien. Als Bettelheim 1938 gezwungen war, in die USA zu emigrieren, waren ihm daher die pädagogischen Positionen Deweys schon vertraut. Sie dominierten damals die erziehungswissenschaftliche Theoriebildung in den Vereinigten Staaten und blieben bis heute sehr einflußreich. Das Schicksal der Emigration brachte Bettelheim aber noch viel enger mit der Theorie und Praxis John Deweys in Kontakt, als es diese allgemeinen Überlegungen nahelegen. Mit Unterstützung der Rockefeller-Foundation bot sich ihm die Chance, an eben jener privaten Forschungsuniversität von Chicago zu reüssieren, an der Deweys „Geist" stärker als in anderen Institutionen der USA lebendig geblieben war. Von 1894 bis 1905 stand Dewey der Abteilung für Philosophie, Psychologie und Pädagogik an der Universität Chicago vor. Hier war es auch, wo er 1896 seine Laboratory School ins Leben rief. Die „Dewey-School", wie sie schon bald genannt wurde, war ein praktisches Schulexperiment mit weitreichenden theoretischen Begründungen und bildete den Ausgangspunkt der amerikanischen Progressive Education-Bewegung. Sie erfuhr nicht zuletzt deshalb internationale Beachtung, weil Dewey mit ihr die Vereinbarkeit von pädagogischer Praxis, erziehungswissenschaftlicher Forschung und politischem Engagement demonstrierte. Das organisatorische Zentrum des Progressive Education Movements, die Progressive Education Association war Bettelheims erster Arbeitgeber im Exil. Vor diesem lebensgeschichtlichen Hintergrund wird verständlich, warum der Psychoanalytiker Bettelheim den Philosophen und Pädagogen Dewey als „seinen geistigen Vater" bezeichnen (Bettelheim [1960] 1989, S. 39), sich in seinen Schriften vergleichsweise häufig auf ihn beziehen (Bettelheim 1971, S. 23; [1950] 1970, S. 31 f.; [1960] 1989, S. 39; 1990, S. 118, 123; Bettelheim/Zelan 1982, S. 271 f.) und als europäischer Emigrant im Heimatland Deweys gar als Kritiker von dessen amerikanischer Rezeption auftreten konnte (Dempsey 1970, S. 23).[1] Auch wenn der demokratische Pragmatiker in der bisherigen Bettelheim-Forschung kaum auftaucht, wird der Einfluß Deweys auf das pädagogisch-therapeutische Denken Bettelheims wahrscheinlich nur noch von dem Freuds übertroffen.

Welcher Einfluß Deweys läßt sich aber konkret in Bettelheims Werk aufweisen? Wie umfassend hat der nonkonformistische Analytiker den Ansatz des pragmatischen Pädagogen in der Tat rezipiert? Erste Hinweise zur Beantwortung dieser Fragen soll ein Blick auf Bettelheims explizite Dewey-Rezeption bieten.

---

[1] Die einzige mir bekannte kritisch-relativierende Äußerung Bettelheims über Dewey findet sich in seinem Korczak-Essay (Bettelheim 1990, S. 217). Dort heißt es: „[…] Manche von diesen Gedanken wurden auch von einigen wenigen zeitgenössischen Erziehern geteilt, wie etwa von Dewey. Doch während Erzieher wie Dewey Begriffe entwickelten, setzte Korczak seine Ideen in die Praxis um, indem er mit den Kindern auf einer Grundlage zusammenlebte, die sie mit seiner Hilfe entdeckt und verwirklicht hatten."

2. Erziehung zum Realitätsprinzip – Zu Bettelheims expliziter Dewey-Rezeption

Liest man jene Textstellen genau, an denen Bettelheim inhaltlich auf Dewey verweist, so lassen sich zwei wiederkehrende Argumentationsfiguren herausarbeiten. Zum einen dient ihm Dewey – zusammen mit Freud – als Gewährsmann für die Bedeutung des Realitäts- gegenüber dem Lustprinzip in der Erziehung (vgl. z.B. Bettelheim/Zelan 1982, S. 271f.). Zweitens rekurriert Bettelheim immer dann auf den amerikanischen Pragmatiker, wenn er die Bedeutung eines nicht-normativen pädagogischen Vorgehens und das damit eng verbundene Prinzip des Lernens aus Erfahrung herausstreicht. Hier soll es zunächst nur um die pädagogische Bedeutung des Realitätsprinzips gehen. Auf die Merkmale „nicht-normatives Vorgehen" und „Lernen aus Erfahrung" werde ich weiter unten eingehen.

In den 70er Jahren trat der Immigrant Bettelheim öffentlich als Kritiker des amerikanischen Bildungswesens auf. Er wandte sich gegen damals allenthalben zu beobachtende Bestrebungen, schulische Lerninhalte zunehmend zu vereinfachen. Die damit einhergehende weitverbreitete Verhaltensweise amerikanischer Lehrer, Schüler dadurch motivieren zu wollen, daß sie ihnen suggerierten, der Lernprozeß sei „mühelos", kritisierte Bettelheim als „misapplied Deweyism" (zit. nach Dempsey 1970, S. 23).[2] Um eine verfehlte Form der Dewey-Rezeption handelt es sich für ihn dabei, weil die objektiven Mühen und Schwierigkeiten, die nun einmal mit Bildungsprozessen verbunden seien, geleugnet würden. Mit dem für ihn charakteristischen Gespür für latente Gehalte von alltäglichen Äußerungen und Verhaltensweisen, das ihm zuletzt Peter Loewenberg (1991, S. 692) attestierte, erklärte er in einem Interview, weshalb er es für kontraproduktiv hält, Schülern zu suggerieren, Bildung sei mühelos zu erwerben: „Gebildet zu sein, ist wahrlich nicht leicht, im Gegenteil, es ist ein hartes Stück Arbeit. So zu tun, als ob es einfach wäre, macht alles noch schlimmer. Wird das Lernen zum Amüsement verklärt, wird das erfolgreiche Kind kein Gefühl dafür entwickeln, etwas errreicht zu haben, und das

---

[2] Diesem „misapplied Deweyism" liegt offenbar eine verfehlte Interpretation von Deweys Forderung zugrunde, Schule müsse eine vereinfachte Umwelt zur Verfügung stellen (Dewey, J. [1916] 1993, S. 39). Während der amerikanische Pädagoge eine Reduktion auf das Typische und Elementare im Sinn hatte, wurde seine Forderung im Sinne des Lustprinzips mißverstanden, das alle Mühsal und Anstrengung aus dem Lernprozeß zu verbannen versuchte.

Kind, das versagt, wird am Boden zerstört sein, da es zu den vermeintlich einfachen Dingen nicht in der Lage ist; es muß also denken, ich bin ein Versager. Sooft ich Kinder unterrichtet habe, sagte ich: Das ist schwierig, aber wenn man sich anstrengt, schafft man es. In diesem Fall sind Kinder, die versagen, nicht entmutigt, da sie darauf hingewiesen wurden, daß die Aufgabe schwierig war! Wenn sie es doch schaffen, haben sie ein wichtiges Erfolgserlebnis" (Bettelheim 1981, S. 35).

Mit dieser und anderen Formulierungen bezieht Bettelheim Positionen, die Dewey in seinem Alterswerk *Erfahrung und Erziehung* ([1938] 1963) noch einmal herausgestrichen hat. Der Achtzigjährige nutzte diese Schrift, um rückblickend Mißverständnisse und Fehlentwicklungen in der Progressive Education-Bewegung richtigzustellen (vgl. Schreier 1986, S. 15, 71). Hier verdeutlichte er noch einmal Überzeugungen, wie man sie in seinem Hauptwerk „Demokratie und Erziehung" (1916), aber auch schon früher, etwa in „Schule und öffentliches Leben" (1905), finden kann.

Praktische Rezeptionen seiner Ideen vor Augen, die in pädagogischer Beliebigkeit und Strukturlosigkeit mündeten, hebt Dewey nachdrücklich die Notwendigkeit von Anstrengung und Ausdauer bei der Überwindung von (Lern)Hindernissen hervor (Dewey, J. [1938] 1963, S. 49). Unmißverständlich teilt er auch seine Überzeugung mit, derzufolge das Ziel von Erziehung „die Schulung der Fähigkeit zur Selbstbeherrschung" sei (a.a.O., S. 75). Ein allein lustbetontes Handeln ist für Dewey eine gefährlichere Variante äußerer Kontrolle als die durch traditionelle Autoritäten ausgeübte. Sich der Beherrschung durch eine andere Person zu entziehen, nur um sich in seinem Verhalten durch jeweilige Launen und Impulse bestimmen zu lassen, erscheint ihm eher als Verlust, denn als Gewinn von Freiheit. Ein Mensch, ergänzt er in einer von der absoluten Wertschätzung von Rationalität geprägten Argumentation, der sich von Antrieben beherrschen lasse, die nicht „durch vernünftige Erwägungen geläutert wurden", erliege lediglich einer Illusion von Freiheit, während er in Wirklichkeit von Mächten bestimmt werde, auf die er keinen Einfluß habe (a.a.O., S. 75). Die ‚Mahnungen' und Richtigstellungen Deweys erreichen ihren Höhepunkt in der Feststellung, die intelligente Selbstführung, die seine Pädagogik anstrebe, sei im Grunde strenger, als die Zucht der traditionellen Schulen. Damit erteilt er allen liberalistischen Interpretation seiner Lehre eine eindeutige Absage. Nimmt man Deweys Stellungnahmen in dieser komprimierten Form zur Kenntnis, so wird anschaulich nachvollziehbar, warum Bettelheim gerade ihn als Zeugen für die Bedeutung des Realitätsprinzips aufruft.

Geht man allein von dem expliziten Bezug Bettelheims auf Dewey aus, so muß man zu dem Ergebnis kommen, daß er sich auf die Aspekte „Realitätsprinzip", „nicht-normatives Vorgehen" und „Lernen aus Erfahrung" beschränkt. Tatsächlich reicht der Einfluß des amerikanischen Pädagogen aber weit darüber hinaus. Dies soll der dritte Schritt zeigen, in dem ich die Schulkonzeptionen beider Pädagogen einem kursorischen Vergleich unterziehe.

3. SCHULE ALS VEREINFACHTE, GEREINIGTE UND INTEGRIERTE UMGEBUNG

Übereinstimmend gehen Bettelheim und Dewey davon aus, „Schule" habe umfassende und kontinuierliche[3] – in der Milieutherapie vor allem korrektive – Erfahrungen zu ermöglichen; Erfahrungen, auf denen bei Dewey der Bildungsprozeß der Kinder, bei Bettelheim der Prozeß der Integration bzw. Re-Integration ihrer Persönlichkeiten aufbauen kann. Damit ist der zentrale Unterschied zwischen Progressive Education und Milieutherapie angesprochen, der aus ihren unterschiedlichen Zielgruppen resultiert. An der Orthogenic School arbeitete und arbeitet man mit einer „Schülerschaft", deren Unterschied zu der der Laboratory School nicht groß genug gedacht werden kann: dort gesunde Kinder aus Akademikerfamilien, anfänglich gar aus Deweys Kollegenkreis (vgl. Bohnsack 1984, S. 72), hier emotional schwer gestörte Kinder im Zustand der Verstörung und Hoffnungslosigkeit. Während in der Dewey-School Problemstellungen systematisch geordnet und allein auf das Ziel „Lernen zu lernen" ausgerichtet werden konnten, ging und geht es in der „Psychiatric School" Bettelheims zuerst einmal um die Bewältigung von Alltagsproblemen, um das „Leben lernen" in einem ganz elementaren Sinne. *Leben lernen als Therapie* lautet denn auch folgerichtig der Untertitel von Bettelheims Hauptwerk „Der Weg aus dem Labyrinth" (Bettelheim [1974] 1990).[4]

So unterschiedlich die Ausgangsbedingungen beider Schulexperimente hinsichtlich ihrer Zielgruppen aber auch sein mögen, so weitgehend stimmen sie bezüglich der zentralen pädagogischen Grundan-

---

[3] Auf die Definition der Begriffe „Erfahrung" und „Kontinuität von Erfahrung", wie Dewey sie einführt und sie hier verwendet werden, wird weiter unten eingegangen.

[4] Auf diesen zentralen Grundsatz verweist auch der Titel der Buchausgabe von Ingo Hermanns Gespräch mit Bettelheim in der Reihe „Zeugen des Jahrhunderts": *Erziehung zum Leben* (Bettelheim / Hermann 1993).

nahmen überein. Im Zentrum von Deweys Überlegungen zu Schule als Umgebung besonderer Art steht die Überzeugung, daß die jeweils spezifischen Haltungen und Dispositionen, die Schule bei ihr anvertrauten Kindern hervorbringen soll, nicht durch direkte Übertragung von Erkenntnissen, Erfahrungen und Gefühlen, sondern nur in indirekter Weise und mit Hilfe des Mediums der Umwelt gelingen kann. Im Gegensatz etwa zu Montessori, bei deren „vorbereiteter Umgebung" sich der Eindruck aufdrängt, hier arbeiteten eine Anzahl kindlicher Individuen zwar äußerlich gemeinsam, im Grunde aber isoliert nebeneinander, meint der demokratische Pragmatiker, wenn er von „Umwelt" spricht, primär die *soziale* Umwelt. Von der „sozialen Umwelt" oder „sozialen Atmosphäre" – Dewey benutzt beide Begriffe synonym – gehen in dem Maße „echte Erziehungswirkungen" (Dewey [1916] 1993, S. 42) aus, wie ein Individuum seinen Anteil an gemeinsamen Aktivitäten wahrnimmt. Dadurch mache es die Zwecke dieser sozialen Umwelt zu den seinigen, erwerbe notwendige Fertigkeiten, werde mit ihren Methoden und ihrem Verhalten vertraut und schließlich auch von ihren Gefühlen durchdrungen. Wirksame Erziehung geschieht bei Dewey also ausdrücklich ohne bewußte Absicht und nur in dem Ausmaß, in dem ein Individuum an den Aktivitäten der sozialen Gruppen, zu denen es gehört, aktiv teilnimmt. Für diesen, aus dem unmittelbaren Mittun, aus dem Leben in der Gemeinschaft resultierenden Erziehungsprozeß verwendet er den Begriff der „unabsichtlichen Erziehung" („informal education") (a.a.O., S. 25). Die „formal education", die bewußte Belehrung und Berichtigung[5], verblaßt im Kontrast zur unmittelbar erlebten Bedeutung in der „sozialen Atmosphäre" (Dewey [1916] 1993, S. 48). Nur folgerichtig ist für Dewey die „soziale Umwelt" dann auch die alles „entscheidende Macht" im Erziehungsgeschehen (a.a.O., S. 36). Als schriebe er ins Stammbuch der Milieutherapie, formuliert er: „Wir erziehen niemals unmittelbar, sondern mittelbar, und zwar durch das Mittel der Umgebung. Worauf es ankommt, ist, ob wir einer zufälligen Umgebung das Werk überlassen oder eine besondere Umgebung für diesen Zweck schaffen" (a.a.O., S. 37).

Diese Position hat natürlich weitreichende Auswirkungen auf die Aufgabenbestimmung und Gestaltung institutioneller Erziehung. Dewey folgend hat Schule drei zentrale Aufgaben wahrzunehmen. Ihre *erste* Bestimmung ist es, eine „vereinfachte Umwelt" bereitzu-

---

[5] Vgl. „Aber das alles ist nichts, was mir bewußt vermittelt wurde. Alles, was mir bewußt vermittelt wurde, war mir suspekt, und ich glaube, das ist auch heute noch so" (Bettelheim 1980a, S. 127).

stellen (a.a.O., S. 39). Die Komplexität von „Umwelt" soll auf ein Maß reduziert werden, das wieder in Einklang mit den begrenzten Fähigkeiten und Kenntnissen der Schüler steht; „Umwelt" muß von ihnen bewältigt werden können, ohne sie selbst zu überwältigen. Komplexität zu reduzieren bedeutet, Sachverhalte und Strukturen auf ihre wesensmäßigen Züge und Grundprinzipien zurückzuführen. Ferner geht es darum, eine vom einfachen zum komplizierten führende Ordnung herzustellen, so daß bereits angeeignete Kenntnisse und Fähigkeiten genutzt werden können, um kompliziertere zu erschließen.

Unerwünschte Umwelteinflüsse bewußt auszuschalten, ist die *zweite* Aufgabe von Schule. In einem Prozeß genauer Prüfung sollen jene „wertlosen und wertwidrigen Züge der jeweiligen Umwelt" identifiziert und von den Schülern ferngehalten werden, die nicht im „Sinne einer besseren Gesellschaft der Zukunft" wirken (a.a.O., S. 39). Ziel ist es, eine „gereinigte Atmosphäre des Handelns" herzustellen und durch die getroffene Auswahl, die Macht des Positiven zu verstärken.

Auch bezüglich der *dritten* Aufgabe von Schule, der Hilfe zur Integration potentiell desintegrierenden Wirkungen der unterschiedlichen sozialen Umgebungen, stimmen beide Konzepte auf einer allgemeinen Ebene überein. In der Konkretion nimmt sich diese Anforderung allerdings jeweils sehr unterschiedlich aus. Wenn Dewey von den tendenziell „auseinanderstrebenden Kräften, die durch das Nebeneinander verschiedener Gruppen innerhalb derselben politischen Einheit" (a.a.O., S. 41) leben, spricht, so hat er die unterschiedlichen Rassen, Religionen und wirtschaftlichen Gruppen im Auge, die in einer progressiven Schule zusammen unterrichtet werden sollen. Über die dabei auftretenden „zentrifugalen" Kräfte hinaus gewinnt er dieser Tatsache auch eine positive Dimension ab. Schule hat die potentiellen gegenseitigen Anregungen und Bereicherungen, die durch dieses Nebeneinander gegeben sind, zu nutzen und den Schülern derart einen weiteren Horizont zu eröffnen, als es das Elternhaus in dieser Hinsicht könnte. Den von Dewey genannten Aufgaben „Vereinfachen", „Reinigen" und „Integrieren" könnte man also noch die des „Erweiterns" hinzufügen. In diesem Punkt erscheint sein Ansatz stark von der amerikanischen Ideologie des „melting pot" beeinflußt, auf die er sich in Demokratie und Erziehung auch beiläufig bezieht (a.a.O., S. 41). Diese genuin amerikanische Sichtweise scheint auch der Grund dafür zu sein, daß sich eine Analogie zu diesem Element im Ansatz Bettelheims nicht nachweisen läßt. Wie die Anmerkung eines Besuchers der Orthogenic School zeigt, derzufolge die Schule als Kulisse für ein Stück von Arthur Schnitzler dienen könnte, bleibt sein Konzept offenbar noch stark in europäischen Kulturtraditionen verhaftet (vgl. Dempsey 1970, S. 107). Während es dem amerikanischen Pragmatiker um die Wahrung der jeweiligen persönlichen, nationalen, religiösen Identität und *zusätzlich* um deren gegenseitige Befruchtung zu tun ist, akzentuiert Bettelheim, eine Formulierung Kants über das Kunstwerk paraphrasierend, allein die Aufgabe, die Vielfalt und Individualität aller Personen innerhalb der Einheit der Institution zu bewahren (vgl. Bettelheim [1950] 1970, S. 9). Aufgrund der extremen Ich-Schwäche und außergewöhnlichen Sensibilität psychotischer Kinder stellt sich die Integrationsaufgabe an der Orthogenic School auf einer elementaren Ebene. Desintegrierende Erfahrungen ergeben sich hier schon allein deshalb nicht aus dem Nebeneinander unterschiedlicher Gruppen, weil sich die Kinder sehr wenig aufeinander beziehen. Quellen desintegrierender Erfahrungen sind vielmehr Übergänge, die von gesunden Menschen in ihrer Problematik häufig überhaupt nicht mehr wahrgenommen werden, an gestörte Kinder aber bereits hohe Anforderungen stellen. Gemeint ist beispielsweise die Passage von einem Ort im Milieu zu einem anderen, etwa vom Speisesaal in den Unterrichtsraum. Ferner tageszeitliche Übergänge, wie der vom Aufwachen zum Aufstehen. Von unterschiedlichen Zeiten und Orten im Milieu gehen unterschiedliche Erwartungen und damit bei gestörten Kindern oft auch große antizipatorische Ängste aus. „Übergangszeiten" und „Übergangsorte" lauten deshalb die Stichworte, unter denen Bettelheim die potentiell desintegrierenden Erfahrungen abhandelt, die mit räumlichen und zeitlichen Passagen einhergehen (vgl. Bettelheim [1950] 1970, S. 118 ff.).

Schon diese stichwortartige Skizze der Aufgaben von Schule läßt auf einer allgemeinen inhaltlichen Ebene eine weitgehende Übereinstimmung der pädagogischen Grundannahmen von Progressive Education und Milieutherapie erkennen. Die genannten pragmatischen Positionen treffen den Kern von Milieutherapie, weil das Prinzip, eine vereinfachte, auf die jeweiligen Bedürfnisse zugeschnittene Umwelt zu schaffen, als *das* Grundprinzip von Milieutherapie überhaupt angesehen werden muß. Von der Annahme ausgehend, daß die emotionalen Probleme der betreuten Kinder aus der Unfähigkeit resultieren, innere Strebungen mit ihrer jeweiligen sozialen Umwelt in Einklang zu bringen, ist es Programm, alltägliche Erfahrungen und Anforderungen auf jenes Maß zu reduzieren, dem die Kinder auch gewachsen sind. „[...] die Schule versucht, die Dimensionen der Realität zu reduzieren, im Sinne einer Realität, die die Kinder bewältigen können", heißt es in fast wörtlicher Übereinstimmung mit Deweys Formulierungen in der Selbstdarstellung der Orthogenic School aus den siebziger Jahren (zit.

168

nach Internationale Gesellschaft für Heimerziehung (Hrsg.) 1974, S. 97; vgl. auch Bettelheim [1974] 1990, S. 60). Zentrales Mittel ist die sorgfältige Auswahl und behutsame Abstufung von Lebenserfahrungen in einem durch „Vorhersagbarkeit" und „Dauerhaftigkeit" geprägten Milieu (a.a.O. und Bettelheim [1974] 1990, S. 52). Bewußte Auswahl und sorgfältige Abstufung bedeutet, den Kindern nur ausgewählte Erfahrungsmöglichkeiten anzubieten, sie so zu arrangieren, daß sie jeweils nur mit einer herausfordernden Erfahrung auf einmal konfrontiert sind und bedeutet schließlich auch, immer für den persönlichen Beistand zu sorgen, den das Kind benötigt, um der Herausforderung erfolgreich begegnen zu können (vgl. Internationale Gesellschaft für Heimerziehung (Hrsg.) 1974, S. 97). Wiederholte und schließlich auch „überzeugende Demonstrationen von Ich-Stärke" in alltäglichen Zusammenhängen werden so möglich (Bettelheim 1949, S. 93). Indem entsprechend der bereits erreichten Ich-Stärke der Umfang und die Anforderungen alltäglicher Erfahrungsmöglichkeiten nach und nach erhöht werden, wird ein Prozeß der graduellen Ich-Erziehung eingeleitet. Die bewußte Auswahl, das gezielte Arrangement und die zugleich bedürfnisadäquate und auf die jeweils nächste Entwicklungsstufe bezogene Strukturierung alltäglicher Erfahrungen macht das pädagogische Herzstück von Milieutherapie aus und steht in vollkommener Übereinstimmung mit beiden Elementen von Deweys erster Aufgabenbestimmung von Schule.

Auch die *zweite* Aufgabe, der bewußte Ausschluß negativer Umwelteinflüsse, läßt sich im Konzept von Milieutherapie identifizieren. Greifbares Symbol dafür ist die vielzitierte Eingangstür der Institution. Aufgrund von Bettelheims pathogenetischem Paradigma, demzufolge am Anfang psychischer Fehlentwicklungen schwerwiegende frühkindliche Traumatisierungen bei äußerlich durchaus unauffälligen familialen Verhältnissen stehen, bedeutet die Abwehr widriger Umwelteinflüsse also konkret Ausschluß der Eltern und anderer den Behandlungsverlauf störender Personen. Ausschluß unliebsamer Umweltwirkungen meint darüber hinaus aber auch zahlreiche weitere Einschränkungen (beispielsweise hinsichtlich Lektüre, Fernsehen etc.) bis hin zu Maßnahmen, wie der Kontrolle ein- und ausgehender Post.

Hinsichtlich der Geistesverwandtschaft beider Ansätze aussagekräftiger als beim Punkt „Ausschluß negativer Außeneinflüsse" ins Detail zu gehen, erscheint mir die Tatsache, daß beide Ansätze von der Kritik mit sehr ähnlichen Argumenten konfrontiert wurden. Ausgangspunkt ist nicht selten die durchaus reale Gefahr, die mit der bewußten Abgrenzung zur Außenwelt und mit der Etablierung eines spezifisch

strukturierten Binnenmilieus einhergeht. Konkret besteht sie darin, daß sich das Leben in der Institution zu weit von den realen Bedingungen, aus denen die Kinder stammen, und in die sie zurückkehren werden, entfernt. Das therapeutische Milieu dürfe kein außerhalb der Realität gelegenes Märchenland sein, aber innerhalb realistischer Grenzen gehe es sehr wohl darum, den Kindern das Leben so angenehm wie möglich zu machen, umreißt Bettelheim das von ihm angestrebte ideale Verhältnis von „Realität" und „Schonraum" im Milieu der Schule (Bettelheim / Karlin [1975] 1984, S. 67). An einer anderen Stelle benennt er den Grundsatz, demzufolge die Hauptzüge einer Gesellschaft, wie immer sie auch beschaffen sein mögen, Teil des Lebens des Patienten bleiben müssen[6] Dewey betont in diesem Zusammenhang den Lebens- und Gesellschaftsbezug der Unterrichtsinhalte an seiner Schule sowie das Prinzip der Kontinuität von Erfahrung. In seiner Einrichtung sollte Lernen ja ausdrücklich an die außerschulische Erfahrung der Kinder anknüpfen und ihnen die Grundbedingungen der außerschulischen Gesellschaft und Kultur in vereinfachter Form nahebringen. Dem Dilemma, Kindern etwas grundsätzlich anderes bieten zu müssen, als sie außerhalb der Schule erfahren, sie gleichzeitig davon aber nicht zu sehr entfremden zu dürfen, versucht Dewey mit dialektischer Spitzfindigkeit zu entgehen. Intendiert sein Konzept von Schule doch *absichtlich* und systematisch, Lernsituationen zu schaffen, die *unabsichtliches* und indirektes Lernen erlauben. Das Ziel ist die *künstliche* Erzeugung einer *natürlichen* Lernumwelt (vgl. Bohnsack 1964, S. 260). Auch wenn die „Dewey-School" im Vergleich mit der Orthogenic School als sehr viel durchlässiger konzipiert erscheint, wurde und wird sie mit dem Argument kritisiert, daß Lernsituationen in ihr „[...] doch weitgehend als idealisierter Schonraum erscheinen, in denen die realen Bedingungen der gesellschaftlichen Wirklichkeit [...] nicht repräsentiert sind und aus der heraus keine pädagogisch gezielten Erfahrungs- und Handlungsaktivitäten in jene außerschulische Realität hinüberführen" (Klafki 1978, S. 792).
Bedenkt man, daß die drei vorgestellten Elemente „Vereinfachen", „Reinigen" und „Integrieren" das Rückgrat von Deweys Schultheorie darstellen, könnte sein Einfluß auf Bettelheim als nachgewiesen gel-

---

[6] In Bettelheim [1960] 1989, S. 37 heißt es, die Aufgabe bestand darin, „ein Milieu zu schaffen, das in jeder Hinsicht therapeutische Wirkung ausübte, aber trotzdem noch einer Situation des wirklichen Lebens entsprach"; die ausführlichste Erörterung dieser Frage findet sich in Kapitel 10 *Die Außenwelt* in: Bettelheim [1950] 1988, S. 274–304

ten. Es dabei bewenden zu lassen, hieße allerdings, das erstaunliche Ausmaß dieses Einflussses zu verfehlen. Um dieses vollständig ermessen zu können, ist ein weiterer Argumentationsschritt erforderlich. Ging ich zunächst von Bettelheims Dewey-Rezeption und anschließend von den Schulkonzeptionen und dem Umweltbegriff beider Pädagogen aus, so soll jetzt nach zentralen Merkmalen ihres pädagogischen Denkens – jenseits der bisher thematisierten Aspekte – gefragt werden.

4. NICHT-NORMATIVES VORGEHEN; FEHLEN EINES BILDUNGSZIELES; LERNEN DURCH ERFAHRUNG; SITUATIONS- UND HANDLUNGSBEZUG

„Ich habe [von Dewey][…] gelernt […], daß die einzige Möglichkeit, wie Menschen lernen, das Richtige zu tun, die ist, ihnen die Chance zu geben, selber herauszufinden, was für sie richtig und was für sie falsch ist" (Bettelheim 1971, S. 23). So schlicht diese Interviewäußerung Bettelheims klingt, so weitreichende Implikationen enthält sie. In diesem Zitat sind nicht weniger als fünf konstitutive Merkmale von Deweys pädagogischer Theorie und Praxis enthalten, die sich auch in Bettelheims Erziehungskonzeption identifizieren lassen. Es sind dies:

(1) das Fehlen eines normativen Gehalts;
(2) die Unbestimmbarkeit eines Bildungzieles;
(3) das Prinzip des Lernens durch Erfahrung;
(4) das Prinzip des Situationsbezuges sowie
(5) ein überragender Stellenwert des menschlichen Handelns.

Aus Platzgründen muß ich mich hier auf die Merkmale „Fehlen eines normativen Gehalts", „Unbestimmbarkeit eines Erziehungszieles" und „Lernen durch Erfahrung" beschränken. Da die beiden zuerst genannten Kriterien den prozeß- bzw. zielorientierten Blickwinkel auf ein und dieselbe Grundposition benennen, fasse ich sie zu einem Punkt zusammen.

4.1 Fehlen eines normativen Gehalts und Unbestimmbarkeit eines Bildungszieles

In der Einleitung der von ihm herausgegebenen Anthologie „John Dewey: Erziehung durch und für Erfahrung" (1986) bezeichnet Helmut Schreier den amerikanischen Pragmatismus als „Instrument zur Abwehr vorgegebener und genau umrissener Wertvorstellungen"

(Schreier 1986, S. 48). Damit ist die nicht-normative Ausrichtung dieser philsophischen Denkschule prägnant formuliert. In der Tat finden sich in Deweys Werk keine Anhaltspunkte für unwandelbare Normen und Ideen und damit verbunden, die Ablehnung alles „Vorgeschriebenen, anderswo Ausgedachten und Geplanten" (Dewey [1916] 1993, S. 54). Normative Grundwerte jedweder Provenienz erscheinen ihm vielmehr als gefährliche Instrumente zur Verhinderung von Erfahrung. Erst ihre entschiedene Zurückweisung gewährleistet, daß in dem jeweiligen konkreten Praxisprozeß – unbehelligt von Vorgaben – angemessene Vorstellungen, Absichten, Pläne und Ziele von den jeweils konkret Beteiligten selbst erarbeitet werden können. Lernen, in dem von ihm intendierten Sinne, findet nur dann statt, wenn es den Beteiligten ermöglicht wird, vor dem Hintergrund ihrer eigenen Erfahrungen mit dem gegebenen Problem zu ‚ringen‘, eigene Fehler zu machen, sie zu korrigieren und derart ihren ganz persönlichen Lösungsweg zu finden (a.a.O., S. 213).

Worauf es Dewey in diesem Zusammenhang ankommt, ist die Einsicht, daß kein Gedanke oder Begriff umstandslos von einer Person auf die andere übertragen werden kann. Wird ein Gedanke mitgeteilt, so nimmt ihn der Adressat lediglich als *Information*, nicht aber als Gedanke auf. Nur wer selbst aktiv „forscht", erprobt und korrigiert, denkt im Sinne Deweys (a.a.O., S. 213).

Das Oktroyieren fremder Gedanken, Zielsetzungen etc. führt nach Dewey zu einer Schwächung der Antriebe, weil sich die Phantasie zwangsläufig jenen Fragen und Zielen zuwendet, die der jeweiligen Person mehr entsprechen: „Allem, was die Phantasie am tiefsten ergreift", schreibt er, „was ihr am besten liegt (nämlich allem, was sich um unsere innigsten Wünsche gruppiert), gibt man sich nur gelegentlich und verstohlen hin. So beeinflussen diese unsere eigentlichsten Ziele und Zwecke unser Handeln in Formen, die weder erkannt noch anerkannt werden. Da diese Formen und Wege durch Überlegungen über ihre Folgen nicht berichtigt werden, wirken sie demoralisierend" (a.a.O., S. 236). Eine subtilere und damit noch gefährlichere Auswirkung normativen pädagogischen Vorgehens sieht er in der „Verwirrung des Sinnes für das Wahre und Wirkliche", die in einer „gewohnheitsmäßigen Selbsttäuschung" münden kann.

Deweys Haltung zur Wertefrage läßt zwei Bewertungen zu. Positiv könnte man von einem Ideal der absoluten Wertfreiheit sprechen; negativ urteilend kann ein normatives Defizit konstatiert werden. Bei genauem Lesen wird man allerdings feststellen, daß beide Positionen die Werteproblematik bei Dewey nicht präzise erfassen. Zutreffend ist vielmehr, daß der Instrumentalist absolute Wertsetzungen zurückweist, ja, sie sogar bekämpft, gleichzeitig aber selbst durchaus wertende Aussagen trifft. Wie Schreier (1986) gezeigt hat, favorisiert Dewey bei Schülern beispielsweise Fähigkeiten wie „Sinn für die Rechte und Ansprüche der anderen", „Rücksichtnahme und Kooperation", „Verantwortlichkeit", „Sinn für wissenschaftliche Leistungen", „Kunstsinn" und einige mehr (Schreier 1986, S. 66). Wie der Dewey-Forscher ferner nachgewiesen hat, setzt der amerikanische Pädagoge diese Werte aber nicht als apodiktische, situationsunabhängige Größen, sondern will sie als *Orientierungen und Regulative* verstanden wissen, die von Menschen in Entwicklungsprozessen selbst herausgefunden werden müssen (a.a.O., S. 66).

Logisch zu Ende gedacht muß eine nicht-normative Pädagogik auf ein festgelegtes Erziehungsziel verzichten. Die Ungreifbarkeit des normativen Gehalts von Deweys pädagogischem Denken ist also sehr eng mit dem zweiten hier zu erörternden Merkmal verbunden: der Unbestimmtheit eines Bildungszieles. Damit ist das vielleicht provozierendste Element von Deweys Denkens angesprochen: als erster Pädagoge legt der demokratische Pragmatiker eine Bildungstheorie vor, die auf ein wie auch immer geartetes, vorher festgelegtes Ziel von Erziehung verzichtet (Oelkers 1993, S. 503).

Auch Dewey bestimmt Erziehung als Entwicklung und geistiges Wachstum; er wendet sich jedoch gegen die irrige Vorstellung von Wachstum als Bewegung auf ein festgelegtes Ziel hin. „Vom Wachstum wird angenommen", schreibt er, „daß es ein Ziel *haben* müsse, während es in Wirklichkeit eines *ist*" (Dewey [1916] 1993, S. 76; Hervorhebung im Original). Indem er diese Betrachtungsweise in seinem Hauptwerk „Demokratie und Erziehung" auf den Erziehungsprozeß anwendet, glücken Dewey die beiden folgenden Schlüsselaussagen, die man das Fanal der Reformpädagogik überhaupt nennen könnte: „Der Vorgang der Erziehung [hat] kein Ziel außerhalb seiner selbst; er ist sein eigenes Ziel". Und: Der Erziehungsvorgang bedeutet „beständige Neugestaltung, dauernden Neuaufbau, unaufhörliche Reorganisation." (a.a.O., S. 75). Der Fluchtpunkt von Deweys Denken ist keine pädagogisch intendierte Vollkommenheit, sondern allein die lernende Erfahrung. Im Mittelpunkt steht das Lernen des Lernens (a.a.O., S. 69). „Die wichtigste Einstellung, die gelehrt werden kann", heißt es prägnant im Spätwerk „Erfahrung und Erziehung", „ist das Bedürfnis nach weiterem Lernen" (Dewey [1938] 1963, S. 60). Als pädagogisch wertvoll kann demnach ein Entwicklungsprozeß nur dann gelten, wenn er zu weiterem Wachstum anregt.

Daß auch Bettelheims Ansatz ein nicht normatives Vorgehen favorisiert, hat er am deutlichsten in einem Interview zum Ausdruck gebracht: „Ich bin [...] an der Befreiung des Menschen interessiert und nicht an der Veränderung des Symptoms. [...] Mein Therapieziel ist, daß der Mensch frei entscheiden kann, was für ein Leben er führen will. Wenn ich ihm helfe, sich frei zu entscheiden, ob er z.B. psychotisch sein will oder nicht, dann habe ich mein Therapieziel erreicht. Freiheit heißt für mich nicht, daß er niemals psychotisch sein kann. Die Vorstellung, die ich von Freiheit und von der Therapie habe, drückt sich im Titel meines neuen Buches aus: Der Weg aus dem Labyrinth. Es heißt nicht: die Zerstörung des Labyrinths. Ich als Therapeut kann den Menschen nicht aus seinem Labyrinth herausreißen, nein, er muß den Weg selbst finden, denn nur dann ist es sein eigener Weg. Wir können ihm den Weg aus dem Labyrinth nicht vorschreiben. [...] Ich habe gar keine Ahnung, welches der Weg heraus sein soll, aber meine Aufgabe ist, dem Patienten zu helfen, seinen Weg, nicht meinen Weg, zu finden. Es zeugt meiner Ansicht nach von höchster Arroganz, einem Menschen vorschreiben zu wollen, wie er sich verhalten soll. Alles, was ich will, läßt sich in einem Satz sagen: Der Mensch soll die Freiheit haben, sich so oder so zu verhalten" (Bettelheim 1976, S. 15).

Auch wenn im Zentrum von Milieutherapie alles andere steht als der Gedanke, was an einem Kind zu verändern sei, so bedeutet dies nicht den völligen Verzicht auf Vorgaben. Der im Vergleich zu ihren nicht-normativen Elementen subtilere normative Gehalt von Milieutherapie ergibt sich vielmehr aus der Summe von mindestens drei Elementen: Auf einer sehr grundlegenden Ebene arbeitet Milieutherapie – *erstens* – insofern normativ, als ohne Frage selbst- und fremddestruktive Akte der Kinder und Jugendlichen unterbunden werden. Als normatives Element muß – *zweitens* – die an die Kinder herangetragene Erwartung angesehen werden, sich auch in der Tat ihrem jeweils erreichten Reifegrad entsprechend zu verhalten. Diese Erwartung schließt allerdings regressive Phasen ausdrücklich nicht aus (vgl. Bettelheim [1955] 1973, S. 21; Bettelheim 1972). Auf dieses Element hat zuletzt Manfred Gerspach mit der Bemerkung hingewiesen, Bettelheim sei einer der ersten gewesen, dem es gelang, einfühlsames Verstehen mit der verbindlichen Forderung nach realitätsgerechtem Verhalten zu legieren (Gerspach 1994, S. 252). Der normative Gehalt von Milieutherapie kommt schließlich – *drittens* – in den charakteristischen Bestrebungen zum Ausdruck, dem Kind Erfahrungen zu ersparen, die es überfordern oder seiner Selbstachtung auf andere Weise schaden würden. So gesehen enthält schon das Prinzip der planvollen Umweltgestaltung und der Ausschluß pädagogisch unerwünschter Umweltwirkungen einen ausgeprägt normativen Gehalt. Wenn die nicht-normativen Elemente von Milieutherapie in der bisherigen Rezeption stärker beachtet wurden, als die sie ergänzenden normativen, dann wohl nicht zuletzt deshalb, weil die Mehrzahl der Publikationen Bettelheims Selbstverständnis unbefragt übernimmt. Das genaue Verhältnis von normativen und nicht-normativen Elementen in der Milieutherapie kann hier nicht geklärt werden. Es sollte vielmehr darauf aufmerksam gemacht werden, daß – ähnlich wie Deweys Philosophie nur ihrem Selbstverständnis nach wertfrei ist, tatsächlich aber auch in ihr bestimmte Orientierungen vorgegeben werden – den nicht-normativen Elementen in Bettelheims Ansatz subtilere, normative korrespondieren. Die im Rahmen von Milieutherapie erzielten Erfolge müssen daher wohl nicht zuletzt in der gelungenen Vermittlung nicht-normativer und normativer Elemente gesehen werden, in der Gewährung einer weitgehenden, wenngleich sinnvoll eingegrenzten Freiheit.

4.2 Lernen durch Erfahrung

Wenn, wie Dewey behauptet, echte Erziehung durch Erfahrungen zustande kommt und wenn – präziser – „Erziehung eine Entwicklung von, durch und für Erfahrung ist" (Dewey [1938] 1963, S. 41), dann muß eine Theorie der Erfahrung das Fundament des erziehungsphilosophischen Denkens bilden. Sie wird u.a. dadurch erforderlich, daß nicht alle Erfahrungen gleichermaßen als erzieherisch wertvoll gelten können und die jeweilige pädagogische Entscheidung für bestimmte Erfahrungen begründet werden muß.

Der Erfahrungsprozeß umfaßt nach Dewey grundsätzlich ein aktives und ein passives Element. Der aktive Aspekt besagt, daß in einer jeweils bestimmten Weise auf die Umwelt eingewirkt und dadurch Erfahrung aktiv herbeigeführt wird. Das passive Element besteht im Erleiden oder Hinnehmen der Folgen der aktiven Seite der Erfahrung. Ein solcher Prozeß der Erfahrungsproduktion ist aber noch kein Lernen. Soll aus „Erfahren" „Lernen" werden, müssen zwei weitere Bedingungen erfüllt sein: es gilt *erstens*, „[...] das, was wir den Dingen *tun*, und das, was wir von ihnen *erleiden*, nach rückwärts und vorwärts miteinander in Verbindung [zu] bringen" (Dewey [1916] 1993, S. 187; Hervorhebung im Original) und *zweitens* muß die durch das Handeln hervorgerufene Veränderung auf den Handelnden selbst zurückwirken und in ihm eine Veränderung bewirken.

Bloßer Aktionismus beinhaltet demnach nach Dewey noch kein erfahrungsbezogenes Lernen. Erst die bewußte Einsicht in die Beziehung zwischen einer Handlung und ihren Folgen Erfahrung konstituiert. Diese Vermittlung erfordert immer bewußte Reflexion; Erfahrung im Sinne Deweys beinhaltet grundsätzlich ein Element des Denkens. Nur durch einen reflexiven Akt, der Handlungen und ihre Folgen vermittelt, entstehen „Bedeutungen" (Dewey [1916] 1993, S. 188). Erst das Denken vollendet die Erfahrung. Der Begriff der „denkenden" Erfahrung stellt damit einen Schlüsselbegriff von Deweys „philosophy of education" dar (a.a.O., S. 195).

Der hier bei Bettelheim nachzuweisende Grundsatz des „Lernens durch Erfahrung" weist ins Zentrum von Milieutherapie. Dies wird im Vergleich mit der klassischen Kinderanalyse deutlich. Im Gegensatz zu ihr braucht sich Milieutherapie nicht auf symbolische Ersatzdarstellungen von Ereignissen zu beschränken. Als eine die Totalität des kindlichen Lebens umfassende Betreuungsform steht Milieutherapie – in Diagnose und Therapie – das gesamte Spektrum alltäglicher Orte und Zeiten zur Verfügung: Die Erfahrungen, mit denen sie arbeitet, sind die Alltagserfahrungen der Kinder vom Aufstehen bis zum Schlafengehen (Bettelheim [1950] 1970, S. 73). Nicht die Einsicht in unbewußte Motive trägt zur Lösung von Problemen bei, vielmehr erscheinen „kontinuierliche" „wiederholte" und „aktuelle" Lebenserfahrungen als das Mittel der Wahl.

Ein Beispiel soll zeigen, wie das Prinzip „Lernen durch Erfahrung" an der Orthogenic School angewendet wurde. Ein psychotischer Jungen hatte panische Angst davor, die Toilette und Wasserspülung zu benutzen. Dies änderte sich erst, als eine Mitarbeiterin demonstrativ in die Toilettenschüssel stieg und den Jungen aufforderte, sie hinunterzuspülen, was er auch mehrmals versuchte. Nach Bettelheim war es diese Erfahrung, die nicht nur einen Wendepunkt in der Beziehung des Jungen zu seiner Betreuerin bewirkte, sondern auch seine Einstellung zur Welt nachhaltig veränderte. Nach dieser Demonstration empfand der Junge seine Umwelt nicht mehr ausschließlich als verfolgend (Bettelheim [1974] 1990, S. 189f.). Beschäftigt man sich eingehender mit diesem Beispiel, so zeigt sich allerdings, daß es sich nicht nahtlos in Deweys Bestimmung erfahrungsbezogenen Lernens einfügt. Es lassen sich nämlich nicht die von ihm geforderten vier Schritte von Erfahrungslernen nachweisen. Um davon sprechen zu können, muß ein Kind – *erstens* – aktiv auf seine Umwelt einwirken, erleidet – *zweitens* – die Folgen seines Tuns, stellt – *drittens* – eine Verbindung zwischen beiden her und ändert schließlich – *viertens* – aufgrund dieser Erfahrung seine Einstellung und sein zukünftiges Verhalten. In dem genannten Beispiel ist es aber nicht das Kind selbst, das die Folgen seines Handelns erleidet, sondern seine Betreuerin. Aufgrund seiner überwältigenden Ängste wäre es unvorstellbar gewesen, den Jungen selbst dieser Erfahrung auszusetzen. Was Dewey das aktive und passive Element der Erfahrung nennt, fällt hier auseinander. Dennoch hat diese Situation große Auswirkungen auf den Umgang des Kindes mit der Toilette, die Beziehung zu seiner Betreuerin und sein Erleben von Welt insgesamt. Durch verbale Erklärungen oder gutes Zureden allein wäre diese Wirkung nicht zu erzielen gewesen. In diesem Fall macht eine Person, die als Hilfs-Ich des Jungen fungiert, zusammen mit ihm eine Erfahrung. Das Hilfs-Ich übernimmt dabei jenen Teil des Erfahrungsprozesses, der den Jungen überfordert hätte. Ebenso wie es gestörten Kindern bei professioneller Handhabung möglich ist, die Ich-Unterstützung im Rahmen eines marginalen Interviews nach Redl so zu verwerten, als handele es sich um eine eigene Ich-Leistung (Bettelheim [1950] 1970, S. 44), scheint auch erfahrungsbezogenes Lernen mit Unterstützung eines Hilfs-Ichs möglich zu sein. Die Auslagerung eines oder mehrerer Schritte des Erfahrungsprozesses auf ein Hilfs-Ich erlaubte die Anwendung in der Arbeit mit extrem Ich-schwachen Kindern.

Das Beispiel fügt sich darüber hinaus nicht in Deweys Schema ein, weil das Kind nicht absichtlich und zielgerichtet auf seine Umwelt einwirkt, sondern von Ängsten und unbewußten Motiven getrieben wird. Aufgrund seiner entschieden rationalen Ausrichtung meint Lernen durch Erfahrung bei ihm Lernen durch *bewußte* Erfahrung. Bestimmte Dewey im ersten Teil von „Demokratie und Erziehung" das Ziel von Erziehung als „Verbesserung der Qualität von Erfahrung" (Dewey [1916] 1993, S. 25) so tritt seine rationale Ausprägung des Begriffs in der gegen Ende des Buches vorgenommenen Präzisierung deutlich zutage. Hier bestimmt er das Ziel von Erziehung ausdrücklich als „intensifying and enlarging the scope of *concious* [!] experience" (zit. nach Bohnsack 1976, S. 150; Hervorhebung: F.-J. K.). Obwohl Dewey Erkenntnisse der Freudschen Psychoanalyse bekannt waren – Bemerkungen in seiner Einführung in die Sozialpsychologie „Die menschliche Natur. Ihr Wesen und ihr Verhalten" (Dewey 1931) belegen das – hat er die Bedeutung triebhafter oder unbewußter Mechanismen als Einschränkung vernünftigen Handelns nie akzeptiert (vgl. Apel 1974, S. 201). Bei ihm ist es daher auch ausdrücklich das Denken, das eine Erfahrung vollendet. Dagegen konstituiert sich Erfahrung in den genannten Beispielen aus der Milieutherapie primär gerade nicht durch die rationale Einsicht in eine Handlung und ihre Folgen, sondern durch die damit verbundenen Gefühle auf der Grundlage einer engen personalen Beziehung. Analog zu Deweys „denkender" (Lern)Erfahrung müßte in der Milieutherapie von einer „gefühlten" (Beziehungs)Erfahrung gesprochen werden.

Diese Bestimmung verweist darauf, daß Milieutherapie auch hier auf einer elementareren Ebene als die Progressive Education ansetzen muß. Während Dewey die Erfahrungsfähigkeit seiner Schüler voraussetzen konnte, muß man bei den Schülern der Orthogenic School von einer durch traumatische Erfahrungen zerstörten oder nie entwickelten Erfahrungsfähigkeit im Sinne Deweys ausgehen.

5. Milieutherapie als Synthese modifizierter psychoanalytischer Positionen und der Progressive Education Deweys – ein Resümee

Erste allgemeine Hinweise auf die Bedeutung Deweys für Bettelheim ergab bereits die lebensgeschichtliche Annäherung. Die daran anschließende Rekonstruktion von Bettelheims ausdrücklicher Dewey-Rezeption konnte den Einfluß bestätigen und präzisieren. Dewey wird von Bettelheim als Gewährsmann für die Bedeutung des Realitätsprinzips in der Pädagogik, sowie für die Notwendigkeit eines erfahrungsbezogenen Lernens herangezogen. In einem kursorischen Vergleich ausgewählter Aspekte der Schultheorien beider Pädagogen konnte ich sodann belegen, daß die Bedeutung Deweys weit über diese beiden Punkte hinausreicht. Die überaus große Bedeutung, die der schulischen Lernumwelt von ihm zugesprochen wird, läßt sich analog im Konzept von Milieutherapie nachweisen. Der vorgenommene Vergleich der Schultheorien beider Pädagogen ließ aber auch eine zentrale – durch die unterschiedlichen Schülerschaften der Dewey und der Orthogenic School bedingte – Differenz erkennen. Im Vergleich zur Progressive Education bewegt sich Milieutherapie lange Zeit – wenn nicht ausschließlich – auf der elementaren Ebene des *Leben lernens*. Bei Dewey hingegen steht das *Lernen lernen* im Zentrum. Dies ist auch der Grund, warum der personale Bezug in Bettelheims Konzept eine ungleich höhere Bedeutung einnimmt. Mit Hilfe konstruktiver menschlicher Beziehungen wird im Rahmen von Milieutherapie im günstigsten Fall Erfahrungsfähigkeit im Sinne Deweys erst wieder hergestellt.

Die von den besonderen Störungen seiner Klienten diktierten Modifikationen progressiver Positionen machen zweierlei deutlich. Erstens: Nicht nur im Hinblick auf die Psychoanalyse, sondern auch im Zusammenhang mit der Pädagogik Deweys muß bei Bettelheim von *modifizierten Positionen* gesprochen werden. Zweitens: Im Kontext der von Bettelheim vorgenommenen Modifikationen tritt deutlich zutage, daß die Theorie und Praxis von Deweys Progressive Education

– trotz ihrer entschiedenen sozialen Ausrichtung – im Grunde allgemeine Erziehungsphilosophie und allgemeine Pädagogik bleiben. Den naheliegenden Schritt zu einer *Sozial-* oder *Heil*pädagogik hat er nicht vollzogen. Da schwere und schwerste Störungen ausdrücklich im Zentrum von Bettelheims Arbeit stehen, muß seine Anwendung und Modifikation der Progressive Education als eine umfassende Form der Rezeption angesehen werden, die die Übertragung des Ansatzes in ein pädagogisch-therapeutisches Arbeitsfeld einschließt.

Wie läßt sich nun Bettelheims Synthese modifizierter psychoanalytischer und modifizierter Positionen der Progressive Education – wie es jetzt präzise heißen muß – auf einen Begriff bringen? Eine erste annäherungsweise Bestimmung kann lauten: Bettelheim vertieft Deweys Ansatz um die tiefenpsychologische Dimension. Dadurch überwindet er mit dem pragmatischen Rationalismus und Fortschrittsoptimismus zugleich, was in der kritischen Dewey-Literatur „problem-solving-attitude" genannt wurde (zit. nach Bohnsack 1976, S. 453).

Lernen aus Erfahrung bedeutet bei Bettelheim mehr als die rationale Durchdringung eines Problems. Vielmehr und in erster Linie handelt es sich um einen emotionalen Lernprozeß, in dem es Widerstände zu überwinden sowie Übertragungs- und Gegenübertragungs-Phänomenen auf die Spur zu kommen gilt. Dies ist etwas ganz anderes als Deweys naturwissenschaftlich orientierter Ansatz von Problemlösung.

Deweys pragmatische Pädagogik beruht maßgeblich auf seinem Glauben an den menschlichen Verstand. Sein Menschenbild sieht vor, daß der Verstand in der Lage ist, sowohl die Verhaltensformen und Gewohnheiten wie auch die Spontaneität des Menschen, die sich als Lebensdrang äußert, zu steuern. Die Vernunft ist die große Gabe des Menschen, mit deren Hilfe er nicht nur sein eigenes Geschick in den Griff bekommen, sondern auch den Lauf der Geschichte beeinflussen kann. Bei Dewey ist das „Ich" noch Herr im eigenen Haus. Entscheidend an seinem Vernunftbegriff ist nun, daß dieser die Rücksicht auf die Interessen anderer immer schon enthält. Wie schon Baumgarten (1937, S. 330) eingewendet hat, muß daher der Eindruck entstehen, „[...] als ob Vernunft – das Wissen des Ichs um das Du – alle Arten der Gewaltsamkeit, der Grenzüberschreitung des Ichs gegen das Du gleichsam logisch verböte und ausschlösse." Damit hat der demokratische Pragmatiker die bloße Möglichkeit vernünftigen, rücksichtsvollen, moralischen Verhaltens in den Rang einer Tatsache erhoben, eine Tatsache, die in seinem Denken die Voraussetzung gleichermaßen für Demokratie und Erziehung bildet.

Diese eindimensionale Wahrnehmung der menschlichen Natur muß aus tiefenpsychologischer Perspektive naiv-aufklärerisch anmuten. An die Stelle von Deweys Fortschrittsoptimismus und Glaube an die Vernunft tritt daher bei Bettelheim auch eine tiefe Freudsche Skepsis. In der täglichen Konfrontation mit massiv gestörten Kindern war nicht möglich, was Kritiker Dewey vorgehalten haben: der Erfahrung der Unausweichlichkeit menschlichen Leids, der Sinnlosigkeit und der Destruktivität im menschlichen Leben aus dem Weg zu gehen (zit. nach Bohnsack 1976, S. 542). Deweys „Meliorismus" habe ihn vor der Einsicht in die Abgründe menschlicher Erfahrung abgehalten. Das Tragische, Dämonische, Irrationale des menschlichen Lebens – den „Griff unbewußter Furcht, Ängste und Schuld – [die] persönliche Begegnung mit der ,dunklen Nacht der Seele'" wird man daher in seinen Schriften vergeblich suchen (Ulich 1967, S. 81; Wirth 1966, S. 279; zu Bettelheims Kritik am pragmatischen Meliorismus vgl. Ders. [1982] 1986, S. 122). Am Begriff des Todestriebes spitzt sich diese Differenz zwischen pragmatischer und tiefenpsychologischer Perspektive zu. Daß der Begriff oder ein Äquivalent im pragmatischen Denken ohne Ort ist, versteht sich nach dem Gesagten fast von selbst. Bettelheim hingegen radikalisiert den Freudschen Begriff des Todestriebes. Die Freudsche Todestrieb*hypothese* avanciert bei ihm zu einer feststehenden Tatsache des menschlichen Innenlebens (vgl. Krumenacker 1996, S. 61 ff.). Konnte Dewey der Schattenseite des menschlichen Lebens ausweichen, so drängte sich diese Bettelheim in der täglichen Arbeit auf. Auf ihn trifft damit zu, was Federn (1989) in allgemeiner Form zum Ausdruck brachte: Die durchaus umstrittene Todestriebhypothese fand gerade unter jenen Analytikern Anklang, die mit schweren Pathologien arbeiteten. Nicht ohne einen gewissen Trotz bewahrt sich der Analytiker aber auch einen Funken – wie mir scheint – pragmatischen Optimismus. Deutlich kommt dieser in einem Diktum Bettelheims zum Ausdruck, das meine Ausführungen beschließen soll: „Ich glaube an den Menschen, ich weiß ja, das ist ein Irrglaube, aber trotzdem" (Bettelheim 1980a, S. 127).

Rehabilitation als Wiederaneignung von Lebensgeschichte und Lebensperspektive

Annelie Keil

Wasser und Erde/Sand, das Fließende und das Feste bilden unter dem Rhythmus von Ebbe und Flut an der Grenze ihrer Begegnung eine Linie, die von der Geschichte einer Bewegung erzählt. Schon die nächste Bewegung verändert die Linie, treibt sie zurück oder voran, lagert Neues ab, macht das Vorhandene zum Alten. So wie Ebbe und Flut am Rande des Meeres diese Linie zeichnen, so sind auch Gesundheit und Krankheit Ausdruck einer Bewegung, der Lebensbewegung. Gesundheit und Krankheit *sind* nicht, sie *werden*, sie kommen und gehen. Dem Gestaltungsakt der Geburt und des Geborenwerdens steht der Prozeß des Vergehens, des Untergangs, die Auseinandersetzung mit dem täglichen Sterben in uns und um uns herum gegenüber. Als „Weise des Menschseins" (v. Weizsäcker) sind Gesundheit und Krankheit Zustandsbeschreibungen unseres Lebens und als solche kritisch auf das Milieu und die Verhältnisse bezogen, die etwas leben lassen, zum Leben anregen und verführen oder Lebensmöglichkeiten behindern, gefährden und zerstören. Das Wesentliche der Gesundheit wie der Krankheit ist die Tatsache, daß sie etwas darzustellen versuchen. Wie die Bläue und die Wolken den Himmel darstellen, wenn wir sagen, der Himmel ist blau und bewölkt, so stellen Gesundheit und Krankheit den Zustand eines Lebens dar, wenn wir sagen, ein Mensch ist gesund oder krank. Das Dargestellte ist dabei nur ein Teil von dem, was wir als Gesamtheit eines Lebens kaum erfassen können. Jede Psychose, jeder Herzinfarkt, an der ein Mensch erkrankt, ist bei aller Bedrohlichkeit und Überwältigung nur ein Teilaspekt unseres Seins und weist über sich hinaus. Die Wirklichkeit einer Gesundheit oder einer Krankheit ist ein vielschichtiges Gewebe, in dem viele Dimensionen der menschlichen Existenz zeitlich und räumlich miteinander verknüpft werden und sich zu einer Gestalt formieren. Erst die Erkenntnis des Zusammenhangs macht ein Verstehen möglich.
Erkrankung und Gesundung sind Ausdruck biographischer Prozesse. Die Biographie stellt den Menschen in seinen Zeitverhältnissen dar (Goethe) und so rückt für Jaspers weniger die Ortsbestimmtheit einer Symptombetrachtung als vielmehr die Zeitgestalt eines Menschen ins Zentrum der Betrachtung. Die Biographie eines Menschen entsteht aus der Zeitlichkeit des Lebens, sie stellt die umfassende Auseinan-

dersetzung des Menschen mit dem eigenen Werden dar. Als Inszenierung in der Zeit sind Gesundheit und Krankheit deshalb geschichtliche Akte und fordern gleichzeitig die Geschichtlichkeit des Menschen als seine Möglichkeit zur gestaltenden Veränderung heraus.

Mit den Fragen „Warum passiert das gerade jetzt?" – „Warum gerade diese Krankheit?" oder „Werde ich an dieser Krankheit sterben?" befragt das Subjekt in der Krise das eigene Lebensgeschehen und bringt selbst eine Geschichtlichkeit ins Spiel. „Der Mensch ist zweifellos auch ein biologisches Wesen, aber vor allem ein Geschichtliches, und dies nicht nur „vor allem", sondern in erster Linie. Als zur Geschichte Berufener transzendiert er das Biologische" (Wyss 1984, S. 110). Der Mensch kommt mit einem bestimmten Quantum an Energie zur Welt – die Gesellschaft ergreift ihn und formt diese. Wenn Bruno Bettelheim die „gesunde oder gerechtfertigte Selbst- Achtung" für ein zentrales Therapieziel seiner milieutherapeutischen Arbeit hält (Bettelheim/ Karlin [1975] 1984, S. 58), und diese Fähigkeit des Individuums zur Selbstachtung mit der Fähigkeit zur gesunden Wahrnehmung verbindet, die die Grundlagen der Selbstachtung auch überprüft und korrigiert, dann geht dieser Selbstachtung meiner Meinung nach notwendigerweise ein Prozeß der Selbstwahrnehmung und Selbsterkenntnis voraus, in dem über die Fragen und Störungen in der Gegenwart auch Vergangenes neu angeeignet werden muß, damit Zukünftiges möglich wird. Die Frage, welche Bedeutung die Vergangenheit an der Entwicklung der lebensgeschichtlichen Gegenwart hat, ist immer wieder neu zu stellen. Lassen sich an den Erfahrungsaufschichtungen der Vergangenheit Ressourcen für die Zukunft entdecken? Welche Ressourcen für eine Genesung finden sich in der geschichtlichen Linie einer Krankheit?

Jede Genesungsgeschichte verbindet über die Gegenwart Vergangenheit mit Zukunft. Unabhängig von der Art des Leidens, das die Gegenwart mit einer spezifischen Ausdrucksgebärde und Symptomatik ans Licht bringt, bedarf es der biographie-geschichtlichen Überprüfung und Einholens des Geschehenen, der Erinnerung, der Anamnese, um die Tendenz der Perspektive eines Lebens wahrnehmbar zu machen. In welchem Rahmen ist Krankheit Krankheit, und was ist das Ziel der Therapie? (vgl. Blankenburg 1989). Die Beschreibung der Krankheit oder einer Störung ist nicht identisch mit dem Verständnis des erkrankten oder gestörten Menschen. Die Fragen, was denn eigentlich die Krankheit ausmacht, an der der Mensch leidet und an was er eigentlich gesunden soll und schon gar wie, rücken zwangsläufig in den Mittelpunkt des Erkenntnisinteresses, wenn man sich gleichzeitig fragt, wie denn Leben lebt und zur Achtung seiner selbst kommt.

Die thematische These meines Vortrags, daß Rehabilitation und Gesundung etwas mit der Wiederaneignung von Lebensgeschichte und dem Gewinn neuer Lebensperspektiven zu tun habe, geht über die Betonung des Geschichtlichen in der Biographie und der Bedeutung des Biographischen für Gesundheit und Krankheit davon aus, daß Gesundheit *und* Krankheit zum Betätigungsfeld des Subjekts gehören, Ausdruck einer gattungsgeschichtlichen Bedingung wie lebensgeschichtlicher Konstruktionen und Gestaltungen sind. Dieses Wechselverhältnis von lebensgeschichtlichen Rekonstruktionen mit Erkrankungs- und Gesundungsprozessen bleibt auch dann bestehen, wenn Krankheit und Kranksein so ineinandergreifen, daß sie sich wechselseitig ausblenden. „Figur und Grund bedingen und konturieren einander, und doch können sie nicht gleichzeitig ins Auge gefaßt werden," beschreibt Blankenburg die erkenntnistheoretische Schwierigkeit (Blankenburg 1989, S. 1).

Das Subjekt ist nicht nur krank, es macht seine Krankheit auch, formuliert Viktor von Weizsäcker, und so bleiben Erkrankung wie Gesundung an die lebensgeschichtliche Arbeit gebunden. Dies ist der tiefe Sinn von Selbst-Heilung.

Die Wiederaneignung von Lebensgeschichte im Prozeß der Rehabilitation ist nun aber mehr als die Bewußtmachung des Unbewußten, kann nicht von vornherein auf bestimmte Aspekte der Biographie eingegrenzt werden, sondern bezieht sich auf die gesamte Lebensgeschichte als empirische wie theoretische Gestalt. Insoweit gilt der Aneignungsprozeß allen Dimensionen menschlicher Existenz – der körperlichen ebenso wie der seelischen, geistigen, sozialen oder spirituellen Existenz des erkrankten Menschen. Die Suche nach somatischen oder psychischen Strukturbildungen wie etwa im biomedizinischen Modell oder in der Psychoanalyse mag wichtige Einzelerkenntnisse hervorbringen, reduziert das konkret Historische des Einzelfalls aber durch Abstraktion auf etwas Verallgemeinerbares – die Krankheitsdiagnose oder die psychische Fehlentwicklung – und verliert damit gerade den Zugang zur Einmaligkeit der gesamten individuellen Biographie. „Die Psychoanalyse bedient sich in ihrem Erkenntnisprozeß der Betrachtung der Lebensgeschichte, sucht allerdings hinter dem konkreten biographischen Verlauf die Erfassung psychischer Organisation" (Hanses 1996, S. 84).

Und eine andere Stellungnahme dazu: „Die klassische Psychoanalyse sucht im Geschichtlichen das Ungeschichtliche. Stark vereinfacht ausgedrückt sucht sie im Menschenschicksal das Triebschicksal" (Blankenburg 1988, S. 131).

Eine Wissenschaft von der Rehabilitation oder Gesundung – wenn man so will also eine Gesundheitswissenschaft – muß eine biographische Wissenschaft sein, und darin muß auch die Psychoanalyse neben anderem eingebunden sein, weil ihr Zugang zur Lebens- und Krankengeschichte zweifellos von großer Bedeutung ist. Ohne eine Theorie der Verdrängung oder des Unbewußten und eine dieser Theorie zugeordnete tiefenanalytische psychotherapeutische Praxis wäre ein Wiederaneignungsprozeß von Lebensgeschichte nicht denkbar. Aber das kann auch eine tiefenanalytisch orientierte Körpertherapie oder systemische Therapie sein.

Wenn das Wirkliche der Prozeß ist, wie Bloch sagt und die Wirklichkeit des Lebendigen ebenso als ein Prozeß fungiert, der jenseits der Kausalität stattfindet, dann bedarf es der schon weiter oben genannten umfassenden oder „totalen" Perspektive auf das Leben des immer auch vergesellschafteten Subjekts. Das *„totale Milieu" ist das Leben selbst*, aber diese Totalität kann man nur als ständigen Akt der Wandlung des Lebendigen nachvollziehen. „Um Lebendes zu erforschen, muß man sich am Leben beteiligen", heißt es im „Gestaltkreis" (v. Weizsäcker) und in der Verfolgung des Lebendigen erfährt man die ,Antilogik' des Lebens. Was heute gilt, kann morgen seine Gültigkeit verloren haben. Werden ist die Wesensbestimmung des Lebens und so auch die des Subjekts. Es ist immer unterwegs – eignet sich an und verliert –, wir werden seiner nicht habhaft, so sehr wir uns dies auch in zuwendender Liebe wünschen mögen. Mit dem Begriff der Antilogik fordert Weizsäcker eine Öffnung für die Geschichtlichkeit des Menschen und gleichzeitig die Betrachtung des kranken Menschen aus dem Historischen des Subjekts.

Wiederaneignung von Lebensgeschichte und Entwicklung von Lebensperspektiven im Augenblick der Krise verlangt die „Einführung des Subjekts" in die Medizin, die Psychologie oder auch die Soziologie, wenn dies denn ein Ziel von Heilung und Rehabilitation sein soll. Der Einzelfall tritt als „kasuistische Originalität" auf die Bühne der Erkenntnis, als ein Beispiel der Vielfältigkeit menschlicher Gestaltung. Der Krebs von Zimmer 126 ist eine Fata Morgana.

Das, was der Mensch geworden ist und was er darstellt, spiegelt nur die eine Wirklichkeit wider – das also, was ich thematisch mit der Wiederaneignung der Lebensgeschichte beschrieben habe und was das Woher des Menschen beinhaltet.

Die Wiederaneignung von Lebens*perspektive* ist im Prozeß der Gesundung einer anderen Wirklichkeit gewidmet – dem „Wohin" des Menschen. Was will, kann, soll, muß oder darf der Mensch werden? Wer gesund werden will, zielt auf etwas, was er noch nicht ist. „Ich möchte gesund werden", dieser Satz drückt den Wunsch eines Menschen aus, der das „Pathische" der menschlichen Existenz erkennen läßt. Im Pathischen tritt die Zukunft des Menschen auf den Plan, dem Sein steht das Noch – nicht – Sein gegenüber und verweist darauf, daß die Existenz des Menschen nach vorne offen ist, ein Auftrag, wie Jores das genannt hat.

Mit dem Begriff des Pathischen versucht Weizsäcker darauf aufmerksam zu machen, daß der Mensch nicht nur sein Leben macht, sondern daß er es genauso erleiden muß. Leben ist ein Weg durch die Fremde im Angesicht der Endlichkeit: die wesentlichen Bestimmungen fallen uns als Zu-fall aus der Zukunft zu. Niemand konnte sich den Zeitpunkt seiner Geburt aussuchen, und wir wissen sehr wohl, wie lebensbestimmend sein kann, in welche Zeit wir hineingeboren wurden. Niemand hat sich seine Eltern ausgesucht – und an diesem Zu-fall arbeiten wir uns manchmal ein Leben lang ab. Niemand kann damit rechnen, daß er in eine liebende Beziehung gerät und Selbst-Achtung im Dialog mit einem Du üben kann. Ob dies im therapeutischen Milieu späterer Beziehungsgestaltung nachgeholt oder kompensiert werden kann, bleibt offen. Das Pathische verweist auf diesen Tatbestand, daß der Mensch sein Leben nicht immer in der Hand hat, sondern daß ihm Leben auch geschieht, daß er es erleiden muß und vielleicht dadurch jene Leidenschaft entdeckt, die Gestaltung seines Lebens im Angesicht der Wunden und Narben doch wieder in die Hand zu nehmen.

Die These von der Aneignung der Vergangenheit wie dem Zugriff auf die Zukunft im Prozeß der Rehabilitation verweist mit v. Weizsäcker nicht nur auf die geschichtliche Offenheit des Menschen, sondern auf die Freiheit wie Notwendigkeit der Wahl oder Entscheidung, die allem Leben zugrundeliegt. Wir müssen uns entscheiden zu atmen, denn die Funktionen der Atmung stellen nur eine Möglichkeit dar. Wir erhalten nur die Möglichkeit zu leben, leben müssen wir schon selbst. Das gilt auch für die Funktionen des Denkens, des Fühlens, des Riechens, des Bewegens, des Tastens wie für alle Funktionen des aufrechten Gangs – sei er körperlicher, seelischer oder geistiger Art. Selbst-Achtung ist also ein aktiver Prozeß, eine Entscheidung, der die Selbst-Integration als tätiger Vollzug vorausgeht, wie der Biologe und Philosoph Hans Jonas Ganzheitlichkeit definiert. „Wir leben nicht, weil wir Funktionen haben, sondern wir haben Funktionen, weil wir leben. Wir werden auch nicht krank, weil wir eine Funktions- oder Betriebsstörung bekommen, sondern weil wir krank werden, werden auch die Funktionen und der Betrieb gestört", so noch einmal V. v. Weizsäcker (1986, S. 279).

So gedacht, kann Heilung nicht allein oder wesentlich im Verschwinden von Symptomen bestehen. Im pathologischen Befund, jenem

Objektiven, an das wir uns verzweifelt oder hoffend klammern, auf daß es doch nur verschwinden möge, sitzt doch gleichzeitig das Subjekt, das an der Entstehung des Befundes lebensgeschichtlich beteiligt war. Was immer wir mit dem Befund in der Operation entfernen, das Subjekt ist nicht zu entfernen, solange der Mensch lebt. „Nicht ein Organ ist krank, sondern der ganze Mensch", heißt es bei v. Weizsäkker und für ihn gibt es eigentlich gar keine Krankheiten, sondern nur kranke Menschen, denn was sollte die Krankheit auch ohne den Menschen tun?

Das Tun wie das Erleiden des Menschen, seine Geschichte wie sein Auftrag sind nicht auszuschließen, wenn wir über Heilung nachdenken. Heil-Werden-Wollen ist Wunsch nach Integration, nach der Wiederherstellung einer Ordnung, die in der Krise des Subjekts zunächst verloren gegangen ist: sei es eine körperliche, seelische, geistige, soziale oder spirituelle Ordnung. In der Nähe des Untergangs entdeckt das Subjekt oft die Not wie die Möglichkeit des Aufbruchs, kommt zur Besinnung durch erneute Sinngebung, heilt den Sinnverlust. Heilung kann im Angesicht der Symptome geschehen, Heilung ist auch möglich, wenn wir eine Krankheit zum Tode erleiden.

Die Krise des Menschen, von der er genesen möchte, ist wie eine biographische Zuspitzung, ein „Drama in drei Akten: Not, Verwicklung, Ergebnis" (Weizsäcker 1988, S. 541).

In der Aneignung des Geschehenen folgen wir erneut den drei Akten – aber nicht in der Form der Dokumentation (vielleicht allenfalls als Versinnbildlichung des Geschehenen), sondern unter der Frage, wohin wollte die Lebensbewegung dieses Menschen eigentlich? Krankheit war für Weizsäcker ein verstümmelter Endgedanke, eine unzulänglich gebliebene Schöpfungstat. Um mit Bettelheim zu fragen: Wohin wollte die Selbstachtung dieses gestörten Kindes, für was wollte es beachtet werden, als es seine optimistische Lebenseinstellung und die Wertschätzung des eigenen Körpers und seiner Funktionen verlor?

Wer sich um die körperliche oder seelisch – geistige Gesundheit eines Menschen bemüht, indem er in der Rekonstruktion des Biographischen nach Anhaltspunkten für das Ziel der Lebensbewegung oder dem Auftragsgeschehen sucht, stößt unweigerlich auf das „ungelebte Leben". In jeder Entscheidung, die wir für unser Leben treffen, ist eine andere enthalten, die sich gegen etwas richtet. Weil wir einen Gedanken fassen, verzichten wir möglicherweise auf einen anderen. Bezogen auf die Grenzenlosigkeit der Möglichkeiten, verwerfen wir im Laufe der Biographie viele Möglichkeiten. Der Bereich des Versäumten und Verlorenen übertritt bei weitem den schmalen Bereich des wirklich Gewordenen, schreibt Jaspers in seiner „Allgemeinen Psychopathologie" (1973, S. 358, S. 563). Für v. Weizsäcker ist das Konzept des ungelebten Lebens zentrale Kategorie seiner biographischen Medizin. Das Ungelebte, das Versäumte, das Verlorene in der Lebensgeschichte bringt sich in der Krankheit zur Sprache – die Symptome sind Hilfeschreie eines Lebens, das im Untergrund lebt – diese Sichtweise enthält eine ungeheure Provokation gegenüber all jenen Krankheitstheorien, die vor allem in den stattgefundenen Lebensereignissen die traumatische Auswirkung auf den Menschen analysieren. Das ungelebte Leben stellt sich als ein nicht ausgelebtes Leben vor, die Erkrankung steht für unterdrückte Lebensimpulse – Krankheit ist ein unbewußter Körperstreik formuliert Huebschmann (1974). Das Ungelebte ist aber mehr als die Verdrängung – es ist auch ein Nichtwahrnehmen von Gestaltungsmöglichkeiten, eine Art Nicht-Gestaltung der eigenen Lebensgeschichte. Gerade in dieser Bedeutung wird die Kategorie des ungelebten Lebens für die Frage nach dem Prozeß der Wiederaneignung wichtig. Nicht das Vorhandene in der Vergangenheit wird wieder aufgegriffen, sondern das, was damals neben dem Vorhandenen vielleicht auch noch da war, nicht aufgegriffen werden konnte – aber vielleicht jetzt möglich wird, weil sich die Bedingungen verändert und Zugriffe ermöglicht haben. Das Subjekt konstituiert seine Wirklichkeit immer durch Entscheidung aus der Fülle aller Wahrnehmungsmöglichkeiten, es kann gar nicht allen Möglichkeiten nachgehen, wenn es sich nicht selbst zerstören würde. Entscheidung und Einschränkung von Wirklichkeit sind notwendige Prinzipien des Überlebens (Hanses 1996, S. 103).

Aber dies ist nur der eine Teil dieser komplexen Wahrheit. Angesichts der totalen Geschichtlichkeit des Menschen sind auch Einschränkung und Entscheidung geschichtlich, d.h. veränderbar. Das Ungelebte stellt sich in der Kategorie des Möglichen, weniger nur in der Kategorie des Verdrängten dar und wird damit möglicherweise für die Gegenwart der Gesundung im Prozeß der Rehabilitation nutzbar. Wenn die Krankheit ihren Sinn nicht nur aus den vorhergehenden Tatsachen, sondern auch aus dem zog, was nicht Tatsache wurde, so kann die Gesundheit ihren Sinn nicht nur daraus ziehen, daß ein Symptom verschwindet oder ein Trauma aus der Verdrängung gehoben wird, sondern auch daraus, daß im biographischen Kontext in der Gegenwart etwas Tatsache wird, was in der Vergangenheit eben nicht mögliche Tatsache wurde.

Das Faktische der Vergangenheit ist eben nicht die einzige Wirklichkeit. Auch das ungelebte Leben wirkt und strukturiert eine Wirklichkeit, die immer noch offen ist.

Leben und Gesundheit benötigen die Antizipation auf die Offenheit der Zukunft. Dem Biographischen steht in der Rehabilitation der Raum der unbekannten Zukunft wie die Fülle und Offenheit des Vergangenen zur Verfügung, um das bisher Unmögliche zu ermöglichen oder bewußt zu verabschieden und damit die gebundene Lebensenergie zu befreien.

Wie die Krankheit ist auch die Gesundheit in ihrer Wesenheit biographisch. „Eine Gesundheit an sich gibt es nicht, und alle Versuche, ein Ding derart zu definieren, sind kläglich mißraten. Es kommt auf dein Ziel, deinen Horizont, deine Kräfte, deine Antriebe, deine Irrtümer und namentlich auf die Ideale und Phantasmen deiner Seele an, um zu bestimmen was selbst für deinen Leib Gesundheit zu bedeuten habe. Somit gibt es unzählige Gesundheiten des Leibes" (Nietzsche), der Seele und des Geistes, aber auch des sozialen Wohlbefindens.

Gesundheit ist mehr als das Schweigen der Organe, wie die Medizin glaubt. Gesundheit ist die Sprache, die das Lebendige spricht, sie drückt sich in Würde, Achtung und Selbstachtung aus – und das konkret über die Lebensweise und Lebenswahrnehmung eines Menschen. Gesundheit ist kein vorgegebenes und feststehendes Kapital des Menschen, das durch Schonung oder medizinisch festgelegte Lebensweise zu bewahren ist oder durch die schlichte Behandlung von Krankheiten wiederherzustellen ist. Sie ist keine Ware, die man in einem noch so teuren Gesundheitssystem kaufen kann.

Gesundheit, um die es im Prozeß der Rehabilitation geht, ist eine Art Lebenskompetenz, die Liebes- und Arbeitsfähigkeit ebenso umschließt wie Genuß- und Erkenntnisfähigkeit, Beziehungsfähigkeit ebenso wie die Fähigkeit zur Distanz. Gesundheit ist nur aus den Bewegungen des Subjekts zu verstehen, aus seiner Fähigkeit, sein Leben zu gestalten und zu bewältigen, aber auch aus seiner Not, zu scheitern und Schiffbruch zu erleiden. Jeder Schritt wagt den Fall, das gilt für die autopoietische Struktur des aufrechten Ganges ebenso wie für die Gesundheit als Ganzheit (Maturana).

Das Gesundwerden ist in die biographische Bestimmung des Lebensprozesses eingebunden. Gesundheit ist nur dort vorhanden, wo sie in jedem Augenblick des Lebens erzeugt wird. Was wir fördern, wenn wir den erkrankten Menschen begleiten, ist nicht die Gesundheit selbst, sondern die Suchbewegung nach der spezifischen Lebenskompetenz oder Lebenserfahrung, die aus der Befindlichkeitsstörung herausführt.

„Die Geschichte einer Gesundheit ist der einer Liebe, eines Werkes, einer Gemeinschaft oder Freundschaft ähnlicher und wesensverwandter als etwa dem Ablauf einer mechanischen Reaktion oder dem Vorgang einer physiologischen Erregung. Gesundheit hat mit Liebe, Freundschaft, Werk und Gemeinschaft die Bejahung gemeinsam, die eindeutige Richtung, die nicht umgekehrt werden kann", schreibt v. Weizsäcker (1987, S. 62) und sieht damit Gesundheit weniger in einer biologischen als in einer sozialen Realität des Lebens begründet.

In der Rehabilitation wird im Kontext des Biographischen nach dem Ja für das Leben eines Menschen gesucht. Nur für Bürokraten und Missionare ist die Verschiedenartigkeit des Lebendigen ein Grauen, schreibt Borremanns (1988) – und deshalb dürfen wir die Gesundheit der Menschen nicht den Gesundheitsbürokraten und Gesundheitsmissionaren überlassen, die sich gerade wieder aufmachen, um Leben durch Gesundheit zu ersetzen.

Die Matrix des Lebens
Bruno Bettelheim und die Konstitution des pädagogischen Ortes

Michael Winkler

Noch reicht die pädagogische Theorie nicht hin, um die Vorgänge der Erziehung hinreichend zu verstehen. Gewiß stehen ihre Grundthemen fest: Daß sie beispielsweise von Personen und Beziehungen spricht, daß die Beteiligten in ihrer geistig-seelischen Verfaßtheit wie in ihrer Leiblichkeit zur Debatte stehen, daß Handlungen, Interaktionen, Sprache, Kommunikation sie beschäftigen müssen, daß pädagogische Theorie schließlich Entwicklung und Lernen, Eigenheit und Stabilität innerhalb der Koordinaten von Gesellschaft und Individualität einerseits, von Geschichte und Zukunft andererseits in Zusammenhang zu bringen hat, all dies kann als ausgemacht gelten. Ob es um Allgemeine Pädagogik, ob es um pädagogische Teildisziplinen und die mit diesen verbundenen Professionen geht, auch bei unterschiedlichen Begrifflichkeiten sind die genannten Momente so vertraut, daß an ihrer zumindest heuristischen Tauglichkeit kaum Zweifel bestehen.

Und dennoch: Wie das Subjekt und die Weltzustände zusammentreten, so daß Änderung möglich wird, ohne Integration und Identität zu gefährden, wie wir uns also die Problem- und Realstrukturen zu denken haben, in welchen die Prozesse von Aneignung und Vermittlung zu organisieren sind, damit das Subjekt ein bestimmtes und zugleich – ganz ohne Emphase – ein autonomes bleibt, das steht eigentümlich offen. Weder grundlagentheoretisch noch im praktischen Bewußtsein ist jene triadische Kernkonstellation klar bestimmt, in der Erziehung offensichtlich gründet und und als die sie daher auch theoretisch abzubilden ist. Es dominiert statt dessen die überkommene Figur des pädagogischen Bezugs, dessen Dyade wenn nicht sogar auf die Sokrateische Gründung einer Lehrer-Schüler-Beziehung, gewiß aber auf das in der Renaissance ausgeprägte Hofmeister-Ideal zurückgeht. Die Komplexität von Erziehung allzumal im Zusammenhang moderner Gesellschaften bleibt hingegen weitgehend unbeachtet – vielleicht aus dem sublimen Wunsch heraus, ein ihr inhärentes Element von Herrschaft bewahren zu wollen. Wo Pädagogik also nicht ohnedies gänzlich ignorant gegenüber ihren Sachbedingungen leichtfertig der Normativität aufsitzt, fehlt ihr damit der Aufschluß darüber, wie – um die traditionellen Termini zu verwenden – Erzieher und Zögling ihre Beziehung über ein Drittes hinweg eingehen, mithin über einen in seiner Qualität erst zu bestimmenden, gegenüber den beteiligten Subjekten objektiven dritten Faktor das pädagogische Geschehen als solches realisieren.

Dieser Mangel wiegt um so schwerer, weil erst seine Beseitigung erlauben würde, Erziehung in einem strikten Sinne etwa von freundschaftlichen Verhältnissen wie auch von helfend-pflegenden Einflußnahmen zu unterscheiden. Gleichwohl kann das Defizit nicht ganz überraschen. Der mit dem Ausdruck dritter Faktor" bezeichnete Sachverhalt birgt nämlich mehr Mißlichkeit, als die vordergründig naheliegende Analogie zum Gegenstand des didaktischen Dreiecks erwarten läßt. Denn im Zusammenhang von Erziehung geht es um ein Element ihrer Sachstruktur, das als eine der sie in ihrer Möglichkeit erst konstituierenden Bedingungen nicht nur theoretisch zu bestimmen, sondern auch praktisch zu gestalten ist – eingedenk der damit verbundenen Konsequenz, daß in der Erziehung allein mit mittelbaren Wirkungen zu rechnen ist, weil sie Veränderung, Entwicklung, Bildung nur initiieren, nicht aber realisieren kann (vgl. Benner 1987, S. 63 ff.). Wer die philosophische Anspielung nicht scheut, könnte das so sehen: Das Dilemma pädagogischer Theorie (und wohl auch ihrer Praxis) besteht darin, daß ihr Erziehung nur möglich wird, wenn sie sich gleichsam außerhalb dieser selbst stellt; erst wo sie aufgibt, was ihr als genuin erscheint, nämlich den Bezug auf die Person in all seiner affektiven Dramatik, kann sie bei der Klärung ihrer eigenen Sachverhalte weiterkommen. Oder kurz und angenehm paradox formuliert: Erziehung ermöglicht erst Erziehung – und das auch noch mit offenem Ausgang.

Diese leicht umständlich geratene Vorbemerkung provoziert zweifelsohne ein Gefühl der Diskrepanz angesichts des Werks von Bruno Bettelheim. Er scheint ein schlechter Zeuge in der Verhandlung der angedeuteten Fragestellung: Gegenüber Theorie, zumindest gegenüber einer Systematik pädagogischer Reflexion hat er sich eher ablehnend verhalten – auch wenn er zumindest wohl Theodor Litt zur Kenntnis genommen hat (vgl. Bettelheim [1960] 1989, S. 11). Seine psychoanalytische Herkunft läßt wiederum erwarten, daß er der Beziehung zwischen den Personen, den damit verbundenen emotionalen Dimensionen einen prioritären Rang einräumt. Dennoch: schon der Titel eines seiner Bücher, das am häufigsten zitiert wird, nämlich „Liebe allein genügt nicht" verrät, daß er ein sachlich-professionelles Interesse an Fragen der Erziehung für unabdingbar hielt. In allen pädagogischen Prozessen, gleich ob es sich um hochbelastete, in seelische Krisen geratene Kinder und Jugendliche oder um junge Menschen handelt, die in psychischer Sicherheit mit einem großen Potential an Gewißheiten und zuversichtlich offenen Horizonten aufwachsen, hat ihm eine bloß emotionale Zuwendung nicht genügt. Entscheidend schien ihm vielmehr, daß die Rahmenbedingungen für die Integration des Individuums im Kontext seiner eigenen Entwicklungsdynamik bewußt hergestellt werden (eine andere Lesart schlägt allerdings Krumenacker i.D. vor); von Eltern ebenso wie von professionellen Erziehern, von Betreuern und Therapeuten erwartet er, daß sie ihr Denken und Handeln auf etwas richten, was vor der psychischen Verfaßtheit aller Beteiligten liegt, nämlich auf das Milieu, das als – um den von ihm gewählten Ausdruck aufzugreifen – Matrix des Lebens dienen solle, innerhalb dessen sich die Subjekte selbst organisieren.

Solche Rahmenbedingungen, diese Gestalt des dritten Faktors bezeichne ich als den „pädagogischen Ort". Bettelheim hat diesen Ausdruck nicht selbst, zumindest nicht explizit verwendet. Gleichwohl liegt eines seiner entscheidenden Verdienste darin, daß er zumindest der Sache nach als einer der – ich wähle absichtlich diesen naturwissenschaftlichen Jargon – Entdecker des pädagogischen Ortes in seiner praktisch wie auch systematisch vorrangigen Stellung gelten kann. Dabei wirken sich bei Bettelheim zwar unmittelbar lebensgeschichtliche Gründe aus. Diese reichen jedoch über seine Person hinaus, dürfen sogar als paradigmatisch relevant betrachtet werden, denn sie haben Konsequenzen für den Stellenwert des Pädagogischen Orts im Kontext pädagogischer Reflexion schlechthin (vgl. Winkler i.D.). Selbstverständlich steht Bettelheim mit der ihm historisch möglich gewordenen Entdeckung nicht allein. Sieht man von antiken Vorläufern ab, finden sich Hinweise auf den Milieubegriff im 18. Jahrhundert; Problem und Sachverhalt des pädagogischen Ortes spielen zumindest in der französischen Aufklärungsphilosophie schon eine Rolle, ehe dann Pestalozzi seine pädagogische Theorie über räumliche Kategorien zu begründen versucht. In unserem Jahrhundert wären besonders Makarenko und Bernfeld zu nennen, wobei letzterer den Begriff ausdrücklich verwendet; er sieht im „sozialen Ort" einen von ihm schon psychoanalytisch interpretierten Zusammenhang zwischen gesellschaftlichen Strukturen und individueller Entwicklung (Bernfeld 1969). Auch wenn zumindest innerhalb der reformpädagogischen Bewegung die Schulpädagogik das Problem des pädagogischen Ortes thematisiert – es findet seinen Niederschlag sowohl in der Idee der Schulstube bei Peter Petersen wie vor allem als Bedingung von Gemeinschaftserfahrung innerhalb der Landerziehungsheime –, besteht jedoch eine besondere Affinität zwischen den Begründungs-

versuchen der modernen Sozialpädagogik und der Idee des pädagogischen Ortes; es gibt sogar gute Gründe dafür, die Vorstellung von einem „Ortshandeln" als fundamental für die Sozialpädagogik selbst zu behaupten (vgl. Winkler 1988, neuerdings: Mennemann 1996).
Diese Affinität zur Sozialpädagogik besteht auch bei Bettelheim, insbesondere weil seine Aufmerksamkeit Kindern gilt, die – um ein Wort Nohls zu paraphrasieren – in einem maroden Streckennetz entgleist sind. Gleichwohl hat er zugleich auch deutlich gemacht, daß seine Ideen zu generalisieren sind, um die Probleme und Sachaufgaben einer Erziehung in der modernen Gesellschaft zu begreifen. Als These liegt nahe, daß erst Bettelheim ermöglicht, den Begriff des „pädagogischen Ortes" als pädagogisch einheimischen in Anschlag zu bringen – zumindest für eine Pädagogik unseres ausgehenden Jahrhunderts.
Indirekt habe ich damit den von mir gewählten Zugang, vor allem auch den Aufbau meiner Überlegungen angedeutet – und die Länge der Einleitung läßt ahnen, daß eine umfassende Abhandlung droht. Den Regeln des Besinnungsaufsatzes gemäß gliedert sich diese in drei Abschnitte: Ein erster Teil vergewissert sich der Situation, in der Bettelheim das mit dem Ausdruck „pädagogischer Ort" bezeichnete Problem entdeckt; ich habe ihn mit Entdeckungszusammenhang überschrieben. Ein zweiter Abschnitt analysiert dessen Struktur im Blick auf seine Bedeutung für die Erziehung in der Moderne schlechthin – eine Perspektive, die Bettelheim selbst aufgewiesen hat. Es geht also um den Problemzusammenhang, auf den eine pädagogische Theorie des Ortes reagiert. Der dritte Teil gilt dem Sachzusammenhang. Dort wird der Versuch einer Rekonstruktion und Interpretation von Bettelheims Pädagogik als einer solchen Theorie des pädagogischen Ortes unternommen und für sie eine Art Systematik in zehn Prinzipien vorgeschlagen. Selbstverständlich können nur Rudimente angedeutet werden. Zusammengebunden werden diese von einem durchgängig wirksamen Interesse an Fragen einer Theorie der Erziehung. Das mag manche enttäuschen, aber nicht nur, daß ich von anderem viel zu wenig verstehe. Vielmehr plagt mich die Angst, angesichts geballten Sachverstands auf die gefährlichen Pfade der Psychoanalyse zu geraten und dort auszugleiten; deshalb konzentriere ich mich lieber auf genuin pädagogische Themen.

1. Entdeckungszusammenhang

„Das ist gewiß: daß ich ein Einsamer bin in dieser fremden Stadt und daß mich des Morgens, wenn ich durch die Straße gehe, ein Schauder der Heimatlosigkeit überfällt inmitten so vieler Heimatlichkeit" (Roth

1990, S. 72). Josef Roth, berühmt geworden durch seine Romane „Radetzkymarsch" und „Kapuzinergruft", beide ein Abgesang auf die K.u.K. Monarchie, hat seine Empfindungen von der Einsamkeit in der Fremde, von Heimatlosigkeit in Heimatlichkeit 1921 in „Die fremde Stadt" notiert. Dabei handelt es sich um eines seiner vielen Reise-feuilletons, damit auch um eine Beobachtung eines Gemütszustandes, der im Zeitalter der Mobilität keinem allzu fremd ist – interpretative Dramatisierung scheint also eher fehl am Platz.

Dennoch darf der Text als symptomatisch gelten sowohl für die objektive Situation der Wiener Kultur in den ersten Jahrzehnten dieses Jahrhunderts, insbesondere für die sie prägenden jüdischen Intellektuellen, wie auch für das subjektive Lebensgefühl, das Roth selbst intensiv verkörpert hat. Er blieb zeitlebens unstet, beschreibt seine Situation noch ohne Vorahnung auf die späteren Greuel in die „Juden auf Wanderschaft" als typisch, stirbt schließlich, knapp 45 Jahre alt, in einem Pariser Armenhospital an Auszehrung.

Diese Wiener Kultur war geprägt durch einen desillusionierenden Aufbruch in die Moderne, in der zugleich eine Situation antizipiert wurde, die heute als postmodern gilt (vgl. Le Rider 1990): Philosophisch schon vorbereitet am Ausgang des 19. Jahrhunderts, gewiß in der Rezeption Nietzsches, mehr noch aber durch Ernst Mach, war in ihr seit der Jahrhundertwende ideell präsent, was I. Weltkrieg und Zerfall der Donaumonarchie dann zu unmittelbarer Evidenz brachten: Die Auflösung nämlich eines stabilen, für verbürgt gehaltenen raumzeitlichen Ordnungssystems, das das eben noch im Prunk der Ringstraße zum Höhepunkt gekommene lange 19. Jahrhundert bestimmt hatte; nun wurde es in einem scharfen, tiefen Schnitt von dem Zeitalter der Extreme abgelöst – wie Eric Hobsbawm es nennt, der selbst in dieser Wiener Erfahrungswelt aufgewachsen ist (vgl. Hobsbawm 1995).

Damit brechen nicht nur Versteinerungen und Verkrustungen auf, die eine im Kern freilich stets labile, sich seit Nestroy im ironischen Kommentar ihrer selbst versichernde Gesellschaft überformten. Vielmehr findet eine in ihrer Dramatik einmalige soziale, kulturelle und auch psychische Depossedierung statt, eine äußere und innere Vertreibung von angestammten Plätzen, die das Gefühl einer – wie Georg Lukacs es beschrieben hat – „transzendentalen Obdachlosigkeit" verschafft (Lukacs 1971, S. 32): Die Welt erscheint einer sie selbst dementierenden Dynamik ausgesetzt, in der alles fragmentiert, zu Partikeln zermahlen wird, ohne daß noch eine Hoffnung auf Zusammenhang bleibt. Karl Kraus spricht von „den letzten Tagen der Menschheit", in welchen die Kräfte der sozialen und politischen Integration schwinden und nur noch Individuen zurückbleiben. Aber das sind nicht die Individuen eines der Aufklärung verpflichteten, emphatischen Liberalismus, sondern zerbrochene und zerrissene Einzelne, die sich ihrer selbst nur noch in den Pathologien ihres chaotischen Seelenlebens gewahr werden; nervös, neurotisch, ohne Identität bleibt ihnen allein die Aufgabe einer ständigen, subjektlosen Identifizierung übrig: Als „Mann ohne Eigenschaften" faßt Robert Musil diese Situation in einem Roman zusammen, der selbst noch eigentümlich strukturlos bleibt; man kann und soll das Buch, so Musils Empfehlung, von jeder beliebigen Seite aus lesen. Wobei auch Musil aber einen Ort kennt: Kakanien, das aus der Geschichte ausgetretene Land.

Die Wiener Intellektuellen haben versucht, den Schock des unrettbaren Ich zu überwinden, indem sie mit Musils Romanheld nach einem anderen Zustand gesucht haben, in der Versöhnung mit dem Ganzen wieder möglich war (vgl. Le Rider 1990, S. 61). Aber das war und ist ein vergebliches, vor allem ein gefährliches Spiel gewesen – zumindest dann, wenn man die Sicherheiten verläßt, die das Café Zentral oder das Griensteidl bieten: Vergeblich ist dieses Spiel, weil die von ihnen erfaßte Situation nur den Anfang eines Prozesses markiert, in welchem sich jene extremistische Moderne erst etabliert, die einigermaßen hemmungslos zu ihren eigenen Gegensätzen, zu einem Ende im Postmodernen changiert. Hier löst sich nicht nur die Verbindlichkeit einer Kultur auf, sondern eine ganze Topographie bricht auf; mehr noch: sie verflüssigen sich in einem Wandlungsprozeß, in dem das Motiv der Veränderung fundamental, zur konstitutiven Figuration und zur Grunderfahrung des Sozialen wird: das Individuum muß nun nach sich selbst suchen, ohne Aussicht darauf, sich zu finden. Narziß steht für die verlangte Lebensform, aber Rilke erinnert daran, daß auch dieser nur noch in „verweinten Zeichen zittert" (Rilke 1980, S. 57). „Unheimliche Unruhe", „rastloses Drängen unter der Schwelle des Bewußtseins", einen „Mangel an Definitivem im Zentrum der Seele" diagnostiziert Georg Simmel schon 1901 am „Stil des Lebens" in der Moderne (Simmel 1989), für die Max Weber drei Jahre später den endgültigen Verlust von Objektivität festhalten muß (vgl. Weber 1988, bes. S. 180 ff.). Am Ende dieses Jahrhunderts läßt sich Welt nur noch als Beschleunigung denken, finden sich die dromologisch (Virilio) festgehaltenen Sicherheiten allein dort, wo die Bilder der Wirklichkeit sich so rasch überlagern, daß das denotativ leere Rauschen Bedeutung gewinnt; in einer dynamisierten Welt haben die Durchgänge nicht nur des Kathodenstrahls der Bildröhre, haben „bus" und „pipe" die Rolle von Platzhaltern übernommen. Zur sozialen Realität wird der Nicht-Ort, auch um den von Marc Augé genannten Preis einer existentiellen Einsamkeit: „Hier nun, am Nicht-Ort besteht endlich das radikale Gegenteil der Utopie, und er beherbergt keinerlei organische Gesellschaft" (Augé 1994).

Gefährlich ist das Spiel aber, weil diese Moderne eine Ambivalenz birgt. Ihrem hochdynamischen Chaos stellt sie nämlich eine rigorose Ordnung gegenüber (vgl. Baumann 1995). Sie läßt das noch von ihr selbst erzeugte Partikulare, Zufällige, Unebene nicht gelten; dieses muß vielmehr klassifiziert, kategorisiert und eingeordnet werden. Dies geschieht mit den Mitteln, die ihr zur Verfügung stehen – dem der technischen Rationalität zuerst. So zeichnet schon die Neuzeit, erst recht aber die seit dem Ende des 19. Jahrhunderts als dramatisch erlebte Moderne aus, daß der Implosion ihrer Strukturen die Suche nach Ordnung, dann die Errichtung einer maschinell exekutierten Herrschaft korrespondiert – kaum wahrgenommen von der literarischen Bohème, bemerkt aber von der Philosophie, auch in der Begründung der Geisteswissenschaften nicht zuletzt durch Dilthey (vgl. Dilthey 1923, S. 3), vor allem aber von der Soziologie, die für diese Entdeckung geradezu erfunden wird.

Diese andere Seite der Moderne, die der Fragmentierung entgegengestellte, technisch-maschinelle Ordnung konstituiert zuerst eine Infrastruktur von Metropolis; sie wirkt in jeder Hinsicht untergründig, nistet sich am Ende als Tiefenlage noch in der Psyche der Beteiligten ein. „Modern Times", der Film von und mit Charles Chaplin zeigt, wie diese Mechanisierung auf die Seele ausgreift, keinen Platz mehr für die Residuen des Ich läßt. Die moderne Gesellschaft ist bei aller Offenheit eine Massengesellschaft, in der das Individuum in einem rigorosen Reglement aufgeht. Aber selbst dies benennt nur die halbe Wahrheit dieser Seite der Moderne. Ihre ganze Realität enthüllt sich in der mechanisierten Willkür der Ordnungsmaschine, die das NS-System errichtet hat: Das Konzentrationslager, der Holocaust bilden die zweite, bittere Wirklichkeit moderner Zerfallsgesellschaften, eine ihnen als „latentes Potential" (Baumann 1992, S. 25) inhärente Dimension, die ihre Mitglieder fast unvermeidlich einschließt – vielleicht weniger als willige Helfer, sondern als in ihrer Sozialisation und an diese verlorene Subjekte: Diese Wirklichkeit der Moderne stellt der sozialen und kulturellen Entstehung von Nicht-Orten gegenüber, daß die Zuweisung zu Räumen, der Verbleib an diesen terroristisch durchgesetzt wird. Dem Fehlen der Orte entspricht deren Übermacht, ein Totalitarismus, der keine Auswege mehr duldet, im Gegenteil: noch die Schematisierung bis in die kleinsten Bereiche vorantreibt.

Beide Erfahrungen, die von den Wiener Intellektuellen und Literaten thematisierte Auflösung der Welt und die in der Nazidiktatur sichtbar gemachte und durchgesetzte Raumordnung, hat Bettelheim in seinen autobiographisch akzentuierten wie auch in seinen sozialphilosophischen Schriften als konstitutiv für sein Denken bezeichnet; sie führen zu den entscheidenden Figurationen seiner Theorie und seiner Praxis (vgl. Wunsch 1996). Dabei prägten die Unsicherheiten der Wiener Situation, die mit ihr verbundenen geistigen und seelischen Probleme zunächst die eigene Adoleszenz; „es fällt schwer, sich gegen Eltern aufzulehnen, deren Welt in die Brüche gegangen ist" (Bettelheim [1960] 1989, S. 11). Die KZ-Erfahrung aber führt ihn zu einer Revision seiner intellektuellen Herkunft. Sie läßt den in der Psychoanalyse angelegten naturalistischen Biologismus zurücktreten gegenüber der Einsicht in die Bedeutung des Milieus. Bettelheim hat keinen Zweifel: Es gibt zwar unterschiedliche, durch eigentümliche Verfaßtheit und Lebensgeschichte des Individuums bestimmte Reaktionen auf die äußeren Lebenszusammenhänge, doch nehmen diese einen systematisch ersten Rang ein, wenn wir menschliches Verhalten verstehen wollen. Beide Erfahrungen überlagern auch seinen gesellschaftsreformerischen Impuls, seine Suche „nach dem besseren Menschen in einer besseren Gesellschaft" (Bettelheim [1960] 1989, S. 14), in der sich zweifelsohne der Einfluß jener Wiener Intellektuellen niederschlägt, die unter dem Namen „Wiener Kreis" ungerechterweise nur noch von der Geschichte der Philosophie vermerkt werden. Beide Erfahrungen lassen schließlich den Ort, den pädagogischen Ort allzumal in sein Bewußtsein treten. Denn der Ort ist das fundamentale Abstraktum, das bleibt, wenn wir den Aufbau des Ich, die letzte und erste Bedingung des Humanum begreifen wollen, ohne die paradoxe Moderne, ihre Zerrissenheit und ihre Gewaltordnung zu vergessen.

2. PROBLEMZUSAMMENHANG

Aber dieses Bewußtsein von der Bedeutung des Ortes ist weder naiv, noch verfällt es jener Emphase, in der etwa die Aufklärungspädagogik um des Fortschritts willen eine Erziehung außerhalb der bestehenden Gesellschaft verlangt (vgl. Oelkers 1993). Bettelheim denkt nicht an die pädagogische Provinz. Auch sind ihm die Allmachtsphantasien weitgehend fremd, die Pädagogik ein Bündnis mit der staatlichen Gewalt eingehen lassen, um sich der Subjekte in der Absicht zu bemächtigen, diesen zur eigenen Besserung zu verhelfen; tatsächlich neigt Bettelheim hier eher einer zuweilen unkritischen Adaption des amerikanischen Traums vom freien Individuum zu (vgl. z.B. Bettelheim [1960] 1989, S. 105). Noch aber nimmt er ein durch Rousseau inspiriertes Denken auf, das dem Individuum zu seiner Individualität verhilft, indem es dieses einer entfremdenden Gesellschaft selbst noch entfremdet. Der Ort, der pädagogische Ort wird vielmehr als Problem bewußt, als unvermeidliche Perspektive eines Nachdenkens über Erziehung und ihrer Gestaltung zwar, gleichwohl als eine, die einen skeptischen Blick leitet. Denn die doppelte Erfahrung der Moderne, also der Verlust von Raumordnung und die Etablierung eines Raumregimes lassen eine Indifferenz hervortreten, die auf einen tieferliegenden Sachverhalt verweist. In der Verweigerung von Räumen oder der Zwangszuweisung zu diesen findet sich keine eindeutige Strategie, mit der sich die Probleme der Gesellschaft und der Erziehung bewältigen lassen. Mehr noch: Die Mehrdeutigkeit der Situation läßt erkennen, daß es um Lösungen noch gar nicht geht, sondern nur um die Voraussetzung dafür, überhaupt sinnvoll nach diesen fragen zu können.

Die Ambivalenz moderner Gesellschaften hilft also, Problem und Sachverhalt des Ortes als Grundlage einer Theorie des Subjekts festzuhalten. In ihrer Gleichzeitigkeit von Zerrissenheit und Ordnung konstituiert sie jene existentiellen Rahmenbedingungen des Ichs, die die Psychoanalyse als den Grund der Neurose enthüllt hat: In Spaltung und Zwanghaftigkeit antwortet das Subjekt auf diese Voraussetzungen – wenn es sich nicht in die Wiener Lösung flüchten kann, nach der die Lage hoffnungslos, aber nicht ernst sei. Im ungünstigen Falle bietet sich dann immer noch der Selbstmord in der Hoffnung an, Ordnung durch die schöne Leich' am Zentralfriedhof zu restituieren; die günstigere Alternative sieht das Weiterleben im Caféhaus vor, in dem sich auch das KZ hat trefflich verdrängen lassen. Dem Szenario dieser Moderne fehlen also die Schrecken, wenn wir mit einigermaßen stabilen Personen, mit solchen vor allem zu tun haben, die ihre Lage aussprechen können. Anders hingegen, wenn der radikale Grenzfall eintritt, wenn Gesellschaft nämlich mit ihrer Naturgrundlage konfrontiert ist: Systematisch fällt dieser Grenzfall mit der Geburt des Kindes an, das mit seiner Dringlichkeit provoziert, Reaktionen und Antworten verlangt, die es in den sozialen Zusammenhang als Bedingung seiner Existenz einführen.

Hier nun tritt bei Bettelheim eine drittes Erlebnis hinzu, nämlich das von ihm selbst eingestandene Scheitern an einem autistischen Kind. Der biographische Zufall führt ihn dazu, die Frage nach dem Ort pädagogisch zu stellen. Dies gilt in doppelter Hinsicht. Nicht nur wird die Frage nach dem Ort unter dem Gesichtspunkt modifiziert, wie Subjekte, also mit sich identische und integrierte Personen aufwachsen und sich entwickeln können. Vielmehr steht zugleich auch zur Debatte, wie solche Ich-Autonomie unter den Bedingungen moderner Gesellschaften gelingen kann. Auch wenn seine eigenen Erfahrungen stets aus der Begegnung mit extrem emotional gestörten, weitgehend aufgegebenen Kindern resultierten, auch wenn sich Bettelheim also auf den besonderen, den klinischen Fall gestützt hat, beschäftigte ihn die grundlegende Problematik der Erziehung in modernen Gesellschaften. Erkenntnistheoretisch stellte also die Orthogenic School das Labor für ein Experiment dar, das Aufschluß über die generellen Strukturen von Erziehung geben sollte, um zu begründen, was man die eigene Legitimität von Pädagogik nennen könnte. Eine Schlüsselstelle in der Einleitung von „Liebe allein genügt nicht", kann als Beleg dafür zitiert werden. Dort schreibt Bettelheim: „Die modernen Lebensumstände machen es den Eltern sehr schwer, ein Milieu zu schaffen, in dem sich sowohl ihre eigenen legitimen Bedürfnisse als auch die Bedürfnisse ihrer Kinder relativ leicht befriedigen lassen. Darum ist Liebe allein nicht genug, darum muß sie von seiten der Eltern durch absichtliche Bemühung ergänzt werden […]. Aber immer mehr Eltern ermüden in dem Kampf, das Leben für ihre Kinder in einer Welt unverständlicher Eindrücke vernünftig einzurichten" (Bettelheim [1950] 1970. S. 13f.).

Worin bestehen aber die Schwierigkeiten der modernen Lebensumstände, auf die sich Pädagogik zu beziehen hat? Folgt man den von Bettelheim angestellten Überlegungen, dann lassen sich im Kern zwei Problemdimensionen aufzeigen. Einerseits geht es um das das Problem des Subjekts in modernen Gesellschaften, andererseits um das Problem des Lebens in diesen. Moderne Gesellschaften verlangen nämlich subjektive Autonomie, um diese sogleich wieder in Frage zu stellen, indem sie verhindern, das zu lernen, was man die Leistung des Lebens nennen könnte.

Zunächst: Theoretisch dargestellt wirkt das Subjektproblem eher abstrakt, geradezu philosophisch; erst jene empirische Radikalität, in der es sich bei autistischen Kindern und emotional tief gestörten jungen Menschen äußert, läßt seinen ganzen Realitätsgehalt ahnen, weil hier die Spannungen zwischen einer selbstverständlich gewordenen Erwartung der Einzelnen und den Anforderungen an diese aufbrechen: Moderne Gesellschaften erzeugen nämlich einerseits den Anspruch auf Subjektivität, weil dieses Muster der Selbstdeutung unabdingbar ist, um die Differenzierungs- und Wandlungsdynamik der Moderne nicht nur auszuhalten, sondern auch voranzutreiben. Nur Subjekte können Traditionen hinter sich lassen, Vielfalt ertragen, indem sie für sich selbst neue Zusammenhänge konstruieren, zugleich projektiv wirken; sie entwerfen für sich selbst und für ihre sozialen Zusammenhänge die Differenz des Neuen und versuchen diese zu realisieren. Entscheidend dabei: Nur Subjekte können die dafür erforderliche Selbstbezüglichkeit herstellen, in der sie das Andere als einen Bezugspunkt ihres eigenen Selbstverständnisses aufnehmen, es reflexiv generalisieren, um so ihre Projektionen zu konstituieren und zu verfolgen.

Gegenüber dieser Form von Subjektivität als sozial gefordertem Kreativitätspotential steht jene Form, in der Subjektivität eine defensive Funktion hat. Moderne Gesellschaften lassen in ihren Mitgliedern nämlich zugleich auch das Verlangen nach Subjektivität entstehen, weil und indem sie diese bedrohen; Bettelheim hat dies als die Gefährdung des Individuums durch eine Massengesellschaft gesehen, die nur noch durch ein politisch-terroristisches Regime beeinflußt und gesteuert werden kann.

Das Dilemma des Subjekts in der modernen Gesellschaft liegt aber darin, daß sowohl seine Kreativität wie auch seine Defensivkraft offensichtlich voraussetzen, daß es in seiner Ontogenese eine hinreichende Stabilität erlebt und erfahren hat, aus der es sich – in oft dramatischen Ablösungsprozessen – befreien muß; lebensgeschichtlich setzt Subjektivität im modernen Verstand Gebundenheit voraus. Ein Paradox, wie Bettelheim bemerkt: „Nur die soziale Solidarität gewährleistet Individualisierung, während persönliche Einzigartigkeit, die sich meist im Gegensatz zu anderen definiert, die Solidarität bedroht" (Bettelheim [1974] 1990, S. 285). Neu ist diese Einsicht allerdings nicht. Denn in der Tradition der neuzeitlichen Philosophie war man sich bewußt, daß Subjektivität stets gebrochen ist; Montaigne, dann vor allem die Frühromantiker, aber auch Hegel haben das im Wort „Subjekt" selbst angelegte Spiel von Unterworfenem und Bestimmenden als keineswegs entschieden beurteilt und mit einer gebrochenen Ich-Identität gerechnet. Allerdings mußten sie diese nicht fürchten. Denn lebenspraktisch waren in neuzeitlichen Gesellschaften offensichtlich stets in hinreichendem Maße traditionsgestützte Institutionen verfügbar, um die Entwicklung des individuellen Subjekts zu stabilisieren. Im Übergang zum 20. Jahrhundert aber werden diese alten Institutionen offensichtlich prekär – insbesondere die Gewißheit der Familie beginnt zu schwinden, so daß ein Netz sozialpädagogischer Einrichtungen ihr zur Seite treten muß. Am Ausgang dieses Jahrhunderts tritt die Dramatik der so eingeleiteten Entwicklung dann endgültig hervor: Hier nun lösen sich die „ständischen" Relikte der Vormodernität auf (vgl. Beck 1986), so daß das Subjekt gleichsam apriorisch frei gesetzt ist (Winkler 1993). Es muß sich in seiner Subjektivität nicht mehr selbst erzeugen, muß seine Autonomie nicht

mehr gegenüber einer ihm objektiv erscheinenden Wirklichkeit erkämpfen, vielmehr steht ihm diese von vornherein zur Disposition.
In den Individualisierungsprozessen der Moderne wird damit völlige
Subjektivität mit einer doppelten Konsequenz Realität. Einmal gilt
der primäre Affekt des Subjekts diesem selbst. Weil dieser aber ohne
äußeren, objektiven Inhalt, mithin unvermittelt bleibt, gehen dem
Subjekt die möglichen Bestimmungsgründe verloren: Die Sprachun-
fähigkeit der von Bettelheim behandelten Kinder belegt dies ebenso
wie ihre Aggressionen gegen sich selbst. Schließlich aber bricht noch
die Widerstandsfähigkeit zusammen, welche die Chance eröffnet hat,
sich selbst gegenüber einem Anderem, Äußeren zu identifizieren. Das
Subjekt wird konturlos, bloße ungesteuerte Aktivität; wir haben zu tun
mit, wie Fritz Redl und David Wineman sie genannt haben, Kindern,
die hassen. In Bettelheims Orthogenic School wird also das Drama
der Subjektivität in der Moderne sichtbar: Als vollendete Subjektivität hat sie ihre eigene Qualität verloren; sie ist leer, unbestimmt, damit
– so paradox dies klingt – in höchster Subjektivität entsubjektiviert;
das Ich löst sich auf, weil ihm vollständige Autonomie möglich ist, die
aber keinen Grund mehr hat.
Darin deutet sich schon die zweite Problemdimension an. Die Diagnose des Zerfalls von Gesellschaft macht nämlich zwei Aufgaben
endgültig dringend, die für die neuzeitliche Pädagogik schon immer
virulent waren: Zum einen entsteht in einer fragmentierten, hetero-
nom gewordenen Welt eine Vielzahl von Anforderungen, die nicht
mehr in einen Zusammenhang zu bringen sind. Bettelheim sieht das
Kind bedroht davon, daß es entweder zum „Automaten" wird (Bettelheim [1955] 1973, S. 38), der beliebigen Ansprüchen blind gehorcht,
oder aber überfordert wird und emotional zusammenbricht. Die äußere Vielfalt führt also zur inneren Chaotisierung; pädagogisch brauchen wir Einheit. Vor allem aber: Tendenziell entzieht sich die neuzeitliche Gesellschaft in ihren Ansprüchen, sozialen Normen und
Verhaltensweisen den Blicken des lernenden Subjekts. Neuzeitliche
Pädagogik hat es daher immer mit dem Versuch zu tun gehabt, nicht
bloß kulturelle Errungenschaften, sondern Sozialprinzipien schlechthin didaktisch zu inszenieren, um sie denen zu präsentieren und plau-
sibel zu machen, die neu in diese Gesellschaft eintreten. Sie benutzt
Verfahren des „Sichtbarmachens". Schon der „Orbis pictus" des
Comenius, später etwa die Kupfertafeln in Basedows Elementarwerk
geben davon ebenso Zeugnis wie etwa die moralischen Unterredun-
gen, in welchen ein Campe oder ein Salzmann die ungeschriebenen
Regeln des Sittlichen aussprechen und erörtern. In den Gesellschaften
der Moderne aber spitzt sich dieses Problem zu; sie sind „Gesellschaf-

ten des Verschwindens" (vgl. Breuer 1992), zeichnen sich durch Prozesse der Entdinglichung aus (vgl. Giesen 1992). Sie gefährden damit systematisch ihre eigene Reproduktion, indem sie ihren Mitgliedern die basalen, gleichwohl entwicklungspsychologisch fundamentalen Voraussetzungen ihrer individuellen Existenz vorenthalten: Manche Kinder in der Orthogenic School haben beispielsweise, wie Bettelheim schreibt, „einfach nie gelernt, wie man spielt" (Bettelheim [1955] 1973, S. 50). In einem lebens- wenn nicht sogar existentialphilosophischen Sinne gilt also, daß in der Moderne die Normalität des Lebens weder erfahren noch erlernt werden kann; in der Formel Bettelheims wird dies ausgesprochen: „so können sie nicht leben". Ihre desintegrativen Tendenzen der Moderne lösen somit den Lebenssachverhalt selbst auf: „Kinder, die in die Orthogenic School kommen, haben nicht nur darin versagt, zu lernen, wie man in einem Elternhaus oder mit seinen Eltern lebt. Sie waren völlige Versager in bezug auf das Leben selbst" (Bettelheim [1955] 1973, S. 16).

Dies klingt hart, verletzend, fast herabwürdigend. Aber es macht die Aufgabe sichtbar, mit der zwar zuerst diese Kinder konfrontieren, dann aber Erziehung schlechthin hadert. Beide Problemdimensionen nämlich, die geforderte und gefährdete Subjektivität, die zerrissene und verschwundene Gesellschaftlichkeit erzwingen nicht nur eine systematisierte, methodische Erziehung, sondern vor allem eine Pädagogik, die sich eines festen Rahmens versichert: „Aber", so Bettelheim, „wenn das Kind Ordnung ins Chaos bringen soll, muß es vorher die Erfahrung des Lebens in einer geordneten Welt gemacht haben" (Bettelheim [1950] 1970, S. 37). Weil aber beide Problemdimensionen sich unvermeidlich in modernen Gesellschaften stellen, gibt es für Bettelheim in diesen keine Alternative zu einer rationalen Pädagogik; undenkbar erscheint ihm zugleich eine Pädagogik, welche nicht in ihren Mittelpunkt eine Erziehung am anderen Ort stellt. „Die Frage lautet also in Wirklichkeit nicht", schreibt Bettelheim einmal geradezu provozierend, „ob ein Kind in einer Anstalt leben sollte, sondern ob es die richtige Art von Anstalt ist" (Bettelheim [1955] 1973, S. 37).

Man könnte einwenden, diese Überlegung soll nur für die Betreuung und Erziehung emotional gestörter Kinder gelten. Aber Bettelheim schwebt doch eine pädagogische Grundentscheidung vor, wie schon der programmatisch wirkende englische Titel seines am stärksten systematisierenden Buches „A Home for the Heart" dies viel deutlicher macht als seine deutsche Übersetzung „Der Weg aus dem Labyrinth": Diese Erziehung am anderen Ort, dieses Heim für die Seele, begründet Bettelheim dabei zunächst ethisch, nämlich mit seinem Anspruch auf einen Fortschritt für Gattung wie für Individuum. Eine Erziehung am anderen Ort scheint ihm aber nicht minder funktional geboten, weil moderne Gesellschaften ein pädagogisches Ortsdenken und Ortshandeln unvermeidlich machen. Beide, das ethische und das sachliche Motiv, deuten sich noch in seinen – angesichts heutiger Forschungsergebnisse nur bedingt nachvollziehbaren – Vorbehalten gegenüber der Familienerziehung an: Familie hatte für ihn zumindest ihre Selbstverständlichkeit verloren, vielleicht weil die Erfahrungen des Konzentrationslagers, aber auch die Beschäftigung mit den Folgen der Deportation eine prinzipielle Anfälligkeit auch der Familie gezeigt hatten (vgl. Bettelheim 1983); Familie schien ihm auch angesichts fortschreitender Individualisierung nahezu unmöglich geworden (vgl. Bettelheim 1990, S. 284f.), zumindest aber unabdingbar auf eine Form von Professionalisierung und profesioneller Begleitung angewiesen. Mehr noch aber haben beide Motive einen Niederschlag in seiner Faszination für die Kibbutz-Erziehung gefunden, in der er die Voraussetzung für „The Children of the Dream" zu erkennen glaubte (Bettelheim 1971a).

Damit Entwicklungsprozesse gelingen, damit Kindern und Jugendlichen ein Aufwachsen zur Subjektivität in Vernunft möglich wird, benötigen sie also die Differenz des Ortes – eine Differenz, in der sich das Heim auch von der Familie unterscheidet, weil – wie Bettelheim den familienanalog konstruierten Heimen zum Vorwurf macht – andernfalls nur unproduktive Verwirrung entsteht, Enttäuschungen auch vorprogrammiert sind (vgl. Bettelheim [1950] 1970, S. 26): Eine Differenz, die Kindern neue Erfahrungen erlaubt, damit sie ihre gegenwärtige Welt ordnen können (Bettelheim [1950] 1970, S. 37). Ohne Bruch mit der Vergangenheit kann dies nämlich nicht gelingen, weil die „Mißdeutungen früherer Erfahrungen die Entwicklung eines richtigen Bildes von der Welt behindern" könnten (Bettelheim [1955] 1970, S. 37).

Um einen Ort muß es sich dabei handeln, weil zwar die Sicherheit auch gegenüber gesellschaftlicher Inanspruchnahme gewahrt bleiben muß, ohne jedoch die Freiheit aufzuheben, welche einem kindlichen Subjekt den individuellen Bildungsprozeß erlaubt und ermöglicht; es muß die Chance zu Entscheidungen haben, weil es nur durch diese sein Ich aufspürt (Bettelheim [1960] 1989, S. 77). Zugleich muß der Ort den Verlust traditionaler Lebenswelten ausgleichen, ohne selbst das Subjekt zu determinieren. Mehr noch: durch den pädagogischen Ort und nur durch diesen kann dem Subjekt das Soziale als Substruktur so evident werden, das jenes dieses zum Inhalt seines Handelns machen kann. Der pädagogische Ort unterscheidet sich nämlich gerade durch seine Begrenztheit: In einer entgrenzten Wirklichkeit gibt es eine solche nicht mehr, obwohl man sie benötigt, um überhaupt den Blick auf diese gewinnen, Orientierung in ihr und die eigene Souveränität finden zu können; er setzt zugleich Bezugspunkte, von welchen aus das Subjekt seine sozialen Beziehungen und seine eigene Identität in einem Handeln konstruieren und rekonstruieren kann, das aus seiner eigenen Initiative heraus geschieht. Im Ort findet es eine Matrix des Lebens – eine Matrix, die ihm ermöglicht, seine aktuelle Situation zu gestalten und zu beherrschen, eine Matrix aber auch, in der jene latent gewordenen Grundbedingungen des Sozialen durch das Subjekt selbst angeeignet werden können, die einen Lebensvollzug in der Gesellschaft ihm überhaupt erst wieder ermöglichen. Am Ort und der durch ihn pädagogisch gegebenen Matrix überwindet das Kind seine Störung und lernt, sein eigenes Leben und das der Gesellschaft zu beherrschen. Insofern unterliegen pädagogische Orte einer zweifachen Bestimmung, nämlich einerseits einer entwicklungspsychologischen, die den Anforderungen der Ontogenese genügten muß; andererseits aber werden sie sozial bestimmt, denn sie stellen nicht nur eine Sphäre sozialer Realität, sondern eine Möglichkeit dar, in ihrem Ambiente eben jene Sozialität, die – mit Bettelheims Worten – „Struktur des Lebens" überhaupt erst zu erfahren (Bettelheim [1974] 1990, S. 74).

Der pädagogische Ort stellt also eine Gestalt des dritten Faktors dar, dem – ich erinnere an meine Eingangsüberlegung – die Suche galt. Inszeniert und arrangiert durch den Pädagogen wird die sozial schon „unmögliche" Erfahrung der Grenze vermittelt. Aber dies geschieht im Handeln des Subjekts selbst, das sich so in seinem eigenen Ich erfassen und bestimmen kann.

3. Sachzusammenhang

Es muß auf den ersten Blick geradezu widersinnig erscheinen, daß eine Überlegung zum pädagogischen Ort sich vor allem mit dem Begriff und dem Sachverhalt von Subjektivität, auch mit den Gefahren auseinandersetzt, die dem Subjekt in modernen Gesellschaften droht. Aber wem sollte sonst pädagogisches Handeln gerecht werden, wenn nicht den Subjekten? Und vor allem: alles pädagogische Nachdenken, alle Erziehung wären als solche gänzlich überflüssig, wenn wir nicht diese Voraussetzung des Subjekts machen, auf dieses mit „ehrlicher Achtung eingehen" würden (Bettelheim [1974] 1990, S. 246). Subjektivität meint also immer auch und in aller Konsequenz, daß das Kind ernst genommen wird; das vierjährige Mädchen, der fünfjährige

Junge sind nicht bloß nach ihren Auffassungen und Wünschen zu befragen, vielmehr hat ihre Stimme in allen Entscheidungen das gleiche Gewicht wie die der anderen. Subjektivität meint daher zugleich einen Primat der Person, damit auch der Beziehung. Es wäre naiv, vor allem ungerecht gegenüber Bettelheim, dies zu ignorieren. Für sein Verständnis von Erziehung gelten zwei Dimensionen, nämlich die der Beziehung und die des Ortes. Doch während jene vielfach untersucht wurde, hat diese bislang wenig Aufmerksamkeit gefunden. Deshalb steht sie hier im Vordergrund.

So gilt als erster Grundsatz der Konstitution des pädagogischen Ortes, daß die durch sie realisierte Logik der Erziehung von dieser Voraussetzung der Subjektivität abhängt – paradoxerweise weil mit ihr anerkannt wird, daß im Blick auf das Subjekt eingedenk einer durch dieses selbst gesetzten, unhintergehbaren Grenze zu handeln ist. Bettelheim hat diese Aporie selbst offen gelegt: Wer Subjektivität voraussetzt, dem verschließt sie sich; die positive Anerkennung der Subjektivität von Personen gibt ihnen den Status von Intouchables: „Einen unmittelbaren Zugang zur Autonomie gibt es nicht", schreibt er in der „Weg aus dem Labyrinth", allein „Selbstachtung und das Gefühl, das Leben sei wert gelebt zu werden, können zu ihr führen" (Bettelheim [1974] 1990, S. 60). Nur dort, wo eine unmittelbare Gefahr für die physische Unversehrtheit besteht, kann ein Eingriff in die Autonomie des Subjekts gerechtfertigt werden. Ansonsten muß trotz aller Rehabilitierungsansprüche eine unmittelbare Ausrichtung auf die Person in den Hintergrund treten; selbst Zuwendung darf nur mittelbar durch die Organisation des Ortes geschehen. „Hauptaufgabe" bleibt nämlich, „in das Chaos eine gewisse verständliche Ordnung zu bringen. Die Reorganisation zerfallener Persönlichkeiten ist sekundär, und im Vergleich eine viel einfachere Aufgabe, aber dazu kommt es erst viel später, wenn überhaupt" (Bettelheim [1950] 1970, S. 36).

Pädagogisches Ortshandeln realisiert Erziehung also indirekt; sie ist Erziehung durch die Sachen, vielleicht um die Erziehung durch die Natur zu ermöglichen. Die Personen bleiben hingegen im Hintergrund, agieren geduldig, auch permissiv, fast ein wenig indifferent; vertrauensvoll zwar, aber doch nicht vertraulich. Im Vordergrund stehen hingegen die räumlichen Botschaften, die durch den Aufnahmeraum, dann durch Wohnraum und Lebensraum mitgeteilt werden. Dieses sinnliche und gefühlsmäßig wahrnehmbare Milieu ist der erste Erzieher, der erste Therapeut (vgl. Bettelheim [1974] 1990, S. 150ff.). Die eigentliche Leistung aber muß das Subjekt vollbringen, das Kind, der Patient: Erziehung am anderen Ort schließt systematisch einen Prozeß der Bildung ein, den das Ich vollzieht, um sich selbst zu fassen.

Darin deutet sich allerdings ein zweiter Grundsatz für die Konstitution des pädagogischen Ortes an: Seine Differenz muß sichtbar sein,
ihren Ausdruck noch in einer äußeren ästhetischen Gestaltung finden,
die ihm einen Reiz verleiht; schon das Hingehen muß sich lohnen,
auch und zuallererst als eine Chance für das Subjekt, sich nicht nur
selbst entscheiden zu können, sondern den Weg, vor allem die Ge-
schwindigkeit auf diesem bestimmen zu dürfen (vgl. Bettelheim
[1974] 1990, S. 197). Deshalb kommt auch dem Anfang des Lebens
am neuen Ort ein besonderer Stellenwert zu; hier entscheidet sich das
Subjekt, ob es sich auf ein Geschehen einläßt, das beides zugleich ist:
Wende und dauernder Aufenthalt, der sich lohnen könnte (vgl. Bettelheim [1950] 1970, S. 52). In Bettelheims Werk klingt dabei immer
wieder eine umgekehrte platonische Metaphorik an: Aus einer wirren
Welt, die das Subjekt dem Irrsinn nahegebracht hat, findet dieses erstmals sein Ich wieder, indem es sich auf den Weg in die Höhle macht
(vgl. auch Mennemann 1996 und die dort gegebenen Hinweise auf die
Philosophie Blumenbergs). Zumindest in der pädagogischen Arbeit
mit hochgradig gestörten Menschen geht es Bettelheim darum, einem
zerfließenden Selbst Begrenzungen spürbar zu machen, aus welchen
heraus ein rudimentäres Ich wieder definiert werden kann, um es dann
zu überschreiten (vgl. Bettelheim [1974] 1990, S. 117f.).
Der dritte Grundsatz lautet: Der pädagogische Ort muß dem Subjekt
zuallererst objektiv Schutz gewähren, subjektiv angenehm das Gefühl von Sicherheit, Eindeutigkeit und Zusammenhang vermitteln
(vgl. Bettelheim [1974] 1990, S. 119). Obwohl Bettelheim hier un-
entschieden bleibt, hat die Befriedigung elementarer Bedürfnisse in
der Praxis der Orthogenic School Vorrang, weil sie das innere Hand-
lungsmotiv und Handlungspotential des Kindes aktivieren kann:
„Wenn wir helfen wollen, Ordnung in die Persönlichkeit des Kindes
zu bringen, stützen wir uns hauptsächlich auf seinen Wunsch, mit
einer Welt auszukommen, die ihm reichliche Befriedigung all seiner
Bedürfnisse oder fast aller Bedürfnisse bietet, und nicht nur derjenigen, die gewöhnlich von Erwachsenen als legitim anerkannt werden"
(Bettelheim [1950] 1970, S. 36). Wie stets bei einer Erziehung am
anderen Ort geht es dabei zunächst um Entlastung sowohl gegenüber
früheren Erfahrungen wie auch gegenüber den aktuell empfundenen
Ansprüchen; sie dürfen vergessen, vielleicht auch verdrängt werden.
Die Parallelen zu den Beschreibungen der Stanser Situation durch
Pestalozzi, zu Wicherns Berichten über das Rauhe Haus und Makarenkos Roman über die Gorki-Kolonie legen nahe, daß auch Bettelheim das Verfahren der „Verbrannten Biographie" praktiziert, dieses
also zu den Grundbeständen einer pädagogischen Theorie des Ortes

gerechnet werden muß. Solche biographische Entlastung kann dabei allerdings Unterschiedliches bedeuten: Manche Kinder müssen sich erst ausruhen und zurückziehen, ehe sie zu einer Kontakaufnahme fähig sind; andere können nur gewaltförmig handeln, um erleben zu können, daß auch diese Aktivitätsform als ein legitimer Ausdruck ihrer Subjektivität geduldet wird.

In welcher Weise sich die Aktivitäten des Kindes, der Patienten auch immer darstellen, in ihnen drückt sich der Versuch aus, über den neuen Ort zu verfügen, ihn anzueignen (vgl. Bettelheim [1974] 1990, S. 128). Das legt einen vierten Grundsatz nahe, der zunächst, auch im Blick auf vergleichbare Ansätze widersinnig anmutet. Für Bettelheim ist der neue Ort kein prinzipiell offener, kein leerer Ort. Wo es um die Aneignung der Lebensmöglichkeit geht, muß die Chance bestehen, Routinen, Regelhaftigkeit in das eigene Tun aufzunehmen; auch sie sollen entlasten, dürfen aber zugleich nicht als rigoros auferlegt empfunden werden (vgl. Bettelheim [1974] 1990, S. 63 ff.). Im Gegenteil darf die Gestaltung des Ortes nicht allzu fest gefügt sein; „Routine sollte […] nicht starr sein, sondern flexibel" wirken (Bettelheim [1974] 1990, S. 64). Am pädagogischen Ort ist mithin eine Ambivalenz auszuhalten: Strahlt er einerseits Sicherheit, Gewißheit und Geborgenheit aus, so muß er andererseits doch verändert werden können: „Die äußere Umwelt in unserer Schule ist nur so weit organisiert, daß dem Kind für den Raum, in dem es sich befindet, noch Möglichkeiten des eigenen Organisierens übrigbleiben. Sie ist aber auch so flexibel, daß sie das Leben des Kindes nicht einengt und es nicht von den plötzlichen Tätigkeits- und Stimmungswechseln abhält, die für diese Altersgruppe so charakteristisch sind" (Bettelheim [1950] 1970, S. 121).

Diese Ambivalenz des pädagogischen Ortes muß also erträglich sein; der pädagogische Ort darf – fünfter Grundsatz – die Leistungsfähigkeit der Subjekte nicht überfordern. Es geht um ein Milieu, „in dem alle Erfahrungen so dosiert sind, daß das Kind sie vermittels solcher Anstrengungen handhaben kann, die leicht zu leisten sind" (Bettelheim [1950] 1970, S. 41, vgl. auch S. 276 ff.). Mehr noch: Der Ort wirkt stets nur indirekt, mithin nicht unmittelbar didaktisch, sondern zunächst nur anregend auf das seelische Wachstum (Bettelheim [1950] 1970, S. 39); er soll eine gute Stimmung ermöglichen, aus der heraus ein Handeln angestoßen wird. Hier nun wirkt seine Begrenztheit selbst als ein Mittel. Denn durch die Definition der Ausdehnung des Ortes werden nicht nur Horizonte festgelegt, sondern – sechster Grundsatz – Perspektiven auf diese eröffnet. Es kommt zu einer Neuorganisation der Subjekt-Objekt-Relation in doppelter Hinsicht: Das

Individuum vermag sich nun selbst zu situieren; es findet seinen Platz innerhalb eines Koordinatensystems, das ihm vertraut ist. Gleichzeitig aber wird sein Blick fixiert, so daß ihm – traditionell formuliert – eine Teleologie des Handelns möglich wird. Der – im doppelten Sinne des Ausdrucks – gerichtete Blick befreit das Subjekt aus seiner Verklammerung an die Befriedigung seiner Bedürfnisse und führt es in einen Prozeß des „gemeinsamen Erarbeitens der Dinge" (Bettelheim [1974] 1990, S. 244).

Das geschieht nicht ohne Konsequenzen: Hat das Subjekt ein hinreichendes Gefühl von gesicherter Ordnung für sich entwickelt und läßt sich in seinen Aktivitäten leiten, wird – siebter Grundsatz – Differenzierung möglich; in das in seinem Inneren bislang allein herrschende Chaos zeichnen sich gleichsam erste Linien der Zuordnung ein. Auch diesen entspricht eine Gestaltung des Ortes: Die Raumordnung kann feiner werden, Wohnzimmer, Schlafzimmer, Badezimmer lassen sich unterscheiden. Sie eröffnen nicht nur unterschiedliche Perspektiven auf das Leben das Subjekts, sondern ermöglichen ihm neue Handlungsformen und Entwicklungsprozesse. Als ein Nebeneffekt dieser Feingliederung erwächst allerdings auch eine neue Aufgabenstruktur: Der Umgang mit „Zwischenräumen" und „Zwischenzeiten" muß gelernt werden (vgl. Bettelheim [1950] 1970, S. 118 ff.): Zunehmend spielt sich das Leben in Rahmungen ab, die nur als Passagen, als Durchgang bestimmt sind, inhaltlich somit leer bleiben, keine Anstrengung abverlangen, zugleich aber doch Überforderung in sich bergen, weil hier zwar nur vorübergehend, gleichwohl nachdrücklich eigene Bestimmungsleistungen dem Subjekt abverlangt werden: Zwischenräume zeichnen Züge eines Traumes zwischen Wachen und Schlafen aus, in ihnen werden Möglichkeiten spürbar, die noch nicht realisiert werden können; es ist deshalb wichtig, daß solche Zwischenräume „anregend wirken, ohne zuviel unnötige Erregung zu verursachen" (Bettelheim [1950] 1970, S. 121).

Zwischenräume ermöglichen Übergänge, die aus einem bestimmten Raum hinaus in die Weite führen. Damit wird ein achtes Prinzip wirksam, das in die Architektur der Anstalt schon von vornherein eingeschrieben ist, zumindest für die Kinder in der Orthogenic School jedoch erst spät zum Tragen kommt. Es ist das Prinzip der Öffnung der Anstalt: Bettelheim hat gleich allen anderen, „ortsbewußten" Reformern von Erziehung und Psychotherapie dieses Prinzip von Anfang an im Blick gehabt (vgl. Bettelheim [1974] 1990, S. 107). Wie Karl Wilker, aber auch Franco Basaglia beginnt er seine Arbeit an der Orthogenic School mit der Entfernung von einschließenden Schutzeinrichtungen, mit der Beseitigung überflüssiger Schlösser; nicht der

Ausgang wird versperrt, sondern der Zugang behindert, vor allem, um den Beteiligten das Gefühl zu geben, vor äußeren Bedrohungen bewahrt zu sein. Allerdings hütet sich Bettelheim vor einer – wie wir inzwischen aus dem Fortgang der Psychiatriereform wissen – wohl auch falschen Radikalität: Das Angebot der offenen Anstalt, darf nur behutsam gemacht werden, um die Dialektik von Sicherheit und Freiheit nicht zu zerstören, auf die zumindest Bettelheims Kinder angewiesen sind; die Möglichkeit des Weglaufens gefährdet sie: Schon leichte Änderungen des physischen Rahmens lösen bei ihnen Panik aus, erst das unbedingte Gefühl der Sicherheit gibt ihnen selbst den Mut, das Gelände der Schule zu verlassen (Bettelheim [1955] 1973, S. 30): „Aber sobald es im Schutz der Schule geborgen ist, kann das Kind mit seiner inneren Stärke Vesuche anstellen, indem es sich selbst in Forschungsunternehmungen außerhalb der Grenzen der Schule auf die Probe stellt. Die Betreuuer bewahren das Kind davor, bei solchen Ausflügen vorzeitig zu weit zu gehen, aber mit Ausnahme dieser Einschränkung werden die Wahl des Zeitpunktes und die Gestaltung solcher Versuche ganz dem Kind überlassen" (Bettelheim [1955] 1973, S. 31).

Öffnung der Anstalt bedeutet daher für Bettelheim an keiner Stelle ihre Auflösung. Eine solche würde nicht nur seiner Einsicht in die systematische Notwendigkeit der Erziehung am anderen Ort widersprechen; vielmehr deutet sich darin das in der zynischen Politik der Anstaltsaufhebung vergessene Wissen an (vgl. Scull 1980), daß mit den Anstalten auch Möglichkeiten verschwinden, emotional Verwirrten Hilfe zu leisten. Der Verlust der Anstalt würde ihnen das gerade neu erworbene Vertrauen in die Welt und in sich selbst nehmen; ihre Rehabilitierung würde scheitern, weil sie nach dem Verlassen des Heims keinen Ort der Rückkehr mehr vorfinden. Das ist freilich nicht unproblematisch, weil wir zumindest aus der Heimerziehung auch wissen, daß eine Rückkehr überschattet werden kann von dem Gefühl, beliebig ersetzt worden zu sein. Schließlich: Skepsis ist geboten gegenüber der Anstalt, weil sie stets die Gefahr in sich birgt, als begrenzter Erziehungsort in einer potentiell „offenen" Gesellschaft totalitär zu werden.

Spätestens hier wird deutlich, daß pädagogische Orte nicht verdinglicht werden dürfen. Sie müssen – neuntes Prinzip – Anlaß einer komplexen Vielfalt sozialer Beziehungen werden – darin unterscheiden sie sich für Bettelheim auch von einem klar definierten Behandlungszimmer, das nur „die isolierte Beziehung zu einer Person oder auf die Bearbeitung von Problemen" in relativer Abgeschlossenheit angelegt ist (Bettelheim [1950] 1970, S. 41). Diese sozialen Beziehungen müssen zwar klar und eindeutig sein, gleichwohl aber dem Subjekt die Möglichkeit eröffnen, Bedeutungen zu konstruieren, einen sozialen Handlungssinn für sich selbst zu entwickeln. Auch hier läßt sich eine doppelte Spannung kaum übersehen (vgl. zum Folgenden Bettelheim [1974] 1990, S. 295 ff.): Die eine Spannung besteht zwischen den von den Mitarbeitern erfüllten und deutlich gemachten Funktionen, ihrer auch von den Kindern nicht zu übersehenden Spezialisierung, ihrer zuweilen auch idiosynkratischen Verhaltensweisen einerseits, andererseits ihrer Unterordnung unter den Gemeinschaftsgeist der Anstalt, ihrer Philosophie, die von allen Beteiligten gespürt und gelebt werden muß. Bettelheim hat ihr stets höchsten Rang eingeräumt, wohl sogar bis in die Konsequenz eines schier unerträglich autoritären Verhaltens. Dem korrespondiert eine zweite Spannung für das Kind: Einmal benötigt es nämlich eine Vielzahl einzelner Beziehungen, die eine besondere, einmalige und unverwechselbare Bedeutung für es haben; Bettelheims Fallgeschichten sind stets auch Fallgeschichten einzelner Betreuer, die eine exklusive Beziehung herstellen. Zum anderen muß das Kind, der Jugendliche die gesamte Gruppe als solche erleben, die – mit nahezu anonymem Druck – Wirkungen ausübt. Was Makarenko als parallele Einwirkung methodisch nutzt, hat daher auch bei Bettelheim einen zentralen Stellenwert; der Einfluß, den die Kinder aufeinander ausüben, gehört zu den wirksamsten therapeutischen Hilfsmitteln, die uns zur Verfügung stehen" (Bettelheim [1950] 1970, S. 256).

Wo aber soziale Beziehungen an einem Ort entstanden sind, droht die Gefahr der Erstarrung in Hierarchien, der sozialen Verdinglichung; der Ort wird zur totalen Anstalt, in der das Leben wieder erlischt. Makarenko hat dies in der Gorki-Kolonie erlebt. Bettelheim formuliert es als ein Problem der „Integration sozialer und individueller Veränderung" – man kann darin ein zehntes Prinzip erkennen: Diese Integration der gesamten Anstalt mußte ein lebendiger Prozeß beständigen Werdens sein, ein stets angestrebtes Ideal, das nie wirklich erreicht wurde, denn Lebendigsein, Lebendigkeit und die daraus resultierenden therapeutischen Erfolge entstehen aus dem Ernst der Bemühungen um dieses Ziel; sie entstehen nie, wenn das Ziel erreicht ist. Es stellte sich heraus, daß es für die Patienten, die an der Integration ihrer Persönlichkeiten arbeiteten, äußerst wichtig war, in einer Umgebung zu leben, die ständig um die eigene Integration rang" (Bettelheim [1974] 1990, S. 245 f.).

Faßt man diese zehn Prinzipien zusammen, so wird klar, daß Erziehung am anderen Ort bedeutet, dem Kind einen Weg vom Einfachen zum Differenzierten zu ebnen, um von den basalen Substrukturen der Lebenstätigkeit hin zu einer komplexen Vielfalt eines sozialen Handelns zu finden, ohne das eigene Ich aus dem Blick zu verlieren. Es soll als Subjekt handeln, sich bilden können, dabei aber auch die Fähigkeit gewinnen, in einen gemeinsamen Veränderungsprozeß einzutreten, in dem noch sein eigener Ort neu definiert wird. Ob dazu in modernen Gesellschaften eine reelle Chance besteht, muß dahingestellt bleiben, doch zeigen zumindest neuere Ansätze der Sozialpädagogik, daß die gesellschaftlichen Verhältnisse selbst diesem Weg eine unabweisbare Notwendigkeit gegeben haben (vgl. z.B. Böhnisch, Münchmeier 1990).

Ich komme zum Schluß, der ein vorsichtiges Bedenken formuliert: Obwohl Begriff und Sachverhalt des pädagogischen Ortes ein Zentrum der Sozialpädagogik, wenn nicht sogar einer pädagogischen Theorie der Moderne markieren, sollte man sie nicht überbeanspruchen. Die Idee vom pädagogischen Ort steht weder für die große Theorie, noch für das methodische Konzept schlechthin – vielleicht, weil es solche gar nicht mehr geben kann. Aus ihrer Entdeckungsgeschichte ist klar, daß die Idee des pädagogischen Ortes zunächst eher ein skeptisches Konzept meint, das uns die Wahrnehmung pädagogischer Probleme, dann die Organisation des Nachdenkens über Erziehung, vielleicht sogar die ihrer praktischen Ausgestaltung erleichtern soll. Es geht dabei nicht um die prinzipielle Alternative zu Vorstellungen, welche Erziehung als ein primär personales Geschehen begreift; denn Personen haben in pädagogischen Prozessen zumindest solange eine wesentliche, unhintergehbare Bedeutung, wie wir den Anspruch einer Humanisierung des Humanen nicht von vornherein preisgeben wollen. Jenseits dieser ethischen Prämisse, mithin im Blick auf das, was wir die Problem- und Sachstrukturen der Erziehung nennen können, sind wir jedoch mit einer eigentümlichen Dialektik konfrontiert: Zwar setzt deren systematische Betrachtung stets mit der neuzeitlichen Idee des Subjekts ein, doch erlaubt diese kein Verständnis von Erziehung. In diesem treten vielmehr Personen in einer eigentümlichen Weise sekundär auf, nämlich gebunden an jene Rahmungen und Bedingungen, in welche wir historisch und gesellschaftlich eintreten müssen, um uns überhaupt gegen sie zu behaupten, um eine mögliche Subjektivität erst zu erringen. Wenigstens im Kontext moderner Gesellschaften setzt also Erziehung den Primat des Ortes voraus, der eben jene Bedingungen gleichsam konfiguriert, in welchen wir zu Identität und Autonomie finden.

Skeptisch bleibt dieses Konzept indes aus drei Gründen: Einmal steht der pädagogische Ort selbst in Gefahr, totalitär zu werden und seine pädagogische Qualität zu verlieren; er muß immer im Namen auch des sprachlosen Subjekts befragt werden, ob er Subjektivität zuläßt oder verhindert. Die historischen Beispiele der Anstaltserziehung sprechen hier Bände; der pädagogische Ort darf, soll er dieses Prädikat verdienen, nicht unbefragt bleiben. Zum zweiten gibt es keinen einfachen Determinismus des Ortes auf das Subjekt; daß hier ein kaum vorhersehbarer Spielraum des Individuums besteht, gehört vielleicht zu den irritierendsten Einsichten, die Bettelheim im Konzentrationslager gewonnen hat. Darin gründet aber wohl auch – drittens – die Warnung, die Bettelheim implizit auch für die Verwendung des Konzepts vom pädagogischen Ort gibt. Mit seiner konsequenten Kasuistik bewahrt er uns nämlich vor Verallgemeinerungen. Seine Fallbeschreibungen verraten Aufmerksamkeit für das, was man die kleinen Notwendigkeiten der Erziehung nennen kann, wie sie in jedem einzelnen Fall und in Besonderheit sich stellen, ohne vorweggenommen zu werden. Notwendigkeiten, deren Beachtung erforderlich ist, damit Kinder zu ihrer eigenen Ordnung finden und ihrem eigenen Lebensentwurf folgen können. Dies verlangt in der Tat unmittelbare Zuwendung, Eigenwilligkeit und Eigensinn bei allen Beteiligten – große Konzepte tragen hier nicht mehr, außer einem Ethos, das an der Humanisierung des Humanen festhält, trotz des Chaos der Moderne, trotz der Gewalt des Konzentrationslagers- oder vielleicht gerade wegen dieser.

Literatur

ACKERMANN, K.-E. (1994): Menschen mit schweren Behinderungen in aggressiven und autoaggressiven Krisensituationen. In: Hoffmann, Th./ Klingmüller, B. (Hrsg.): Abhängigkeit und Autonomie. Neue Wege in der Geistigbehindertenpädagogik. Festschrift für Martin Th. Hahn. Berlin, S. 103 ff.

AICHHORN, A. ([1925] ^{9}1977): Verwahrloste Jugend. Die Psychoanalyse in der Fürsorgeerziehung. Bern, Stuttgart, Wien.

AICHHORN, A. (1964): Delinquency and Child Guidance: Selected Papers. New York: International Universities Press (Menninger Clinic Monograph Series No. 15).

AICHHORN, A. (1976): Unveröffentlichte Bemerkungen August Aichhorns. In: Wiener Psychoanalytische Vereinigung (Hrsg.): Wer war August Aichhorn? Ausgewählt und zusammengestellt von Thomas Aichhorn. Wien.

AMÉRY, J. (1977): Jenseits von Schuld und Sühne. Stuttgart.

ANGRES, R. (1990) Who, Really, Was Bruno Bettelheim? In: Commentary 4/ 1990, S. 26 ff.

ANZIEU, D. (^{3}1992): Das Haut-Ich. Frankfurt a. M.

APEL, H.-J. (1974): Theorie der Schule in einer demokratischen Industriegesellschaft. Rekonstruktion des Zusammenhangs von Erziehung, Gesellschaft und Politik bei John Dewey. Düsseldorf

AUGÉ, M. (1994): Orte und Nicht-Orte. Vorüberlegungen zu einer Ethnologie der Einsamkeit. Frankfurt a. M.

BARTON, A.H. (1969): Comunities in Disaster. A Sociological Analysis of Collective Stress Situations. Ney York: Doubleday

BAUMGARTEN, E. (1937): Der Pragmatismus. Frankfurt a. M.

BAUMANN, Z. (1992): Dialektik der Ordnung. Die Moderne und der Holocaust. Hamburg

BAUMANN, Z. (1995): Moderne und Ambivalenz. Das Ende der Eindeutigkeit. Frankfurt a. M.

BECK, U. (1986) Risikogesellschaft. Auf dem Weg in eine andere Moderne. Frankfurt a. M.

BECKER, D. (1992): Ohne Haß keine Versöhnung. Freiburg. i. Br.

BENEDEK, T. (1973): Discussion: Parenthood as a developmental phase. In: T. Benedek, Psychoanalytic Investigations: Selected Papers. New York: Quadrangle Press, S. 378 ff.

BENNER, D. (1987): Allgemeine Pädagogik. Eine systematisch-problemgeschichtliche Einführung in die Grundstruktur pädagogischen Denkens und Handelns. Weinheim und München.

BERNFELD, S. ([1925] ^{2}1976): Sisyphos oder die Grenzen der Erziehung. Frankfurt a. M.

BERNFELD, S. (1969): Antiautoritäre Erziehung und Psychoanalyse. Ausgewählte Schriften. Bd. I–III, hrsg. von L.v. Werder und R. Wolff, Frankfurt
a. M. 1969–1970

BESEMS, Th./VAN VUGT, G. (1989): Gestalttherapie mit geistig behinderten
Menschen. Teil 2. In: Geistige Behinderung 1/1989 (Praxisteil)

BETTELHEIM, B. (1943): Individual and Mass Behavior in Extremsituations.
In: Journal of Abnormal and Social Psychology, Vol. 38, S. 417 ff.

BETTELHEIM, B. (1947): The concentration camp as a class state. In: Modern
Review, 1/1947, S. 628 ff.

BETTELHEIM, B. (1948a): Closed Institutions for Children? In: Bulletin of
the Menniger Clinic, 12/1948, S. 135 ff.

BETTELHEIM, B. (1948b): Somatic Symptoms in Super-Ego Formation. In:
The American Journal of Orthopsychiatry, 18/1948, S. 649 ff.

BETTELHEIM, B. (1949): A Psychiatric School. In: Quarterly Journal of Child
Behavior, 1/1949, S. ff.

BETTELHEIM, B. ([1950] (1970): Liebe allein genügt nicht. Stuttgart

BETTELHEIM, B. ([1955] 1973): So können sie nicht leben. Die Rehabilitierung emotional gestörter Kinder. Stuttgart

BETTELHEIM, B. (1956): Schizophrenia as a reaction to extreme situations.
In: American Journal of Orthopsychiatry 26/1956, S. 507 f. Deutsche Fassung in: Bettelheim (1980), S. 126 ff.

BETTELHEIM, B. ([1960] 1989): Aufstand gegen die Masse. Die Chance des
Individuums in der modernen Gesellschaft. Frankfurt a. M.

BETTELHEIM, B. (1963): Eichmann; The System; the Victims. In: New Republic 24/1963, S. 22 ff. Dt. Fassung in Bettelheim 1980

BETTELHEIM, B. (1966): Training the Child-Care Worker in a Residential
Center. In: American Journal of Orthopsychiatry 4/1966, S. 694 ff

BETTELHEIM, B. (1967): Survival of the Jews. Review of Steiner, J.F.: Treblinka. In: The New Republic, July 1967, S. 23 ff.

BETTELHEIM, B. ([1967] 1989): Die Geburt des Selbst. The Empty Fortress.
Frankfurt a. M.

BETTELHEIM, B. (1968): The Ultimate Limit. In: Midway 2/1968, S. 3 ff. Dt.
Fassung in Bettelheim 1980

BETTELHEIM, B. (1971): Contemporaries. Bruno Bettelheim, Ph.D. (Interview). In: Modern Medicine 18/1971, S. 18 ff.

BETTELHEIM, B. (1971a): The Children of the Dream. London: Paladin. Dt.
Fassung: Die Kinder der Zukunft. Heidelberg 1990

BETTELHEIM, B. (1972): Regression as Progress. In: Giovacchini, P. (Ed.)
Tactics and Techniques in Psychotherapy. New York, S. 189 ff.

BETTELHEIM, B. ([1974] ²1990): Der Weg aus dem Labyrinth. Leben lernen
als Therapie. München.

BETTELHEIM, B. (1975): Die Rehabilitation emotional gestörter Kinder. In:
Neue Sammlung 1/1975, S. 2 ff.

BETTELHEIM, B. (1976): Autismus und Psychoanalyse (Interview). In: Psychologie heute, 2/1976, S. 12 ff.

BETTELHEIM, B. (1978): The Holocaust – Some Reflections a Generation Later. In: Encounter, December 1978. Dt. Fassung in: Der Monat 2/1978, S. 5 ff.

BETTELHEIM, B. (1980): Erziehung zum Überleben. Stuttgart.

BETTELHEIM, B. (1980a): Eltern und Kinder müssen wieder lernen, ihre Probleme in der Familie zu lösen (Interview). In: Bild der Wissenschaft, 9/1980, S. 118 ff.

BETTELHEIM, B. (1981): Unsere Kinder, die kleinen Idioten (Interview). In: Betrifft Erziehung, 14, H. 10, S. 30–39

BETTELHEIM, B. ([1982] 1986): Freund und die Seele des Menschen. München.

BETTELHEIM, B. (1983): Nachwort zu Claudine Vegh: Ich habe ihnen nicht auf Wiedersehen gesagt. Gespräche mit Kindern von Deportierten, Hamburg.

BETTELHEIM, B. (1990): Themen meines Lebens. Über Psychoanalyse, Kindererziehung und das Schicksal der Juden. Stuttgart

BETTELHEIM, B. (1991): Last Thoughts on Therapy. Interview by David James Fisher. In: Society, Vol. 28, S. 61 ff.

BETTELHEIM, B./HERRMANN, I. (1993): Erziehung zum Leben. Göttingen

BETTELHEIM, B./KARLIN, D. ([1975] 1984): Liebe als Therapie. Gespräche über das Seelenleben des Kindes. München.

BETTELHEIM, B./ROSENFELD, A.A. (1993): The Art of the Obvious. New York: Knopf.

BETTELHEIM, B./SYLVESTER, E. (1947) Therapeutic Influence of the Group on the Individual. In: The American Journal of Orthopsychiatry, 17/1947, S. 684 ff.

BETTELHEIM, B./SYLVESTER, E. (1948) A therapeutic milieu. In: The American Journal of Orthopsychiatry, 18/1948, S. 191 ff.

BETTELHEIM, B./SYLVESTER, E. (1949a): „Milieu Therapy" – Indications and Illustrations. In: The Psychoanalytic Review, 36/1949, S. 54 ff.

BETTELHEIM, B./SYLVESTER, E. (1949b): Physical Symptoms in Emotional Disturbed Children. In: The Psychoanalytic Study of the Child, 4/1949, S. 353 ff.

BETTELHEIM, B./SYLVESTER, E. (1950): Delinquency and Morality. In: The American Journal of Psychoanalysis, 5/1950, S. 329 ff.

BETTELHEIM, B./ZELAN, K. (^{2}1982): Kinder brauchen Bücher. Stuttgart·

BITTNER, G. (1982): Späte Liebe zu Melanie Klein. In: Kindheit 4/1982.

BITTNER, G. (1982): Gewalt, Haß, Rache. Psychoanalytische Thesen zur Aggression. In: Schöpf, A. (Hrsg.): Aggression und Gewalt. Anthropologisch-sozialwissenschaftliche Beiträge. Würzburg.

BOLLNOW, O. (1978): Existenzphilosophie. Stuttgart

BORNSTEIN-WINDHOLZ, S. (1937) Mißverständnisse in der Psychoanalytischen Pädagogik. In: Zeitschrift für Psychoanalytische Pädagogik 11/1937.

BLANKENBURG, W. (1988): Individualität und Krankheitslehre in der Psychiatrie. In: Bochnik, H-J. u.a.: Der einzelne Fall und die Regel. Köln

BLANKENBURG, W. (1989): Lebensgeschichte und Krankengeschichte. In: Ders. (Hrsg.) Biographie und Krankheit. Stuttgart, S. 1ff.

Böhnisch, L./Münchmeier, R. (1990) Pädagogik des Jugendraums. Zur Begründung und Praxis einer sozialräumlichen Jugendarbeit. München.

BOHNSACK, F. (1964): John Deweys Theorie der Schule. In: Pädagogische Rundschau, 18/1964, S. 249ff.

BOHNSACK, F. (1984): Dewey in Bielefeld. In: Pädagogische Rundschau, 38, S. 71ff.

BORREMANNS, V. (1979): Gesundheit kann kein Dritter definieren. In: Illich, I. u.a. (Hrsg.): Entmündigung durch Experten, Reinbek bei Hamburg

BREUER, S. (1992): Die Gesellschaft des Verschwindens. Von der Selbstzerstörung der technischen Zivilisation. Hamburg.

COEN, S. (1988): How to read Freud: A critique of recent Freud scholarship. In: Journal of the American Psychoanalytic Association 36/1988, S. 483ff.

CRAIG, W.C (^{3}1992): A Case Study in Psychoanalytic Treatment: Bettelheim on Autism. In: Ders.: Theories of Development: Concepts and Applications, New York.

CSIKSZENTMIHALYI, M./ROCHBERG-HALTON, G. (1981): The Meaning of Things: Domestic Symbols and the Self. New York: Cambridge University Press.

DEMPSEY, D. (1970): Bruno Bettelheim Is Dr. No. In: The New York Times Magazine, January 11, 1970, S. 22f. und S. 107ff.

DEVEREUX, G. (1984): Angst und Methode in den Verhaltenswissenschaften. Frankfurt a. M.

DEWEY, J. ([1916] 1993): Demokratie und Erziehung. Weinheim und Basel.

DEWEY, J. ([1938] 1963): Erfahrung und Erziehung. In: Dewey, J./Handlin, O./Correll, W.: Reform des Erziehungsdenkens. Weinheim, S. 28ff.

DILTHEY, W. (^{2}1923): Einleitung in die Geisteswissenschaften. In: W. Diltheys Gesammelte Schriften. 1. Band. Leipzig und Berlin.

DONAT, A. (1964): Jewish Resistance. New York: Walden Press

EISSLER, K. (1949): Searchlights on Delinquency. Madison, CT: International Universities Press.

EISSLER, K. (1965): Medical Orthodoxy and the Future of Psychoanalysis. New York: International Universities Press.

EGLI, J. (Hrsg.) (1993): Gewalt und Gegengewalt im Umgang mit geistig behinderten Menschen. Luzern

EKSTEIN, R. (1990): Preface to Peter Heller,s A Child Analysis with Anna Freud. Madison, CT: International Universities Press, S. ix ff.

EKSTEIN, R. (1994): Vorwort. In: Kaufhold, R. (Hrsg.) (1994): Annäherung an Bruno Bettelheim. Mainz

ERIKSON, E. (1973): Identität und Lebenszyklus. Frankfurt a. M.

Family Life Development Center (1993): Therapeutic Crisis Intervention. Ithaca, New York: Cornell University College of Human Ecology.

FEDERN, E. (1990): Witnessing Psychoanalysis. From Vienna back to Vienna via Buchenwald and the USA. London: Karnak Books

216

FEDERN, E. (1989): Todestrieb und Eros – Zur Geschichte und aktuellen klinischen Relevanz von Freuds „Jenseits des Lustprinzips". In: Psychosozial, 37/1989, S. 18–21

FRATTAROLI, E.J. (1992): Orthodoxy and Heresy in Psychoanalysis. In: Szajnberg, N.M. (Ed): Education the Emotions: Bruno Bettelheim and Psychoanalytic Development. New York: Plenum Press, S. 121 ff.

FRATTAROLI, E.J. (1994): Bruno Bettelheim's Unrecognized Contribution to Psychoanalytic Thought. In: Psychoanalytic Review 3/1994, S. 379 ff.

FREUD, A. ([1941–1945] 1987): Monatsberichte aus den Kriegskinderheimen „Hampstead Nurseries". In: Die Schriften der Anna Freud, Bd. III. Frankfurt a. M., S. 657 ff.

FREUD, A. (1954): The widening scope of indications for psychoanalysis. In: Journal of the American Psychoanalytic Association 2/1954, S. 607 ff.

FREUD, A./BURLINGHAM, D. ([1944] 1987): Anstaltskinder. In: Die Schriften der Anna Freud, Bd. III. Frankfurt a. M., S. 879 ff.

Freud, S. (1912): Zur Dynamik der Übertragung. GW Bd. VIII. Frankfurt a. M.

FREUD, S. (1913): Das Interesse an der Psychoanalyse. GW Bd. VIII. Frankfurt a. M.

FREUD, S. (1915): Triebe und Triebschicksale. GW Bd. X. Frankfurt a. M.

FREUD, S. (1994): Das Unbehagen in der Kultur. Frankfurt a. M.

FÜRSTENAU, P. (1964): Zur Psychoanalyse der Schule als Institution. In: Das Argument 2/1964

GAEDT, Ch. (1987) (Hrsg.): Psychotherapie bei geistig Behinderten. Beiträge der psychoanalytischen Entwicklungspsychologie. Sickte (Ev. Stiftung Neuerkerode).

GAEDT, Ch. (1993): Der Beitrag psychoanalytisch orientierter Konzeptionen zum Verständnis geistig behinderter Menschen und ihrer psychischen Störungen. In: Hennike, K./Rotthaus, W. (Hrsg.): Psychotherapie und Geistige Behinderung. Dortmund.

GAEDT, CH./BOTH, S./MICHELS, H. (Hrsg.) (1993): Psychisch krank und geistig behindert. Dortmund.

GANTHERET, F. (1991): L'Accusation. In: L'Exès. Nouvelle Revue de Psychanalyse 43/1991, S. 335 ff.

GEERTZ, C. (1973): Thick description: Toward an interpretative theory of culture. In: C. Gertz: The Interpretation of Cultures: Selected Essays. New York: Basic Books, S. 3 ff.

GEERTZ, C. (1974/1983): „From the native's point of view." On the nature of anthropological understanding. In: C. Geertz: Local Knowledge: Further Essays in Interpretive Anthropology. New York: Basic Books, S. 55 ff.

GEERTZ, C. (1983): Local Knowledge: Fact and law in comparative perspective. In: C. Geertz: Local Knowledge: Further Essays in Interpretive Anthropology. New York: Basic Books, S. 167 ff.

GERSPACH, M. (1994): George, der Ausreißer. Bruno Bettelheims Anregungen für die Heilpädagogik. In: Kaufhold, R. (Hg.) (1994): Annäherung an B. Bettelheim. Mainz, S. 244–256

GIESEN, B. (1991) Die Entdinglichung des Sozialen. Eine evolutionstheoretische Perspektive auf die Postmoderne. Frankffurt a. M.

GOFFMAN. I. (1961): Asyle. Frankfurt /M.

GREENBLATT, M./Levinson, D. (1957): The Patient and the Mental Hospital. New York: The Free Press

GRUSCHKA, A: (1994): Bürgerliche Kälte und Pädagogik. Wetzlar

JENUWINE, M./COHLER, B. (1996): Treating the very troubled child: Conduct disorders, aggression and the problem of DSM-IV. In: J. Barron (Ed.): Making Diagnosis Meaningful: New Psychological Perspectives. Washington, DC: The American Psychological association Press

HANSES, A. (1996): Epilepsie als biographische Konstruktion. Bremen

HEINRICH, J. (1989) Aggression und Streß. Therapiemodell zur Interaktion massiver Auto-, Sach- und Fremdaggression geistig Behinderter mit dem Streßverhalten ihrer Bezugspersonen. Weinheim.

HILBERG, R. (1982): Die Vernichtung der europäischen Juden. Berlin.

HILBERG, R. (1987): Sonderzüge nach Auschwitz. Frankfurt a. M., Berlin

HOBSBAWM, E. (1995): Das Zeitalter der Extreme. Weltgeschichte des 20. Jahrhunderts. München, Wien.

HOBSON, R. Peter (1990): On Psychoanalytic Approaches to Autism. In: American Journal of Orthopsychiatry 3/1990, S. 324ff.

HÖRSTER, R./MÜLLER, B.K. (Hrsg.): Jugend, Erziehung und Psychoanalyse. Neuwied

HUEBSCHMANN, H. (1974): Krankheit ein Körperstreik, Freiburg/Br.

Internationale Gesellschaft Für Heimerziehung (Hrsg.) (1974): Heimerziehung und Heimplanung. Frankfurt / M.

JASPERS, K. (1973): Allgemeine Psychopathologie. Berlin

JATICH, A. (1991): Concerning Bruno Bettelheim (Letter to the Editor). In: Society 5/1991, S. 6ff.

KAUFHOLD, R. (1988): Bruno Bettelhcim und der „Mythos" der Schuldfrage. In: Zeitschrift für Heilpädagogik 12/88, S. 720ff.

KAUFHOLD, R. (Hrsg.) (1993): Pioniere der Psychoanalytischen Pädagogik: Bruno Bettelheim, Rudolf Ekstein und Ernst Federn = Psychosozial 1/ 1993. Gießen

KAUFHOLD, R. (Hrsg.) (1994): Annäherung an Bruno Bettelheim. Mainz

KERNBERG, O. (1980): Internal World and External Reality. New York: Jason Aronson.

KHAN, M.M.R. (1963): The Concept of Cumulative Trauma. In: The Psychoanalytic Study of the Child, Vol. XVIII, S. 286ff.

KLAUSS, Th. (1995): Selbstverletzung und Selbstbestimmung. In: Sonderpädagogik 3/1995, S. 124ff.

KLAFKI, W. (1978): Die Aktualität der Pädagogik John Deweys. Zum Dewey-Buch von Fritz Bohnsack. In: Zeitschrift für Pädagogik, 24, Nr. 5, S. 781ff.

KLEIN, M. (1962): Das Seelenleben des Kleinkindes. Stuttgart

KRUMENACKER, F.-J. (1994): Heimerziehung als Milieugestaltung – Zur Aktualität Bruno Bettelheims. In: Kaufhold, R. (Hrsg.) 1994, S. 262 ff.

KRUMENACKER, F.-J. (1996): Heimerziehung an den Grenzen. Zur unabgeschlossenen Rezeption, unentfalteten Aktualität und notwendigen Kritik B. Bettelheims. Diss. phil. Universität Bremen (Ms).

KRUMENACKER, F.-J. (i. Dr.): Heimerziehung als eigenständige Erziehungsform – Zur unabgeschlossenen Rezeption und unentfalteten Aktualität Bruno Bettelheims. Erscheint in: Colla-Müller, H. u.a. (Hrsg): Handbuch der Heimerziehung und des Pflegekinderwesens in Europa. Neuwied.

KRYSTAL, H. (Hrsg.) (1968): Massive Psychic Trauma. New York: International Universities Press.

KÜMMEL, F. (1993): Gewalt, Normen und Gegengewalt. In: Lehrergilde – freier pädagogischer Arbeitskreis 1/2 1993, S. 70 ff.

LA COCQUE, D. (1994): Psychoanalytical oriented milieu therapy: A research study of its broad application in mental health. Unpublished paper presented at the Annual Meeting of the American Orthopsychiatric Association, Chicago

LEMPP, R. (1977): Jugendliche Mörder. Bern, Stuttgart, Wien

LERIDER, J. (1990): Das Ende der Illusion. Zur Kritik der Moderne und die Krisen der Identität. Wien.

LEVI, P. (1990): Die Untergegangenen und die Geretteten. München, Wien.

LEVI, P. (1991): Ist das ein Mensch? Die Atempause. München, Wien.

LEWIN, K. (1941/1951): Regression, retrogression and development. In: D. Cartwright (1951) (Ed.): Field theory in Social Science. New York: Harper and Broters, S. 87 ff.

LEWIN, K. (1943/1951): Definig „the field at a given time". In: D. Cartwright (1951) (Ed.): Field theory in Social Science. New York: Harper and Brothers, S. 43 ff.

LEWIN, K. (1944/1951): Constructs in field theory. In: D. Cartwright (1951) (Ed.): Field theory in Social Science. New York: Harper and Brothers, S. 30 ff.

LEWIN, K. (1947/1951): Frontiers in group dynamics. In: D. Cartwright (1951) (Ed.): Field theory in Social Science. New York: Harper and Brothers.

LIPPITT, R. (1940): An experimental study of authoritarian and democratic group atmospheres. University of Iowa Study in Child Welfare 16/1940, S. 45 ff.

LIPPITT, R./WHITE, R. (1943): The „social climate" of childrens' groups. In: R. Barker/J. Kounin/H. Wright (Eds.): Child Behavior and Development. New York: McGraw-Hill.

LOEWENBERG, P. (1991): L,apport de Bruno Bettelheim à la sociopsychoanalyse. In: Revue Int. d, Hist. de la Psychanalyse, 4, S. 691–693

LÖWENTHAL, L. (1988): Individuum und Terror. In: Diner, D. (Hrsg.): Zivilisationsbruch. Denken nach Auschwitz. Frankfurt a. M., S. 15 ff.

LUCÁS, G. (1971) Die Theorie des Romans. Neuwied.

LUCHTERHAND, E.G. (1971): Sociological Approaches to Massive Stress in Natural and Man-Made Disasters. In: Krystal, H./Niederland, W.G. (Hrsg.): Psychic Traumatisation. Aftereffects in Individuals and Communities. Boston: Little, Brown and Co., S. 29ff.

MARCUS, P./ROSENBERG, A. (1994): Introduction. In: Psychoanalytic Review 3/1994, S. 371ff.

MAKARENKO, A.S: (1972): Ein pädagogisches Poem. Der Weg ins Leben. Frankfurt, Berlin, Wien

MANNONI, M. (1976): Scheißerziehung. Von der Antipsychiatrie zur Antipädgogik. Frankfurt a. M.

MANNONI, M. (1978): Ein Ort zum Leben. Die Kinder von Bonneuil. Frankfurt a. M.

MENNEMANN, H. (1996): Sterben lernen heißt leben lernen – theoretische Überlegungen zur Sterbebegleitung aus sozialpädagogischer Perspektive. Diss. phil. Universität Münster, (Ms).

MERRITT, G. (1968): Review of Bettelheim, B.: The Empty Fortress. In: American Journal of Orthopsychiatry, October 1968, S. 926ff.

MOLLENHAUER, K./UHLENDORFF, U. (1992): Sozialpädagogische Diagnosen. Weinheim und München.

NIEDECKEN, D. (1989): Namenlos. Geistig Behinderte verstehen. München.

NIEDERLAND, W.G. (1971): Introductory Notes on the Concept, Definition and Range of Psychic Trauma. In: Krystal, H./Niederland, W.G. (Hrsg.): Psychic Traumatisation. Aftereffects in Individuals and Communities. Boston: Little, Brown and Co., S. 1ff.

OELKERS, J. (1993): Erziehungsstaat und pädagogischer Raum: Die Funktion des idealen Ortes in der Theorie der Erziehung. In: Zeitschrift für Pädagogik 39 (1993), S. 631ff.

OELKERS, J. (1993a): Dewey in Deutschland – ein Mißverständnis. Nachwort zur Neuausgabe von J. Dewey: Demokratie und Erziehung. Weinheim und Basel. In: a.a.O., S. 497ff.

OTTO, B. ([2]1993): Bruno Bettelheims Milieutherapie. Weinheim und Basel.

PAUKER, S.L. (1994): Enchantment and Disenchantment with Bruno Bettelheim: A Review of Six Works. In: Marcus/Rosenberg (Eds.) (1994), S. 581ff.

PEKOW, C. (1990): The Other Dr. Bettelheim; the Revered Psychologist Had a Dark, Violent Side. In: Washington Post, August 26, S. C 01

PEKOW, C. (1991): Concerning Bruno Bettelheim. Letter to the Editor. In: Society 5/1991, S. 6

PESTALOZZI, J.H. (1980): J.H. Pestalozzi über seine Anstalt in Stans. Mit einer Anmerkung von W. Klafki. Weinheim. Basel.

PETERMANN, F./PETERMANN, U. ([6]1993): Training mit agggressiven Kindern: Einzeltraining, Kindergruppe, Elternberatung. Weinheim.

PEUKERT, H. (1991): Erziehung nach Auschwitz – eine überholte Situationsdefinition? In: Hoffmann, D. (Hrsg.): Bilanz der Paradigmendiskussion in der Erziehungswissenschaft. Weinheim, S. 127ff.

POLLACK, R. (1997): The Creation of Dr. B.: A Biography of Bruno Bettelheim. New York: Simon and Schuster.

REDL, F. (1942): Group emotion and leadership. In: Psychiatry 2/1942, S. 573 ff.

REDL, F. (1943): Group psychological elements in discipline problems. In: American Journal of Orthopsychiatry 13/1943, S. 77 ff.

REDL, F. (1944): Diagnostic group work. In: American Journal of Orthopsychiatry 14/1944, S. 53 ff.

REDL, F. (1949): The phenomenon of contagion and „shock effect" in group therapy. In: K.R. Eissler (Ed.): Searchlights on delinquency. New York: International Universities Press

REDL, F./WINEMAN, D. ([1951] 1979): Kinder, die hassen. München.

REDL, F./WINEMAN, D. ([1952] ⁴1986): Steuerung des aggressiven Verhaltens beim Kind. München

REICH, K. (1994): Bettelheims Psychologie der Extremsituation. In: Kaufhold, R. (Hrsg.): Annäherung an Bettelheim. Mainz, S. 134 ff.

RILKE, R.M. (1980): Werke in sechs Bänden. Band 3. Frankfurt a. M.

ROAZEN, P. (1992): The Rise and Fall of Bruno Bettelheim. In: Psychhistory Review 3/1992, S. 221 ff.

ROTH, J. (1990): Ausgewählte Texte. Leipzig

RUTSCHKY, K. (1977): Schwarze Pädagogik. Frankfurt a. M., Berlin.

SANDERS, J. (1989): A Greenhouse For The Mind. Chicago/London: The University of Chicago Press

SCHÄFER, G.E. (1991): Erziehung an den Grenzen – Bruno Bettelheim. In: Neue Praxis, 3/1991, S. 187 ff.

SCHMAUCH, U. (1994): Das Gefühl der Hölle. In: Kaufhold, R. (Hrsg.) (1994): Annäherung an Bruno Bettelheim. Mainz. S. 128 ff.

SCHREIER, H. (Hg.) (1986): J. Dewey: Lernen durch und für Erfahrung. Stuttgart

SCULL, A.T. (1980): Die Anstalten öffnen? Decerceration der Irren und Häftlinge, Frankfurt a. M., New York.

SEMPRUN, J. (1981): Die große Reise. Frankfurt a. M.

SEMPRUN, J. (1995): Schreiben oder Leben. Frankfurt a. M.

SENGE, P. (1993): Die fünfte Disziplin. Stuttgart.

SIMMEL, G. (1989): Philosophie des Geldes. In: G. Simmel Gesamtausgabe. Bd. 6. Frankfurt a.M.

SOFSKY, M. (1996): Traktat über die Gewalt. Frankfurt a. M.

STORK, J. (1989): Wenn es ein Paradoxon gibt. Vorwort zu: Bettelheim, B.: Die Geburt des Selbst. Frankfurt a. M.

SÜNKEL, W. (1994): Im Blick auf Erziehung. Reden und Aufsätze. Bad Heilbrunn.

SUTTON, N. (1995) Bruno Bettelheim. The Other Side of Madness. London: Duckworth

SUTTON, N. (1996) Bruno Bettelheim. Auf dem Weg zur Seele des Kindes. Hamburg

TRESCHER, H.-G. (1985) Theorie und Praxis der Psychoanalytischen Pädagogik. Frankfurt a. M.

TRIESCHMAN, A.E./WHITTAKER, J.K./BRENDTRO, L.K. [(1969) 1975]: Erziehung im therapeutischen Milieu. Ein Modell. Freiburg/Br.

ULICH, R. (1967): Contemplations on the Philosophy of John Dewey. In: Comparative Education 3/1967 S. 79 ff.

WEBER, M. ([7]1988): Die Objektivität sozialwissenschaftlicher und sozialpolitischer Erkenntnis. In: M. Weber Gesammelte Aufsätze zur Wissenschaftslehre. Hrsg. v. Johannes Winckelmann. Tübingen, S. 146 ff.

WEISS, P. ([2]1981): Laokoon. In: Ders.: Rapporte. Frankfurt a. M.

WEISS, H. (1993): Liebespflicht und Fremdbestimmung. Das Annahmepostulat in der Zusammenarbeit von Eltern und Fachleuten. In: Geistige Behinderung 4/1993, S. 308 ff.

WEIZSÄCKER, v. V. (1986): Studien zur Pathogenese. In: Gesammelte Schriften. Bd. 6. S. 399 ff. Frankfurt a. M.

WEIZSÄCKER, v. V. (1987): Krankengeschichte. In: Gesammelte Schriften, Bd. 5, S. 48–66, Frankfurt a. M.

WEIZSÄCKER, v. V. (1988): Der kranke Mensch. In: Gesammelte Werke. Bd. 9. S. 325 ff. Frankfurt a. M.

WINKLER, M. (1988): Eine Theorie der Sozialpädagogik: über Erziehung als Rekonstruktion der Subjektivität. Stuttgart.

WINKLER, M. (1993): Das Allgemeine und das Besondere. Über sozialwissenschaftliche Zeitdiagnose und pädagogische Theorie aus Anlaß von Gerhard Schulzes „Erlebnisgesellschaft". In: Sozialwissenschaftliche Literatur Rundschau 27/1993, S. 42 ff.

WINKLER, M. (i. Dr.): „Ortshandeln" die Pädagogik der Heimerziehung. In: Colla, H.E. u.a. (Hrsg.): Handbuch der europäischen Heimerziehung und des Pflegekinderwesens. Neuwied.

WINNICOTT, D.W. (1969): The Use of an Object in the Context of Moses and Monotheism. In: Psychoanalytic Explorations. London: Karnac Books

WINNICOTT, D.W. (1974): Reifungsprozesse und fördernde Umwelt. München

WINNICOTT, D.W. (1974a): Die Theorie von der Beziehung zwischen Mutter und Kind. In: Ders.: Reifungsprozesse und fördernde Umwelt. München. S. 47 ff.

WINNICOTT, D.W. (1983): Haß in der Gegenübertragung. In: Ders.: Von der Kinderheilkunde zur Psychoanalyse. Frankfurt a. M.

WIRTH, A. G. (1966): Dewey as Educator. New York: Wiley.

WOLFENSTEIN, M. (1957): Disaster. A Psycholocical Essay. Glencoe, Ill.: Free Press and Falcon's Wing Press

WUNSCH, R. (1996): Extremsituation und Wechselseitigkeit. Bruno Bettelheims pädagogische Konsequenzen as den Erlebnissen im Konzentrationslager. Ms.

ZIMMERMAN, D.P. (1991): The Clinical Thought of Bruno Bettelheim: A Critical Historical Review. In: Psychoanalysis and Contemporary Thought 14/ 1991, S. 685ff.

ZIMMERMAN, D.P. (1994): Bruno Bettelheim: The Mysterious Other. Historical Reflections on the Treatment of Childhood Psychosis. In: Psychoanalytic Review 3/1994, S. 411ff.

ZULLIGER, H. (1960): Gespräche über Erziehung. Bern, Stuttgart.

Die Autoren

Karl-Ernst Ackermann, Universitätsprofessor, Dr. phil.; er hat Pädagogik, Germanistik und Psychologie studiert. Von 1975 bis 1978 Assistent am Pädagogischen Seminar der Universität zu Köln. Von 1979 bis 1993 wissenschaftlicher Mitarbeiter am Seminar Geistigbehindertenpädagogik der Universität zu Köln. Von 1993 bis 1994 Vertretungsprofessur für Geistigbehindertenpädagogik an der Pädagogischen Hochschule Ludwigsburg/Reutlingen. Seit 1994 Professor für Heil- und Sonderpädagogik an der Fern-Universität-Gesamthochschule Hagen. Lehraufträge für Allgemeine Pädagogik, Didaktik und Geistigbehindertenpädagogik an der Staatlichen Kunstakademie Düsseldorf, an der Deutschen Sporthochschule in Köln, an der Universität Mainz. Veröffentlichungen im Bereich Geistigbehindertenpädagogik: Beiträge zur Theoriebildung, zur Erwachsenenbildung und zum Umgang mit Aggression und Autoaggression.

Bertram J. Cohler ist William Rainey Harper Professor of Social Sciences in The College and the Departments of Psychology (The Commitee on Human Development), Psychiatry and Education, (The Comitee on General Studies in the Humanities) und Mitglied des Institute for Psychoanalysis, Chicago. Als ehemaliger Direktor der Sonia Shankman Orthogenic School ist er heute dort beratend tätig.

Leslie A. Cleaver, BA, MSW ist Licensed Clinical Social Worker (LCSW) und hat ihren Masters Degree in Social Work an der Universität von Chicago erworben. Von 1969–1977 arbeitete sie als Betreuerin an der Orthogenic School; von 1978–80 am Northwestern Memorial Hospital und von 1983–1996 in privater Praxis als Psychotherapeutin für Kinder, Jugendliche und Erwachsene. Seit 1994 ist sie Training Coordinator/Director an der Sonia Shankman Orthogenic School.

Volker Fröhlich, Dr. phil., Dipl. Päd., ist wissenschaftlicher Assistent am Institut für Pädagogik I der Universität Würzburg. Seit 1996 im Vorstand der Kommission „Psychoanalytische Pädagogik" in der DGfE. Arbeitsschwerpunkte: Geschichte und Gegenwart der psychoanalytischen Pädagogik, pädagogische Kinder- und Jugendkunde. Veröffentlichungen: Hrsg. mit Rolf Göppel: Sehen, Einfühlen, Verstehen. Psychoanalytisch orientierte Zugänge zu pädagogischen Handlungsfeldern, Würzburg 1992; Psychoanalyse und Behindertenpädagogik, Würzburg 1994; Hrsg. mit Rolf Göppel: Paradoxien des Ich. Beiträge zu einer subjektorientierten Pädagogik, Würzburg 1997

Daniel Jacobs, Dipl. Sozialarbeiter / Sozialpädagoge (FH), GH Kassel. Berufstätig seit 1988. Arbeitet in der Funktion eines Sozialpädagogen seit 1995 in der Durchgangsstation Winterthur, Schweiz.

Annelie Keil, Prof. Dr. phil., Studium der Politischen Wissenschaften, Soziologie, Pädagogik und Psychologie in Münster und Hamburg. Seit 1971 Professorin im Studiengang Sozialpädagogik an der Universität Bremen. Heutige Arbeitsschwerpunkte: Gesundheitswissenschaften und Krankenforschung, soziale Psychosomatik, Krankheit, Gesundheit und Biographie, Rehabilitationsforschung.

Franz-Josef Krumenacker, Dr. phil., Dipl. Sozialpädagoge. Nach praktischen Tätigkeiten in der ambulanten und stationären Jugendhilfe zunächst Stipendiat dann wissenschaftlicher Mitarbeiter im Studiengang Sozialpädagogik der Universität Bremen. 1996 Promotion über die Pädagogik Bettelheims. Seit 1996 Wissenschaftlicher Mitarbeiter in einem Evaluationsprojekt im Bereich der Kinder- und Jugendhilfe.

Schäfer, Gerd E., Prof. Dr. rer. soc., Studium der Pädagogik, Psychologie und Philosophie in Würzburg und Mannheim, Lehrtätigkeit im Sonderschulbereich und Ausbildung zum Sonderschullehrer. Professor für Pädagogik mit dem Schwerpunkt Elementarpädagogik, Heim- und Hortpädagogik an der Universität Augsburg

Wolfgang Schmidt, Dipl. Sozialarbeiter/Sozialpädagoge (FH); nach achtjähriger Berufstätigkeit seit 1994 in der Duchgangsstation Winterthur, Schweiz, beschäftigt. Arbeitsaufenthalt an der Sonia Shankman Orthogenic School der Universität von Chicago während des Studiums.

Annette Schulte, Dr. phil. (Erziehungswissenschaft), Dipl. Psychologin; wissenschaftliche Mitarbeiterin im Fachbereich Erziehungswissenschaft der Universität Lüneburg. Arbeitsschwerpunkte: Analytische Sozialpsychologie und Psychoanalytische Pädagogik

Nina Sutton, freie Journalistin, wurde 1945 in London geboren und besitzt sowohl die französische als auch die englische Saatsbürgerschaft. Sie hat Öffentliches Recht und Soziologie studiert und arbeitete im Anschluß als Journalistin für alle wichtigen Zeitungen Großbritanniens und Frankreichs, u.a. „Le Monde", „Le Nouvel Observateur", „Paris Match" und für „The Guardian" und die BBC. 1996 erschien ihre umfangreiche Biographie „Bruno Bettelheim. Auf dem

Weg zur Seele des Kindes" in deutscher Übersetzung. Heute lebt sie mit ihren beiden Töchtern in Paris.

Michael Winkler, Prof. Dr. phil., hat den Lehrstuhl für Allgemeine Pädagogik und Theorie der Sozialpädagogik an der Friedrich-Schiller-Universität Jena inne. Er hat Pädagogik, Germanistik, Geschichte und Philosophie studiert und in der Heimerziehung gearbeitet; Lehrtätigkeit an den Universitäten Erlangen, Berlin (HdK), Kiel, sowie an der Evangelischen Stiftungsfachhochschule Nürnberg. Gastprofessuren an den Universitäten Graz und zuletzt 1996 in Wien. Zahlreiche Veröffentlichungen zur Theorie und Geschichte der Allgemeinen Pädagogik und der Sozialpädagogik und zur Jugendhilfe, insbesondere zu den stationären Hilfen, Mitherausgeber des Handbuchs Heimerziehung und Pflegekinderwesen in Europa (Neuwied 1997)

Robert Wunsch, Dipl. Päd. schreibt seine Dissertation zu den pädagogischen Grundlagen in den Schriften Bruno Bettelheims. Davor arbeitete er mehrere Jahre in der Jugendhilfe und war am Aufbau und der Organisation neuer Projekte in der Heimerziehung beteiligt. Ausbildung in Gruppendynamik und Sozialtherapie.

D. Patrick Zimmerman, Psych. D. ist Forschungskoordinator an der Sonia Shankman Orthogenic School der Universität von Chicago und Lehrbeauftragter im Department of Psychiatry. Er ist assoziertes Mitglied der Fakultät der Illinois School for Professional Psychology. Seine psychoanalytische Ausbildung erhielt er am Chicago Center for Psychoanalysis.